JN441013

알랭 바디우 세미나

자크 라캉

알랭 바디우 세미나
Le Séminaire

자크 라캉
Jacques Lacan

알랭 바디우 지음
박영진 옮김

문예출판사

차례

일러두기

본문의 각주는 모두 옮긴이 주다.

자크 라캉을 다룬 1994~1995년 세미나에 관하여

라캉은 1950년대 후반 이래로 나의 지적 여정을 함께한, 곤란하고도 본질적인 동반자였다. '본질적'이라고 말하는 이유는, 내가 사르트르적인 청년기에 열렬히 채택한 자유로운 주체라는 모티프, 플라톤에 대한 나의 아주 오래된 찬사로 야기된 형식적 구조의 의미심장함이라는 모티프, 수학에 대한 나의 애정, 지성계를 지배하기 시작한 구조주의적 흐름을 종합할 수단을 라캉에게서 발견했기 때문이다. '곤란하다'고 말하는 이유는, 비록 라캉이 지속적으로 플라톤, 아리스토텔레스에서 데카르트, 칸트, 헤겔과 키르케고르를 거쳐 하이데거에 이르는 철학자들과 '함께' 작업을 했다 하더라도 그는 철학자로 식별되기를 거부했을 뿐만 아니라, 그의 사유체계가 무르익어감에 따라 점점 더 정신분석 담론과 철학 담론 사이의 심한 격차를 공공연히 알리고자 했기 때문이다. 끝내 그는 자신이 부활시킨 18세기 용어인 반철학자로 자신의 입장을 요약했다. 왜냐하면 엄밀한 실천으로서 정신분석 임상이 그의 사유가 근거하는 실재라 할 때, 철학적 담론 안에서는 모든 실재를 내쫓으려는 사유의 오만밖에 볼 수 없었기 때문이다.

여러분이 읽게 될 이 세미나를 시작하기 전, 1966~1968년《연구노트*Cahiers pour l'Analyse*》에 참여하면서부터 나는 라캉에 대해 아주 많은 텍스트를 썼다. 그 텍스트 중에서《조건들*Conditions*》(쇠유, 1992)에 '철학과 정신분석'이라는 표제로 실린 텍스트가 가장 중요하다. 그 텍스트를 다시 읽으면 그 글이 어떻게 '주체의 순수한 학설에 관련된 거의 모든 것에 대한 아낌없는 찬사'와 '존재의 실재 및 상징적 질서의 배치에 주체를 연결시키는 거의 모든 것에 대한 완강한 저항' 간에 균형을 맞추고 있는지 알 수 있다. 궁극적으로는 진리의 존재라는 것이 쟁점의 핵심이다.

결코 사소하지 않은 점을 덧붙이자면《존재와 사건*L'être et l'événement*》의 마지막 장〈성찰 37〉의 제목이 '데카르트/라캉'이며, 따라서 나는 내가 참여하고자 하는 주체 범주의 지속적인 부흥과 관련해 가장 위대한 당사자 두 사람과 내가 맺는 역설적인 유대로 나의 존재론적 전서全書를 끝맺고 있는 셈이다.

나의 두 번째 체계적인 주저《세계의 논리*Logiques des mondes*》(쇠유, 2006)에서 보여준 전략적 입장은 이렇듯 난처한 혹은 공교로운 충실성이 오늘날까지 유지된다는 점을 훌륭하게 입증한다. 이 논고의 마지막 권인 7권은 진리의 '몸corps', 즉 규정된 세계 안에서 진리의 물질적 실존이라는 매우 어려운 문제를 다룬다. 7권의 두 번째 부분 전체를 할애한 참고문헌의 저자가 바로 라캉이다. 나는 몸의 주체적 기능에 관한 라캉의 학설에 거의 전적으로 동의한다. 절대성이 '철학 최초의 오류'이며, 철학이 '주체의 간극을 봉합한다'는 주장만 제외하고 보면 말이다.

1994~1995년 세미나는 가장 유명한 반철학자들을 다룬 4부작의 일부다. 이 4부작은 반철학의 근본적 사도인 성 바울로 끝나긴 하지만, 그에 앞서서는 동시대 반철학자들인 니체(1992~1993), 비트겐슈타인(1993~1994), 라캉을 다룬다. 이들은 아마도 언젠가 나의 세미나에서 다룰(충분히 세미나에서 다룰 가치가 있고, 이미 내 책에서 자주 언급한 바 있는) 고전적인 반철학자 세 사람, 파스칼, 루소, 키르케고르와 대비를 이룬다.

라캉에 관해 말하자면, 라캉 저작의 일반적 경로를 제시하는 것보다는 라캉 반철학의 토대를 면밀히 검토하는 것이 관건이다. 게다가 가장 많이 활용되는 텍스트들은 라캉의 마지막 '스타일'에 속하는데, 이 텍스트들은 상징계보다 실재를, 대수학보다 위상학을 우선시하고, 기표의 논리 같은 어떤 특정 논리로부터가 아니라 연결과 단절, 미로와 중단, 뒤얽힌 길과 우발적인 트임 간의 변증법으로 분석 경험을 구조화하고자 한다. 이와 더불어 중대한 변화로, 모호한 주이상스가 갖는 전략적인 기능이 있다. 라캉이 그의 기획 첫 번째 부분에서 욕구와 욕망을 구분하기 위해 욕망을 그 대상의 상징적인 엄격한 규정에 따라 따로 떼어내 다루고자 했던 반면에 말이다.

앞으로 보게 될 것처럼 논쟁은 스승의 창안 앞에서 느끼는 커다란 놀라움과 항상 뒤섞인다. 우리는 때로 가시덤불 속에서 힘겹게 나아가지만 많은 결정적인 공식과 만나게 된다! 그 모든 말에 담긴 보물 중에 분석 치료의 목표란 "무능력함을 불가능성으로 격상시키는" 것이라는 말을 기억하자. 궁극적인 역설은 이것이 바로 내가 오래전부터 찾고자 했던 정의이자, 오래전 라캉이 완전히 다른 목적을 위해 발견했던 정의, 즉 철학의 정의일 수 있다는 점이다.

2013년 2월,

알랭 바디우

1강

1994년 11월 9일

2년 전 시작된 현대 반철학에 대한 연속 세미나를 올해로 끝마칠 것입니다. 우리는 반철학을 정초한 니체의 입장에서 시작해, 지난해에는 비트겐슈타인의 입장을 검토했습니다. 이제 라캉과 함께 세미나를 마무리 짓고자 합니다.

우리에게는 서로 연결된 두 가지 과제가 있습니다.

첫 번째는 물론 어떤 점에서 라캉이 반철학자인지를 확정하는 것입니다. 이 과제는 다른 두 철학자와는 달리 라캉이 자기 자신을 반철학자로 선언한다는 사실 때문에 매우 쉬워집니다. 아시다시피 결국 그 용어의 현대적 의미를 통해 반철학자를 식별하는 것은 제가 반철학자의 주제와 행위라고 부르자고 제안했던 것과 관련된 규정을 전제합니다. 앞으로 이 규정으로 되돌아올 기회가 있겠지만, 저는 이와 관련해서 니체의 주제를 예술적인 것으로, 니체의 행위는 원[元]정치적인[archipolitique] 것으로 식별했음을 여러분에게 상기시켜드립니다. 비트겐슈타인에 관해서는, 그의 주제를 궁극적으로 언어적인 것 혹은 더 정확하게는 논리수학적인 것으로 식별했지만, 그의 행위는 원[元]미학적인[archiesthétique] 것으로 사유되어야 합니다. 그렇다면 기본적인 증명은 라캉에게서 반철학적인 주제와 행위를 식별하는 것과 관련될 것입니다. 난점은, 늘 그렇지만 난점이 요점인데, 행위의 문제에 관련될 것입니다. 여러분은 제 명제를 알고 있으리라 생각합니다. 저는 제 명제를 신비로운 것으로 만들지 않았습니다. 비록 증명은 아니지만, 이미 알려진 정리는 다음과 같습니다. 라캉적 행위는 원元과학적인[archiscientifique] 성격을 갖고 있습니다. 첫 번째 계열의 문제에 대해서는 이쯤 말해두기로 합시다.

두 번째는 왜 라캉을 그저 한 명의 반철학자가 아니라 현대 반철학을 종결시킨 자로 여길 수 있는지를 밝히는 것입니다. 왜냐하면 라캉을 현대 반철학의 종결로 식별할 수 있다면, 그것은 철학에 대한 반철학의 관계뿐만 아니라 반철학 자체에 대한 반철학적 관계를 분명하게 전제할 것이기 때문입니다. 어떤 종결구든 그것은 종결짓는 대상과 독특하고 규정된 관계를 갖습니다. 라캉이 니체가 문을 연 현대 반철학에서 종결의 위치에 있다고 말하는 것은 그 근거를 정당화할 필요가 있는 독특한 테제입니다. 라캉이 마지막 반철학자로 알려져 있다는 단순히 경험적인 사실에 입각해서가 아니라(이 경우 그가 종결의 입장에 있다고 말할 필요가 없을 것입니다), 반철학 문제에 대한 라캉의 입장을 실제로 종결이라 말할 만하다는 사실에 입각해서 말입니다. 종결이 무엇을 개방하는가라는 의문이 제기될 때 종결의 문제는 복잡해집니다. 왜냐하면 모든 종결은 동시에 개방이기 때문입니다. 그러므로 만약 라캉이 현대 반철학을 종결지었다고 단언한다면, 곧바로 사유의 일반적 배치 안에서 이러한 종결이 무엇을 개방하느냐란 문제가 출현합니다(물론 이것은 제가 이러한 종결이 철학 안에서 무엇을 개방하는지의 문제에 특수한 관심을 가지고 있기 때문입니다). 라캉에 의한 현대 반철학의 종결은 철학에서 개방되는 것에 관해 무엇을 증언하고 있을까요?

지금까지 올해 해결하고자 하는, 매우 명확히 공식화된 문제들의 핵심을 살펴보았습니다. 그것들은 다음과 같습니다.

¶ 주제 및 행위와 연관된 라캉 반철학의 독특한 성격.

¶ 반철학에서, 라캉 반철학이 어떤 점에서 하나의 종결과 관련되는지의 문제.

¶ 철학의 관점에서, 이러한 종결이 무엇을 개방하는지의 문제. 혹은 제가 니체와 관련해서 이미 사용했던 은유를 통해 말하자면, 종결로서의 라캉 반철학이 철학에 무엇을 물려주는지의 문제.

저는 매우 특수한 지점에서 시작하고자 합니다. 그것은 주체적 차원의 지점입니다. 반철학에는 반복되는 주체적 특징이 있는데, 저는 그 특징을 우리가 다루는 담론에 대해 일종의 주체적 태도로서 승리를 예상하는 확실성이라고 부르고자 합니다. 예를 들어, 니체의 《이 사람을 보라*Ecce Homo*》에서 "언젠가 나의 철학은 승리할 것이다"가 곧 강한 의미에서 승리를 예상하는 확실성입니다. 라캉은 〈레투르디*L'Étourdit*〉에서 "승리하는 것은 제가 아니라 제가 복무하는 담론입니다"라고 말합니다. 그리고 비트겐슈타인은 《논리철학 논고*Tractatus Logico-Philosophicus*》 서문에서, 강조점은 다르지만 주체적으로 동일한 태도를 보입니다. "반대로 내가 여기서 펴내는 사유의 진리는 반박할 수 없고 확정적인 것으로 보인다." 이 세 발언에서 승리를 예상하는 확실성에 대한 주체적 태도를 볼 수 있습니다.

이 점에 대해 두 가지 지적을 할 수 있습니다. 첫 번째는 반철학적 주체성이 대개 현재적인 승리의 주체성이라는 점입니다. 내가 말하는 것은 참이며, 내가 전개하고, 내가 증명하고, 내가 제안하고, 내가 배치하는 것은 진리의 요소에 있다는 것입니다. 이런 관점에서 볼 때 그러한 말 건넴은 현재적인 동시에 비非시간적입니다. 늘 그렇듯 반철학에서는 (저는 이 점을 매우 강조합니다만) 지연된 시간성에 고유한 주체적 차원이 있으며, 여기서 그것은 준엄하고 불가피한 성격을 갖는 승리에 대한 예상을 통해 주어집니다. 반철학적 담론은 승리할 것입니다.

여기서 두 번째 지점이 등장합니다. 이러한 확실성은 무엇으로 구성될까요? 그것은 사람들이 상상하듯 어떤 손쉬운 비판의 결과, 어떤 주체적 거만함의 결과가 아닙니다. 라캉의 발언을 다시 봅시다. "승리하는 것은 제가 아니라 제가 복무하는 담론입니다." 실제로 이것은 매우 반철학적인 복무입니다. 즉 담론은 제안되기보다는 섬겨지는 것입니다. 이와 더불어 예상된 확실성이 출현하도록 하기 위한 자아 혹은 주체의 생략이 있습니다.

심지어 니체도 (저는 2년 전에 이 점을 지적했습니다만) 마찬가지입니다. 니체는 (이것이 올해 세미나에서 다룰 모든 것에 영향을 미칠 차이인데) 절대적으로 자신의 행위의 장면에서 출현해야 합니다. 따라서 그는 어떤 점에서 다음과 같이 말하지 않을 수 없습니다. "나는 승리할 것이다." 왜냐하면 그는 자신의 행위의 간극이 벌어진

점에서 일종의 사물로 와야 하기 때문입니다. 나아가 그 행위의 간극이 벌어진 지점에서 도래하는 것이 바로 자신의 광기로 불려야 했던 것입니다. 니체, 그는 두 세계 사이에서 옵니다. 그러나 그는 주의를 기울여 거기서 오는 것이 자아의 자만이라는 의미에서의 자아가 아니라고 말합니다. 실제로 니체는 매우 정확하게 그곳에서, 두 세계 사이에서 오는 것이 운명이라고 말할 것입니다.《이 사람을 보라》의 장 제목 '나는 왜 운명인가'를 보십시오. 오직 이러한 질문에 답변한 이후에야 운명으로서의 '나'가 행위의 지점에 온다고 말할 수 있습니다. 더 정확히 말해 행위의 지점에 오는 것은 어떤 사물, 어떤 것입니다. 1888년 2월 12일 니체가 니스의 하숙집에서 라인하르트 자이들리츠에게 보낸 강렬한 편지를 떠올려봅시다.

> (…) 우리끼리 하는 얘기지만 내가 이 시대의 제1철학자라고 해도 전혀 근거 없는 소리는 아닐 걸세. 아니, 어쩌면 나는 그보다 더한 존재, 이를테면 지난 천 년과 앞으로 올 천 년 사이에 일어나는 결정적이고 운명적인 어떤 것일 걸세.

따라서 **철학은 승리할 것이다** 혹은 **승리하는 것은 제가 아니라 제가 복무하는 담론입니다**는 여기서 어떤 일어남, 어떤 전례 없는 출현이라는 테마 안에서 식별될 수 있습니다. 여기서 '나', 곧 자아는 하나의 차원, 하나의 매개변수이며, 라캉이 말하듯 복무하고 있는 것입니다. 그리고 이렇게 자아에 독립적인 불가피한 출현의 지점은 두 세계 사이에서, 담론의 두 시간 사이에서, 니체가 말하듯 두 천 년 사이에서 어떤 것이 일어난 것입니다. 승리를 예상하는 확실성은 오직 이러한 일어남 혹은 전례 없는 출현과 관련해서만 구성할 수 있습니다. 여담으로, 이것은 《논리철학 논고》 서문에서 비트겐슈타인이 오만하지 않게 혹은 무관심하게 이렇게 단언할 수 있는 이유이기도 합니다.

> 나는 내 노력이 다른 철학자들의 노력과 얼마나 일치하는지에 관해 의사를 표명하지 않을 것이다. 게다가 내가 여기서 쓴 것들의 세부 사항들엔 어떤 출처도 없다. 실제로 내 사유가 이미 다른 누군가가 사유한 것일 수 있다는 데 아무런 관심이 없다.

내 사유가 이미 다른 누군가가 사유한 것일 수 있다는 데 아무런 관심이 없다라는 발언은 예상된 승리에 대한 확실성이 어떤 독창성에 대한 자만심과 아무런 관련이 없음을 단언합니다. 반철학자에게 독창성이란 궁극적으로 학술적인 주제입니다. 요점은 독창성이 아니라 그 자체로 전례 없고 반복 불가능한 출현입니다. 따라서 비트겐슈타인은 다른 이들이 자신이 사유한 것과 닮은 것, 심지어 똑같은 것을 말했을지도 모른다고 가정하는 일 자체에 관심이 없는 것입니다.

이것이 바로 반철학의 주체적 특징으로서의 승리에 대한 예상된 확실성이 명백히 행위의 차원에 속한 이유입니다. 즉 이러한 확실성은 행위를 근거로 보장됩니다. 그리고 만약 확실성이 예상된다면, 만약 제가 미래에 '나는 승리할 것이다' 혹은 '제 담론은 승리할 것입니다'라고 말한다면, 그것은 어떤 행위를 오직 그 효과에 의해서만 확신할 수 있기 때문입니다. 행위 자체는 오직 그 가시적인 효과를 근거로 해서만 단절의 확실성으로서 파악할 수 있습니다. 이것이 확실성이 행위의 핵심에 있는 한에서 예상된 확실성일 수밖에 없는 이유입니다. 승리는 행위 효과의 일반적인 체계를 통해 해독 가능해지는 것으로 밝혀집니다.

니체에게 반철학적 행위는 **세계의 역사를 둘로 쪼개는** 행위임을 상기합시다. 그것이 니체의 공식입니다. 그것은 그 자체로 세계의 소멸, 해체, 혹은 그가 말하듯 모든 가치의 전도를 보여줄 것입니다. 비트겐슈타인에게 원미학적 행위(혹은 원元윤리적archiéthique 행위라고도 할 수 있는데, 이 둘은 완전히 동일하거나 구분이 불가능합니다)는 신비로운 요소에 대한 접근을 개방할 것이며, 이것이 구원의 소리 없는 원칙입니다. 이 원칙은 구원을 위한 침묵의 원칙으로서, 그 원칙에 복종하는 자의 삶에 그 원칙이 미치는 효과의 체계를 통해서만 해독 가능해질 것입니다.

그렇다면 라캉에게 이 문제는 어떻게 드러날까요? 무엇이 라캉이 증언하는 승리에 대한 예상된 확실성의 핵심일까요? 승리하는 것은 그가 아니라 그가 복무하는 담론이라는 저 발언을 따를 때 말입니다. 물론 그것은 분석 행위입니다. 이것이 바로 우리의 여정에서 분석 행위를 반철학적 행위의 실재로 식별하고자 하는 이유입니다. 분석 행위와 반철학적 행위가 같은지 아닌지의 문제, 정신분석의 출현이 어떤 의미에서 철학을 끝내고 철학의 기만을 드러내는지의 문제, 이것은 매우 미묘한 문제입니다. 또 프로이트라는 (니체라면 '치명적'이라고 말할) 고유명을 갖는 이러한 출현이 순전히 분석 행위의 실존으로 환원될 수 있는지도 문제입니다. 우리가 아는 것처럼 분석 행위는 그 고유의 장면을 갖고 있습니다. 그것은 어떤 주체적 장면의 문제이며, 직접적으로 철학의 문제도 반철학의 문제도 아닙니다. 지나가는 김에 라캉이 반철학을 분석 담론과 그저 **연결**된 것으로 명시한다는 점을 상기합시다.

그런데 여기서 연결은 정확히 무엇을 지칭하는 것일까요? 이것이 우리의 실마리 중 하나가 될 것입니다. 반철학적 배치의 핵심에 있어야 하는 행위가 있다면, 이 행위는 어떻게 분석 행위와 연결될까요? 그리고 이러한 연결은 (당분간은 여전히 완전한 수수께끼인데) 어떻게 승리의 확실성에 대한 보장일 수 있을까요? 이 점을 말씀드릴 수밖에 없는데, 우리가 따라갈 경로는 험난합니다. 그리고 제가 오늘 어렴풋한 윤곽만 드릴 수 있는 그 경로는 행위에 관련됩니다. 라캉적인 의미에서, 행위는 진정 그 활동 자체를 통해, 달리 말해 행위가 승리의 확실성을 보장한다는 점으로 파악됩니다. 여기서 행위는 정확히 진리의 차원에 관련되지 않습니다. 더 정확히 말해 행위에서 설득력이 있는 것은 오히려 지식의 내밀한 원천에 닿아 있습니다.

저는 이 테제를 간접적으로 말씀드리고 있습니다. 그것의 정당화는 그 자체로 복잡합니다. 그래서 이미 거기서 철학과의 논쟁을 볼 수 있는데, 이 논쟁은 진리와 지식의 분절점(연결되는 동시에 분리되는 지점)에서 긴박해질 것입니다. 지난해 제 세미나에 참석한 분들에게 짧게 말씀드리자면 우리는 라캉의 반철학적 전략 안에서 진리/지식의 탈-관계dé-rapport 문제가 결국 비트겐슈타인의 진리/의미의 관계 문제에 비견될 만한 위치를 차지한다는 점을 살펴볼 것입니다.

이런 점에서 (이는 저에게 마치 싸움의 시작을 알리는 종과 같았는데) 1970년 〈파리 프로이트대의학파 폐회사Allocution de clôture du Congrès de l'École freudienne de Paris〉 마지막 문장은 저를 놀라게 합니다. 라캉은 다음과 같이 선언하며, 이것이 이 담화의 마지막 문장입니다. **진리는 승리하지 못할지도 모르며, 지식은 행위 안에서 통과합니다.** 만약 제가 올해 안에 여러분과 저 자신에게 이 문장이 의미하는 바를 설명하는 데 이른다면, 우리가 설정한 목표에 거의 도달한 셈입니다. 지금으로서 저는 그 문장을 말하거나 혹은 다시 말할 뿐입니다. **진리는 승리하지 못할지도 모르며, 지식은 행위 안에서 통과합니다.** 우리는 지식의 통과(통과la passe란 무엇인지 살펴볼 것입니다!)로서의 행위를 구분할 수 있기 때문에 라캉에게 행위란 원과학적이거나 혹은 우리가 살펴볼 것처럼 점차 원과학적인 것이 된다고 단계별로 천천히 말할 수 있을 것입니다. 이것이 제가 이 문장을 올해 말하고자 하는 것의 제사題辭로 기입한 이유입니다.

> 진리는 승리하지 못할지도 모르며, 지식은 행위 안에서
> 통과합니다.

거의 분리되어 있지만, 우리가 살펴볼 것처럼 어떤 영역 전부를 개방해줄 이 문장을 저는 두 가지 구두점을 통해 해명하고 싶습니다.

우선 우리가 분명히 알고 있는 것에 한정해, 모든 반철학의 일반적인 절차는 진리라는 철학적 범주에 대한 해임을 포함한다는 점을 상기합시다. 우리는 이것을 니체로부터 전해 내려오는 현대 반철학

의 본질이 진리라는 철학적 범주에 대한 해임을 다양한 수단을 통해 시도하는 것이라고 말할 수 있습니다.

니체에게서 이 점은 매우 명백합니다. 진리 범주가 궁극적으로 원한ressentiment의 범주이며 거기서 발견되는 전형적인 인물이 사제prêtre라는 사실은 수많은 텍스트에서 드러납니다. 가장 유명한 텍스트는 아마 (제가 여러분을 위해 인용하고자 하는) 《우상의 황혼*Götzen-Dämmerung*》일 것입니다. 하이데거는 그 텍스트에 관해 아주 많은 논평을 했습니다. 그런데 그 텍스트에 힘을 부여하는 것은 그 텍스트가 '진리의 폐지'와 '행위가 해소되는 디오니소스적 긍정'을 연결한다는 점입니다. 결국 전형적인 철학적 우상에 해당하는 진리의 황혼과 디오니소스적 긍정 사이에는 어떤 제스처의 통일성, 어떤 운동의 통일성이 있습니다. 더욱이 진리가 세계와 연관되는 매우 유명한 어구, 즉 '세계-진리monde-vérité'를 떠올려본다면, 그것은 인식 가능한 세계이자 플라톤적으로 배후에 있는 세계이지만, 궁극적으로는 진리 범주의 철학적인 동시에 '세계적인' 위상입니다.

니체는 이렇게 씁니다.

> 세계-진리, 우리는 그것을 폐지했다. 우리에게 남은 것은 어떤 세계인가? 그것은 혹시 외양의 세계인가? (…) 그렇지 않다! 세계-진리와 더불어 우리는 외양의 세계 역시 폐지했다.

그리고 《차라투스트라는 이렇게 말했다*Also sprach Zarathustra*》에는 다음과 같은 구절이 나옵니다.

정오, 가장 짧은 그림자의 순간, 가장 긴 오류의 종료, 인류의 정점.

바로 이것입니다! 이것이 행위의 느낌에 가장 근접한 것, 즉 어떤 폐지 — 모순이나 지양이 아닌 폐지 — 이면서 그 폐지에 나란히 놓인 동시에 폐지와 식별 불가능한 어떤 눈부시고 빛나는 단언입니다. 그것은 **가장 짧은 그림자**인 동시에 **가장 긴 오류의 끝**이며, 이 모든 것의 이름은 바로 **정오**입니다. 정오!

정오에 대한 온갖 사유가 있습니다. 그것은 현대를 포함한 긴 역사 속에서 자정에 대한 사유와 대위를 이룹니다. 중요한 것은 우리가 여기서 다루는 문제를 비롯해 사유 안에서 정오와 자정의 은유적 원천이 무엇인지를 파악하는 것입니다.

니체에게 정오는 거의 행위 자체의 이름입니다. 정오는 그림자가 약해지는 시점에서 태양의 정점입니다. 그러나 저는 기꺼이 사유의 모든 결정(철학적, 반철학적 혹은 또 다른 결정)은 은유적으로 정오나 자정을 선택한다 말할 수 있다고 생각합니다. 파울 첼란이라면 모든 사유는 자오선이라고 말할 것입니다. 그런데 자오선은 해가 정오에 지나가는 선이거나 자정에 지나가는 선입니다. 그것은 시간의 미확정적인 균형에, 시간의 중간에 있습니다. 그러나 정오의 관점에서 볼 때 시간의 중간과, 자정의 관점에서 볼 때 시간의 중간은 같지 않습니다.

저는 사실 언제나 이러한 선택에 앞선 시적 규정이 있다고 생각합니다. 정오와 자정의 문제는 아마 어떤 선행적인 시적 규정의 공간 안에 사유의 결단이 돌이킬 수 없는 방식으로 놓여 있는 지점 중 하나일 것입니다. 어떤 점에서 우리는 언제나 정오와 자정이 사유에서 이미 규정한 것을 시로부터 받아들입니다. 시는 은유를 드러내기 때문입니다. 그리고 시는 은유를 그 분열 속에서, 그 분할 속에서 제공할 것입니다. 그것은 정오의 두 가장자리와 자정의 두 가장자리를 시적으로 제공할 것입니다. 라캉을 인용하자면, 이미 거기에 가장자리의 위상학이 있으며, 이는 정오와 자정에 대한 은유적 선택과 그것들 각각의 분할 속에 있습니다.

비록 지금은 우리의 문제와 동떨어져 보여도 나중에 쓸모가 있을 이 분할을 살펴봅시다. 우리가 선행적인 시적 규정을 다루고 있는 이상, 가령 횔덜린의 자정과 말라르메의 자정을 연결시키는 동시에 대립시키는 것을 생각해봅시다.

횔덜린의 밤(횔덜린은 낮에 대해서도 온갖 문제를 제기합니다)과 자정은 보물 같은 시간이며, 망각의 성스러움과 관련된 시간입니다. 사유가 자정의 이름으로 받아들여지는 것은 정녕 망각의 성스러움 안에서입니다. 반대로 말라르메에게 자정은 결정 불가능한 것의 시간이고, 다시 말해 유희와 우연의 시간입니다. 이 둘은 매우 다른 시간입니다. 횔덜린의 자정은 유예의 자정이지만, 이는 수용이라는 뜻에서, 잠 자체 안에서의 깨어남이라는 뜻에서입니다. 반대로 말라르메의 자정은 행위의 자정, 즉 **주사위 던지기**의 자정입니다.

여러분에게 두 가지 발췌문을 읽어드리겠습니다. 우리가 단순히 규정이 아니라 울림을 경험할 수 있도록 말입니다. 가령 횔덜린의 비가悲歌 〈빵과 포도주Brod und Wein〉 두 번째 절을 봅시다. 이것은 횔덜린의 위대한 야상곡이며, 여기서 밤에 대한 사유가 작동합니다. 여러분은 이 밤이 하나의 추억, 하나의 기억이며, 깨어남과 잠이 서로 나란히 있는 장소임을 보게 될 것입니다.

숭고한 밤의 은총은 놀라울 뿐이로다. 그 밤이
어디서 누구에겐가 무슨 일을 일으킬지 누가 알랴
세상을 움직이고 희망하는 인간의 영혼을 흔들어놓지만,
그 밤이 무슨 일을 준비하고 있는지 현자인들 어찌 알랴
그것은 당신을 그토록 사랑하는 지고의 신의 뜻인걸, 그래
그 때문에 당신에겐 명료한 의식의 낮이 밤보다 더 사랑스럽다.
하지만 때론 맑은 눈도 그늘을 좋아해서
꼭 그럴 필요도 없이 즐겁게 잠을 청한다.
혹은 한 충실한 사람이 기꺼이 밤을 음미한다.

이것이 횔덜린의 밤입니다. 그것은 깨어남의 절정에서, 기억과 망각 둘 모두의 보배를 무한히 수호하는 자정의 횡단입니다.

이제 《이기투르*Igitur*》의 진행 순서 속에서 말라르메의 밤을 살펴봅시다. 이것은 자정의 의미에 대한 일종의 요약으로, 전체 프로그램은 **네 부분**으로 제시됩니다.

1. 자정
2. 계단

3. 주사위 던지기

4. 촛불이 꺼진 뒤, 유해 위에서의 잠

대략 그다음에 일어나는 것:

자정이 울린다 — 주사위가 던져져야 하는 자정. 이기투르는 인간 정신의 계단을 내려와 사물 깊숙이 나아간다. '절대적인' 그. 묘비 — 유해(느낌도 정신도 아닌), 중립. 그는 예언을 낭송하고 몸짓을 한다. 무관심. 계단 속의 휘파람. "당신은 틀렸어." 무감정. 무한은 우연에서 나오고, 당신은 우연을 부정했다. 당신, 수학자들은 기한이 만기되었다 — 절대성이 투사된 나. 무한으로 끝나야 했다. 그저 말과 행동. 내가 당신에게 말하는 것에 관해, 나의 삶을 설명하기 위해. 당신에게는 아무것도 남아 있지 않을 것이다 — 무한은 결국 가족에서 벗어나고, 가족은 그것으로 괴로워했고 — 오래된 공간 — 아무런 우연도 없다. 가족이 그것을 부정한 것은 옳은 일이었다 —그것의 삶 —그것이 절대성으로 남도록 말이다. 이것은 절대성과 마주한 무한성의 조합 안에서 일어나야 했다. 필연성 — 추출된 이념. 유용한 광기. 거기서 우주의 행위 중 하나가 막 저질러졌다. 더 이상 아무것도 없고, 입김이 남아 있었다. 말의 끝과 행위의 끝이 결합된 채로 — 존재의 양초를 불어 끄라, 그로 인해 모든것이 있었으니. 증명.

그리고 괄호 안에 다음의 구절이 나옵니다. "이 모든 것을 파고들어"…….

이것이 바로, 말하자면 이중의 자정입니다. 다음의 사실이 명확해집니다. **우주의 행위 중 하나가 막 저질러진** 자정, 주사위를 던져야 하는 시간인 자정과, 기억과 깨어남이 서로 나란히 있는 투명한 수용의 자정 사이에 자정의 두 가지 독창적인 시적 기입이라 불릴 법한 것이 있습니다.

그리고 어떻게 철학이 자정의 은유에서 가능한 이런 이중 규정 아래에 있는지를 여러분이 파악할 수 있도록, 우리는 이중의 자정이 가령 헤겔이 단순히 밤의 차원이라고 부르는 것 안에 두 가지 측면에서, 두 가지 가장자리에서 기입된다고 주장할 수 있습니다. 여러분은 헤겔에게 미네르바의 올빼미는 황혼 녘에야 날개를 편다는 것을 알고 있을 것입니다. 이는 철학이란 모든 것이 일어났을 때 일어남을 뜻합니다. 그러므로 철학은 어떤 점에서 사유의 날의 자정입니다. 이것은 또한 철학이 역사 자체가 완성에 도달하는 것과 동시에 성취되는 이유입니다. 그러나 헤겔에게 철학의 자정은 존재의 진리가 스스로에게 도래한 일반적인 사후 효과로서, 어떤 누그러진 끝, 즉 정신의 생성이 완성되고, 어떤 절대적 결단 같은 것이나 의미의 절대적 결단이 자의식에 도달하는 것을 동시에 뜻한다는 점은 매우 분명합니다. 철학의 헤겔적 밤이란 물론 그 역사적 형상 안에서의 정신의 모순적 배치의 최종적 완화이지만, 그것은 또한 철학이, 이 경우에는 헤겔의 철학이, 절대적이고 확정적이고 불가역적인 결단을 통해 그에 관해 결단하는 순간이기도 합니다. 이 결단이 **최후의** 철학인 것입니다.

그렇다면 정오는 어떻게 될까요? 정오는, 어떤 의미에서 우리에게 더욱 흥미로운 것일까요? 정오 역시 시의 분할 속에 기입됩니다.

정오 역시 두 측면을 지닙니다. 무겁고 납빛을 띤 정오, 짓눌린 동시에 승리를 거둔 정오라 불릴 법한 것이 있습니다. **정오, 여름의 왕……**✦ 그러나 보다 정확히 말해 우리가 다루는 것은 낮의 영광 안에서 용해된 사유의 이름으로서의 정오, 혹은 제가 생각하는 것에 더 가깝게는 사실상 존재자의 섬광에 의해 존재의 공백을 분쇄하는 것입니다. 정오에 존재자의 광채로 인해 존재자 자체의 눈부심, 공백, 존재의 철회가 사라지고 섬광만 있을 뿐이며, 이것은 사유가 현존의 이글거림 뒤로 후퇴한 것과 현실적으로 불일치하는 순간의 형상으로서의 존재자의 섬광입니다.

이러한 형상 주위를 가장 강박적으로 맴돌았던 시인은 의심의 여지 없이 폴 발레리입니다. 게다가 이것이 장 보프레가 거의 늘 하이데거와 발레리 사이에서 일종의 특수하게 프랑스적인 특징을 끌어낼 수 있었던 이유입니다. 발레리는 그러한 정오 주변을 맴돌았습니다. 왜냐하면 출현과 빛의 공존 문제가 발레리의 사유 장치에서 본질적이었기 때문입니다.

이 점과 관련하여 가장 유명한 동시에 가장 충격적인 텍스트 하나를 읽어드리겠습니다. 그것은 《매혹*Charmes*》이라는 선집에서 발췌한 〈뱀의 소묘[Ébauche d'un serpent]〉 3, 4연입니다.

태양이여, 태양이여!…… 빛나는 착오여!
'태양'이여, 너는 죽음을 가면으로 덮고 있다,
남색과 황금색 천막 아래

꽃들이 비밀을 지킨다

헤아릴 수 없는 감미로움에 의해,

내 공범 중에서 가장 오만하고,

내 함정 중에서 가장 높은 태양이여,

너는 인간들에게 깨우쳐주려 하지 않는다

'비존재'의 순수성 속에서

우주는 하나의 결함에 지나지 않는다는 것을!

'거대한 태양', 존재에 눈뜰 시간을 울리고

눈뜨면 불로 데려가

잠 속에 존재를 가두는 너

기만으로 칠해진 평야에서,

즐거운 환영을 도발하고

영혼의 모호한 현존을

육안에 드러내 보이는 태양이여,

절대의 위에서 네가 흩뿌리는 거짓이,

언제나 나는 마음에 들었다

아아, 불꽃으로 만들어진 그림자의 제왕이여!

✦ 프랑스 고답파 시인 르콩트 드릴의 시 〈정오〉의 첫 구절이다.

아아, 불꽃으로 만들어진 그림자의 제왕이여! 바로 여기에 정오가 있습니다. 출현의 섬광은, 출현 자체 안에서, 사실상 그림자의 소멸이자 사유가 더 이상 조화를 유지할 수 없는 어떤 본질적인 철회입니다. 이렇게 인식된 정오는 일자에 지배되는 사유라고 말할 수 있을 것입니다. 이것이 〈해변의 묘지Le Cimetière marin〉에서 발레리가 시의 시작에서부터 정오의 형상을 파르메니데스와 제논이라는 인물에 연결시키는 이유입니다. 존재와 일자가 급진적으로 공속coappartenance 관계 안에 있는 엘레아적 사유는 사유가 사라지는 해변의 정오로 명명될 것입니다.

그러나 시에는 또 다른 정오가 있습니다. 늘 그랬습니다. 이러한 시적인 선先규정은 기원적이기 때문입니다. 사유의 또 다른 정오가 있는데, 정반대로 이것은 가장 높은 결단의 정오입니다. 존재 마비의 정오가 아니라 분할의 정오입니다. 폴 클로델과 《정오의 분할*Partage de midi*》이라는 그의 작품을 즉각 인용해봅시다. 분할 안에 있을 수 있는 정오는 존재자가 빛나게 출현하는 분할되지 않은 정오와 분명 다릅니다. 이 순간에 정오는 실재적 사건의 이름, 중간의 이름, 따라서 수數가 없는 이름, 어떤 수가 아닌 이름일 것이며, 태양의 수직성을 다시 세는 정오로서 실재적 사건의 이름일 것입니다. 즉 삶의 전환점의 이름일 것입니다. 정오에 돌이킬 수 없는 어떤 일이 일어날 것입니다. 그 결과 그것은 불변성의 이름이나 사유가 출현의 연속적인 섬광에 의해 존재로부터 분리되는 특수한 방식의 이름이 아니라 반대로 정지 불가능성의 이름을 지닐 것입니다. 정오 이후에 정지하는 것은 불가능해지는데, 왜냐하면 돌이킬 수 없는 것이 정오라고 명명되었기 때문입니다.

지극히 중요한 이 사실과 관련해서 저는 여러분에게 《정오의 분할》 두 번째 판본의 1막 끝부분을 읽어드리고자 합니다. 왜냐하면 이 정오는 두 번째 판본에만 나오기 때문입니다. 첫 번째 판본의 정오는 아직 정오가 아닙니다.✦

이 작품을 알지 못하는 분들을 위해 작품의 맥락에 대해 간략히 말씀드리겠습니다. 《정오의 분할》 1막은 극동을 향해 수에즈운하를 통과하는 배에서 일어납니다. 그 배에는 여자 한 명과 남자 세 명이 있습니다. 여자는 이세입니다. 그리고 이세의 남편 드 시즈, 이세의 연인 아말릭, 이세를 미치도록 사랑하는 메사라는 이름의 클로델이 있습니다. 남자 무리가 한 여자를 둘러싸는데, 여기서 모든 문제는 그 무리의 완전함에서 나옵니다. 그리고 정오에 이 배에서 메사와 이세의 사랑은 실재적인 사랑, 즉 불가능한 사랑으로 결정될 것입니다. 정오는 실재의 도래의 이름, 실재의 갑작스럽고 소리 없는 도래의 이름입니다. 작품은 이 정오가 불가능한 실재로서의 사랑의 이름임에도 어떻게 분할의 장소일 수 있는지와 관련될 것입니다. 그것은 정오의 분할과 관련된 이야기가 될 것입니다. 불가능성의 지점에서 사랑의 실재가 분할되는 이야기 말입니다.

✦ 폴 클로델은 1905년 《정오의 분할》을 썼고, 1948~1949년 이 작품을 상당 부분 개작했다.

1막에서는 아무것도 선언되지 않습니다. 니체가 말하듯 사건은 비둘기의 발 위에서 분명히 도래하지만, 아무것도 선언되지 않습니다. 정오의 외침이, 정오를 알리는 배의 세이렌이, 명명되지 않은 이러한 선언을 대체할 것이라는 점만 제외하고 말입니다.

이세　(흔들의자에서 몸을 쭉 펴고) 이제 우리는 진짜로 수에즈를 통과했어요!

메사　그걸 결코 다시 통과하진 않을 거예요.

(휴지)

아말릭　곧 정오가 될 거야.

메사　우리는 세이렌을 듣게 될 거야. 세이렌이라니, 얼마나 이상한 이름인지!

이세　이제 더 이상 하늘도 없고, 바다도 없어. 남은 것은 오직 무無. 중간에 끔찍하게 있는 건 울부짖기 시작할 동물 화석뿐!

참고로 여러분은 다음의 사실을 알 수 있을 겁니다. 정오를 무로 재현하는 것은 이미 발레리에게서 명백했고, 여기서 반복되고 있는 것은 전혀 다른 목적을 갖는다는 것 말입니다. 왜냐하면 무의 한가운데에서 정오는 존재자의 섬광과 출현의 본질 간 구분의 결여가 아니라 그 둘 간의 중간 휴지를 명명할 것이기 때문입니다.

이세　불의 사막에서 외침이라니!

아말릭 뇌룡이 울부짖기 시작할 거야.

드 시즈 쉿! 저기 봐요!

(손가락으로 돛을 펼친다.)

이세 맙소사, 돛을 펼치지 말아요!

아말릭 총 맞은 것처럼 눈이 안 보여! 저건 더 이상 태양이 아니야!

메사 저건 번개야! 빛을 반사하는 화덕에 몰려 타버리는 것 같아!

아말릭 모든 게 유리 날 사이에 낀 이처럼 끔찍해 보여!

메사 (창가에서) 정말 아름다운걸! 너무 강렬해!
반짝이는 등마루의 바다는
땅바닥에 쓰러져 붉은 쇠로 낙인찍힐 소 같아.
그의 연인은, 그래, 사람들이 말하듯,
박물관에 보이는 조각이군!
바알,
이번에 그는 더 이상 그녀의 연인이 아니야. 그는 그녀를 희생시키는 형벌자야!
그가 그녀에게 주는 것은 키스가 아니라
그녀의 자궁 속에 있는 칼!
그러면 그녀는 그에게 주먹질로 맞서지.
형태 없고, 색깔 없고, 순수하고, 절대적이고,
엄청난 폭발 속에서, 빛에 충격을 받아, 그녀는 똑같이 되돌려줘.

이세 (기지개를 켜면서) 엄청난 열기야! 미니코이 등대까지 며칠 남았어요?

메사 물 위의 작은 야등夜燈이 기억나는군.

드 시즈 아말릭, 당신은 얼마나 더 가야 하는지 알고 있어요?

아말릭 몰라요. 우리가 출발한 지 며칠이나 지났을지! 저는 잊어버렸어요.

메사 지금까지의 날들은 너무나 비슷해서 마치 거대한 흑백의 하루인 것 같아.

아말릭 저는 이 거대한 부동의 낮이 좋아요. 저는 완전히 편안해요.

저는 그림자 없는 이 거대함이 좋아요.

저는 존재하고, 봅니다.

저는 땀을 흘리지 않고, 담배를 피웁니다. 저는 만족합니다.

이세 만족이라고요! 메사, 당신도 그런가요?

당신은 만족하나요? 저는 그렇지 않아요.

(그녀는 웃음을 터뜨린다. 그러나 여기 자리 잡은 장엄한 침묵은 더욱 강해진다.)

이 웃음이 메사가 사건, 그가 선언할 돌이킬 수 없는 것, 어떤 곳에도 정지하는 것의 불가능성을 명명하려고 하는 시점에 일어난다는 사실에 주목합시다. 계속 인용합니다.

메사　　어떤 곳에서도 정지가 불가능해.

드 시즈　(시계를 꺼내며) 조용히! 시계가 울릴 것 같아……

(긴 휴지 후에 여덟 번 종이 울린다.)

아말릭　여덟 번.

메사　　(손가락을 올리며) 정오군.

이 발췌문은 정오의 분열에 관한 것으로, 그것은 자정의 분열과 대칭—비록 어긋난 대칭이지만—을 이룹니다. 그러나 우리는 거기서 우리가 존재의 호의적인 부조화를 다루는지 아니면 행위의 결정 불가능성과 불가역성의 지점을 다루는지의 문제로 되돌아옵니다. 연극에서 자주 그렇듯, 클로델에게 분열은 어떤 인물을 통해 재현됩니다. 아말릭의 정오는 모든 만족에 관련되며, 메사의 정오는 불가능성에 예정되어 있습니다.

제가 자정과 관련해 헤겔에 대해 말씀드렸듯, 여기서도 니체의 정오가 클로델의 정오에 암암리에 존재하며, 니체의 정오는 두 가지 정오로 구성된다고 말할 수 있다는 점에 주목하십시오. 즉 메사의 정오와 아말릭의 정오가 있으며, 이세는 둘 사이에 유예되어 있습니다. 니체의 정오는 둘 중 하나로 완전히 환원될 수 없습니다. 통상적인 의미에서 아말릭이 메사보다 더 니체적이라고 말할 수 있다 해도 말입니다. 니체의 정오는 한편으로 긍정의 절대적이고 무차별적인 통일성입니다. 이것은 니체의 테제 중 하나로, 그에 따르면 디오니소스적인 정오는 사물들의 가치를 변별하지 않고 사물들을 긍정해야 합니다. 달리 말해 니체의 정오는 모든 가치 평가에서 긍정성과 부정성을 서로 구분하지 않습니다. 왜냐하면 모든 것은 어떤 점에서 온전히 긍정되어야 하기 때문입니다. 그러므로 정오는 온전한 긍정을 명명할 것입니다. 그러나 다른 한편으로 정오는 분명 삶의 절대적 부동성, 곧 영원한 사건을 명명합니다. 정오란 다음의 사실을 가리킵니다. 긍정은 그 정체성 안에 자신을 지탱하는 것을 아무것도 갖고 있지 않다는 것, 그러나 긍정은 또한 삶의 다양성, 삶의 끝없이 가능한 확산이라는 것을 말입니다. 니체의 정오는 힘에의 의지인 동시에 영원회귀입니다. 정오는 둘, 즉 끊임없이 창조적인 긍정의 온전한 원천으로서의 힘에의 의지와, 긍정이 있는 것 전부를 온전히 되돌려주는 고유한 방식으로서의 영원회귀로 이루어진 둘입니다.

정오와 자정의 작용에 대한 시적-철학적 규정을 둘러싸고 이러한 개관 이후에 우리는 이렇게 질문할 수 있습니다. 그렇다면 라캉은 이 모든 사안과 어떻게 관련되는가? 다른 방식으로 질문을 제기해보자면, 라캉은 정오의 인간인가, 자정의 인간인가?

물론 실제로 라캉을 이끄는 것은 은유가 아닙니다. 라캉에게 은유는 본질적이고, 그에게는 은유에 관한 중요한 이론이 있지만, 그를 이끄는 것은 은유가 아닙니다. 오히려 라캉을 이끄는 것은 연결, 혹은 혼성어를 사용하자면 수학소mathème입니다. 그러나 라캉이 진리는 오직 절반만 말해질 수 있다고 말한 것은 분명 우연이 아닙니다. 진리에 대한 절반의 말하기가 있으며, 만약 우리가 〈레투르디〉에서 그것이 발화된 고유한 방식을 참고한다면, 우리는 이렇게 말할 것입니다(정확한 문장은 다음과 같습니다). **진리에 대해서는 절반의 말하기밖**

에 없다. 맞습니다! 그렇지 않습니까? 진리가 절반만 말해진다는 사실은 우연일 수 없습니다. 절반의 말하기^mi-dit, m, i, d, i, t^ 말입니다.✦ 결국 진리에 대해서는 절반의 말하기밖에 없다는 것은 사실입니다. 생각해보십시오. 라캉이 이 문장을 읽을 때 그는 이러한 절반의 말하기^mi-dit^란 또한 정오^midi^라고 말하지 않을 수 없을 것입니다. 그리고 그것을 다음과 같은 형식으로 말할 수 있을 것입니다. 진리에 대해서는 정오(절반의 말하기)^mi-di(t)^밖에 없다. 문제는 우리가 진리와 정오의 이러한 연결을 진리의 공으로 돌릴 수 있는지입니다. 이것은 본질적으로 진리에 대한 발언입니까, 말하기에 대한 발언입니까? 이런 질문이 수사적으로 보일 수 있지만, 사실은 그렇지 않습니다. 특히 진리와 말할 수 있는 것 간의 비트겐슈타인적인 연결에 관해 말해진 모든 것을 기억한다면 말입니다. 그리고 모든 반철학적 전통이 진리, 말하기, 행위 간의 관계(반철학적 장치의 위대한 삼각구도)에 대한 특수하고 독특한 발언에 근거한다는 점을 기억한다면 말입니다. 우리는 이미 파스칼에게서 그것을 증명할 기회를 가졌습니다. 말하기, 진리, 행위의 삼각구도는 파스칼적 사유의 장치를 구성하며, 결국 모든 반철학에서 사유의 장치를 구성합니다. 그러므로 진리가 이중적 의미에서의 절반의 말하기(정오)에 연결될 때 그것이 진리에 강조점이 놓여야 하는 발언인지 아니면 말하기에 강조점이 놓여야 하는 발언인지 아

✦ 정오(midi)와 절반의 말하기(mi-dit) 간 발음의 유사성에 주목하자.

는 것이 중요합니다. 또한 여기서 우리는 물론 진리가 해롭다^la vérité nuit^ 거나 진리가 절반 정도 해롭다^nuit à demi^고 말할 수 있는지 질문하게 됩니다. 진리란 절반 정도 해로운 것일까요(진리란 자정에 관련되는 것일까요)^la vérité est ce qui mi-nuit^?✦

바로 이 문제가 우리의 출발점을 이룹니다. 왜냐하면 진리라는 철학적 범주를 해임하는 것이 모든 반철학의 근본적인 운동이기 때문입니다. 저는 여러분에게 어떤 반철학이 철학적 의미에서의 진리에 관해 발언하는 것은 진리를 반박하기 위함이 아니라 진리의 권위를 떨어뜨리기 위함이라는 점을 상기시키고 싶습니다. 이것이 바로 반철학적 논쟁이 엄밀히 말해 철학적 논쟁이 아닌 이유입니다. 반철학자의 관건은 진리라는 범주가 해롭다는 것을 보여주는 것입니다. 요컨대 절반의 말하기는 해롭다^le mi-dit nuit^는 겁니다.

이것은 반철학의 창시자 니체에게서 명백히 드러납니다. 그것은 비트겐슈타인에게서도 마찬가지입니다. 특히 장래의 비트겐슈타인에게서 말입니다. 반철학은 언제나 치료의 특징을 일부 갖는다는 점을 상기하십시오. 반철학은 비판이 아니라 치료입니다. 관건은 철학을 비판하는 것이 아니라 철학자라고 하는 지독하게 아픈 인간을 낫게 하는 것입니다. 즉 니체가 말하듯 플라톤-병^maladie-Platon^으로부터 인류를 낫게 하는 것이 관건입니다. 그리고 비트겐슈타인에게는 철학-병 전부에서 낫게 하는 것이 관건입니다. 철학-병이란 부조리한 명제 혹은 의미 없는 명제를 발신하는 경향이며, 이 점이 해명되어야 합니다. 따라서 진리가 해롭다는 문제는 여기서 단순한 언어유희가 아니라 반철학에 철저히 구성적입니다. 진리에 대해서 절반의 말하기밖에 없는 것처럼 진리란 (어떤 점에서) 절반의 해로움이라고 라캉이 말했습니까? 그는 그렇게 말하게 되었습니까, 아니면 우리는 그가 그렇게 말할 것이라고, 그렇게 말했다고, 그렇게 말할 것이었다고 가정하는 것입니까? 이 점은 수수께끼이며 과도기적인 실마리가 됩니다.

비트겐슈타인의 《논리철학 논고》에서 진리의 해임은 부인할 수 없이 명백합니다. 저는 여기서 다시 그 책 서문을 참고하겠습니다. 거기서 우리는 약간 광적인 주체적 오만함을 확인할 수 있습니다. 또 반대로 그러한 오만함은 문자 그대로 어떤 정직함으로 이해해야 합니다. 이것이 반철학자들에게 늘 존재해온 문제입니다. 여러분은 명백히 어떤 광기의 신호에 해당하는 것을 정직함으로 이해해야 합니다. 비트겐슈타인은 이렇게 씁니다.

> 그러므로 나는 문제들이 그 본질과 관련해 확정적으로 해결되었다고 생각한다. 내가 이 점에서 틀리지 않는다면, 이 작업의 부차적인 가치는 그 문제들이 해결되었을 때 실제로 이루어진 것이 얼마나 적은지를 보여주는 데 있다.
> (클로소프스키의 번역)

✦ 해롭다(nuit)와 밤(nuit) 간 발음의 유사성에 주목하자.

이 구절은 제가 조금 전 인용한 진리에 관한 문장 직후에 나옵니다. 발리바르의 번역을 통해 그 구절 전체를 인용해봅시다.

> 반대로 내가 여기서 펴내는 사유의 진리는 반박할 수 없고 확정적인 것으로 보인다. 또한 나는 여기서 고찰된 모든 문제를 그 본질과 관련해 해결했다고 믿는다. 그리고 만약 이것이 사실이라면, 이는 이 작업의 부차적인 가치는 이 문제들의 해결이 얼마나 별것 아닌지를 보여주는 데 있음을 뜻한다.

진리 범주의 해임은 다음과 같은 방식으로 시작됩니다. 나는 진리의 관념을 정화했고, 나는 진리의 철학적 의미를 제거했고, 나는 근본적이고 확정적인 방식으로 모든 문제를 해결했다. 그리고 이 모든 것을 해낸 뒤에 나는 내가 거의 아무것도 하지 않았음을 깨닫는다. 이로부터 다음의 문장이 나옵니다. **문제들이 해결되었을 때 실제로 이루어진 것이 얼마나 적은지.**

그러므로 비트겐슈타인의 테제는 이중적입니다. 첫째, 철학적인 의미에서의 진리라는 범주는 해로운데, 왜냐하면 그것이 무의미에 연결되어 있기 때문입니다. 둘째, 그런데 설령 우리가 진리에 대한 반철학적 범주를 제안함으로써 진리를 무의미로부터 떼어낸다 하더라도 어떤 경우에도 이는 큰 중요성을 갖지 않습니다. 따라서 진리 범주에 대한 이중적인 비판이 있습니다. 첫째, 진리에 대한 철학의 강탈은 부조리의 차원에 속합니다. 둘째, 심지어 진리 범주에 대한 교정마저도 결국 우리에게 전혀 흥미롭지 않은 문제들에 대해서만 해결책을 제시합니다. 정작 본질적인 것은 여전히 남아 있으며, 그것은 참된 명제가 아니라 행위의 차원에 남아 있습니다. 얼마 남지 않은 시간 동안 우리는 어떤 반철학에서 진리 범주의 해임은 늘 다음과 같은 두 가지 의미가 있다는 점을 보여줄 수 있을 것입니다. 즉 진리라는 철학적 범주가 해롭다는 점과, 나아가 그 범주에서 해로운 것을 삭제한다고(이것이 교정 혹은 치료입니다) 가정한다 해도 이는 행위라는 결정적인 원천에 비해 별로 흥미롭지 않거나 크게 중요하지 않다는 점을 보여주는 것입니다.

이 점과 관련해서 우리는 라캉에 대해 무엇을 말할 수 있을까요? 문제는 여러분이 곧 보게 될 것처럼 훨씬 더 복잡한데, 왜냐하면 우리는 라캉이 진리 범주를 복구시켰다고, 그리고 어떤 점에서는 재정초했다고 얼마든지 주장할 수 있기 때문입니다. 물론 우리는 이러한 재정초에서 진리라는 **철학적** 범주를 해임하는 라캉의 움직임을 발견하는 동시에 그가 이 범주를 횡단해야 했다는 점을 알 수 있습니다. 이러한 횡단을 통해 그는 그 범주를 쫓아냈습니다. 그가 분석 행위의 자리 자체에 설정하는 또 다른 개념을 위해 말입니다. 그러므로 라캉을 진리 범주에 대해 주요하게 반대하는 입장에 있는 반철학자라고 말할 수 없습니다. 반대로 라캉은 긴 시간 동안 갖은 굴곡 속에서 이 범주 주변을 서성거립니다. 우리는 그가 재차 진리 범주를 재정초한다고 쉽게 주장할 수 있습니다.

저는 프랑수아 발메스가 국제철학학교Collège international de philosophie에서 연구의 한 부분으로 라캉에 관해 연구 경로를 개척한 것을 지적하고 싶습니다만, 여기서 보여드리고 싶은 것은, 1970년 — 이 시기를 우리의 지표로 삼아봅시다 — 부터 지식을 위해 진리를 해임하는, 달리 말해 지식을 위해 진리를 내쫓는 길고 불완전한 과정이 이어진다는 점입니다. 모든 것이 재고찰되어야 합니다. 지식을 '위해'라고 할 때의 '위해'란 무슨 뜻일까요? 라캉에게 하나의 개념은 어떻게 또 다른 개념보다 우선시될까요? 진리를 내쫓는다는 것은 무엇일까요? 이런 질문들이 점차 우리의 탐구에서 본질적인 내용이 될 것입니다.

저는 이 문제가 1973년《세미나 20권: 앙코르*Séminaire XX, Encore*》의, 라캉 자신이 서로 일치시키기 어렵다고 느낀 두 발언 안에 표명되어 있다고 생각합니다. 첫 번째 발언은 1973년 5월 15일 수업에서 제시됩니다. 그것은 자크 알랭 밀레르가 쇠유 출판사에서 출간한 판본의 열 번째 수업 〈원형 끈Ronds de ficelle〉 108쪽에 나옵니다. 그는 이렇게 말합니다. **알려질 수 없는 존재의 관계가 있다.** 다른 발언은 84쪽, 자크 알랭 밀레르가 '지식과 진리'라는 제목을 붙인 여덟 번째 수업 '3월 20일'에 나옵니다. 여기서 라캉은 분석에 고유한 것, 즉 분석을 정의하는 것은 **[분석 경험을 바탕으로] 진리에 관한 어떤 지식이 구성될 수 있다**는 사실이라고 말합니다.

따라서 두 발언이 있습니다. **알려질 수 없는 존재의 관계가 있다**와 **진리에 관한 어떤 지식이 구성될 수 있다.** 이 두 발언을 일치시키는 일은 왜 그토록 복잡한 것이며, 둘 사이에는 어떤 긴장이 있는 걸까요? 분명 우리는 알려질 수 없는 존재의 관계가 오직 진리에만 관련된다고 말할 수 있습니다. 이런 점에서 그것은 지식 안의 구멍을 이룰

것이며, 알려질 수 없는 어떤 것에서 빠져나올 것입니다. 환원 불가능하게 알지 못함의 차원에 속하고, 무의식을 포함한 그 무엇과도 소통할 법한 어떤 것으로부터 말입니다. 다른 한편, 진리에 관해 어떤 지식이 구성될 수 있다는 점은 분석의 특징입니다. 그러므로 말기 라캉의 가장 심오한 순간 중 하나에 해당하는 이러한 긴장을 다음과 같이 말할 수 있을 것 같습니다. 한편으로 진리는 알지 못하는 것으로서 최상의 것이며, 알려질 수 없는 존재의 관계인 경우 알지 못함의 규율은 진리의 어휘에서 고정됩니다. 다른 한편으로 진리에 관한 어떤 지식, 즉 (다음을 분명히 해야 하는데) 알지 못함의 지식을 구성하는 것은 분석의 특징입니다. 그것은 불가피하고, 결국 프로이트적입니다. 요컨대 분석이란 바로 무의식적 지식을 드러내는 것입니다. 그런데 진리에 관한 지식으로서 알지 못함의 지식을 구성하는 것이 분석의 특징이라면, 중요한 것은 지식입니다. 왜냐하면 궁극적으로 지식이 분석 행위에 관련될 그 무엇이 되기 때문입니다.

사실 제가 보여드리고자 하는 것은 이러한 긴장, 이러한 수수께끼의 핵심이 라캉 **수학소**라는 이름으로 불린다는 점입니다. 저는 라캉이 다음의 사실을 사유 가능하게 함과 동시에 어떤 글쓰기를 통해 (이것이 핵심인데) 사유 가능하게 만들기 위해 수학소라는 이름을 창안했음을 보일 것입니다. 한편에는 알려질 수 없는 존재의 관계가 있으며, 다른 한편에는 그럼에도 진리에 관한 지식이, 알지 못함에 관한 지식이 있을 수 있습니다. 이런 점에서 많은 사후작용 및 예상과 더불어, 라캉에게는 수학소만이 1970년 〈파리 프로이트대의학파 폐회사〉에 나오는 놀라운 발언, **지식은 우리 담론의 진리를 구성합니다**의 의미를 제공할 것입니다. 이 발언은 우리가 방금 말한 모든 것과 관련하여 자명한 문장은 아니지만, 제가 말씀드린 긴장과 관련해서 핵심적이며, 불과 몇 년 전에 나온 발언입니다.

전반적으로 저의 접근은 1970년대 라캉에 근거해서 지식과 진리 간의 비범한 분규를 해명하는 것을 목표로 합니다. 제가 방금 말씀드렸듯(그것이 수수께끼 같은 첫 번째 공식이었습니다), 분석 행위는 지식의 통과이자 "우리 담론의 진리를 구성하는 지식"으로서 무엇이 될까요? 이 점을 이해하는 것과 관련해 우리가 7월까지 얼마나 멀리 나아갈 수 있을지 모르겠습니다…… 어쨌든 라캉적 개념에서 분석 행위란 어떤 주체 안에 가정된 지식의 추락, 분석자가 분석가에게 있다고 가정한 지식의 추락이라고 말할 수 있습니다. 행위 자체 안에 행위가 있기 위해서는 안다고 가정된 주체[sujet-supposé-savoir]의 형상이 추락해야 합니다. 안다고 가정된 주체인 분석가가 유지되고 혹은 안정화되는 한에서, 행위는 작동되지 않습니다. 따라서 행위란 (관건은 분석자, '환자'가 주체가 되는 것인데) 분석가가 보유한다고 가정할 수 없는 어떤 지식의 수용입니다. 그렇다면 가정 불가능한 지식이란 무엇을 뜻할까요? 가정 불가능한 지식은 전달 가능한 지식, 가능하다면 온전히 전달 가능한 지식, 즉 더 이상 어떤 주체의 단독성에 의존하지 않는 지식, 더 이상 분석가의 입장에 의존하지 않는 지식입니다. 왜냐하면 그것은 누구에게나 온전히 전달될 수 있기 때문입니다.

만약 분석 행위가 있다면, 그것은 안다고 가정된 주체의 해임인 동시에 온전히 전달 가능한 지식의 수용일 것입니다. 이것은 분명 니체가 말한 **두 천 년 사이에서 치명적인** 어떤 것, 두 시간 사이에 있는 어떤 것, 추락하는 어떤 것, 주체에게 가정되지 않는 어떤 것, 따라서 긍정적으로 전달 가능한 어떤 것의 출현을 상기시킵니다. 네, 그것은 저에게 반철학적 행위 일반의 모체를 상기시키는데, 거기서 우리는 진리란 오직 소멸 속에만 있음을 늘 보게 됩니다. 왜냐하면 행위는 가정되는 지식과 가정될 수 없는 지식의 둘-사이entre-deux이기 때문입니다. 진리는 지식의 두 가지 유형의 소멸 속에만 있을 것입니다. 물론 진리는 거기에 있어야 합니다. **거기에 있어야 한다**란 무엇을 뜻할까요? 앞으로 이것을 살펴볼 것입니다. 그러나 결국 행위의 관점에서 볼 때, 진리가 거기에 있는 방식 자체는 지식의 두 가지 식별, 즉 주체에게 가정된 지식과 가정되지 않고 전달 가능한 지식 뒤에서 사라집니다. 달리 말해 지식의 두 가지 유형이 있으며, 하나가 상상적인 것까지 포함한 의미에서 주체적인 것이라면, 다른 하나는 비인칭적인impersonnelle 것입니다. 그런데 라캉에게 비인칭적인 지식이란 수학소와 다름이 없습니다.

이것은 완벽히 말라르메의 자정을 상기시킵니다. 어떤 것이 일어났으며, 이것은 우연이 얼마나 관련되는지와 무관하게 비인칭적이고 전달 가능한 이념이 우연 자체의 이념으로서, 즉 어떤 특정 주체에게도 가정될 수 없는 지식으로서 출현하게 합니다. 따라서 진리의 절반이 말해지기(정오이기) 위해서 지식은 그런 의미에서 절반은 해로운(자정의) 것이어야 합니다. 그리고 이것은 제가 인용한 라캉의 발언과 몇몇 다른 발언을 해명하고, 아마도 라캉적 의미에서 절반이 말해진 진리와 주사위가 던져질 때 일어나는 말라르메적 행위가 어떻게 본질적으로 연결되는지를 이해하려는 우리의 노력 대부분에 틀을 부여할 것입니다. 가정된 지식에서 가정될 수 없는 지식으로의 이동을 가능하게 하고, 철학자들이 말하듯 비인칭적인 진리를 내어 주면서 말입니다.

저는 처음부터 아무런 보증도 없이 여러분에게 라캉적 행위는 반철학적인 동시에 원과학적이라고 말씀드렸습니다. 이것은 너무 앞서 나간 것일까요, 아니면 제가 진리 범주의 해임에 대해 그렇게 했듯 그것을 기반으로 삼을 수 있을까요? 저는 특히 1970년대 이후 — 우리는 오직 이 시기의 라캉만을 다룹니다 — 의 라캉적 의미에서 철학, 정신분석, 수학 간의 라캉적 삼각관계를 설정함으로써 행위를 이해할 수 있다고 생각합니다. 우리가 1970년 이후 라캉의 사유 공간에서 이 문제를 다룰 수 있는 것은 단순히 철학과 정신분석 사이의 토론에서가 아닙니다. 이미 그 이전에도 그랬지만, 1970년 이후에 그 점은 매우 분명해집니다. 라캉 자신의 반철학적 차원을 이해하기 위해서는 수학을 포함하는 삼각관계를 통해 그것에 접근해야 합니다. 저는 여러분에게 이 삼각관계와 관련해서 몇몇 지표를 제공해드리고자 합니다.

첫 번째, 〈레투르디〉에 나오는 구절에서 라캉은 이렇게 말합니다.

> 수학은 과학 담론에 가장 적절한 언어이기에, 그것은 우리가 사랑하는 라블레가 약속한 의식 없는 과학, 철학자가 막혀 있을

수밖에 없는 과학입니다.✦

수학에 막혀 있을 수밖에 없는 인물로 철학자를 식별한 후에 라캉은 철학자에 관해 다음과 같이 매우 중요한 각주를 답니다.

철학자는 주인 담론에 기입되어[삼각형이 원에 내접되어 있다는 뜻에서, 그는 진실하지✧ 않은가?] 있습니다.

잘 아시겠지요? 철학자는 주인 담론에서 진실한 어떤 것[ce qu'il y a de rond], 주인 담론 안에서 돌아가는 자(잘 작동하는 자)[ce qui tourne rond] 혹은 주인 담론이 아무런 진전 없이 제자리걸음 하게 만드는 자[ce qui le fait tourner en rond]입니다. 라캉은 이렇게 덧붙입니다. **그는 주인 담론에서 광인의 역할을 맡습니다.** 아주 좋습니다. 여러분은 라캉이 젊은 시절 병원 당직실 벽에 이렇게 쓴 것을 알고 있을 것입니다. **미치고 싶다고 해서 미칠 수 있는 것은 아니다**[Ne devient pas fou qui veut]. 우리 철학자가 광인의

✦ 여기서 라캉은 프랑수아 라블레의 《팡타그뤼엘》의 유명한 구절 "의식[양심] 없는 과학은 영혼을 파괴할 뿐이다(Science sans conscience n'est que ruine de l'âme)"를 원용하고 있다.

✧ 여기서 'rond'에 '둥글다'는 뜻 외에도 '진실하다 혹은 정직하다'는 뜻이 있음에 주목하자. 이어지는 구절에서 바디우는 라캉을 원용하여 다양한 방식으로 'rond'가 포함된 표현을 변주, 확장하고 있다. 철학자는 주인 담론에서 진실한 어떤 것일 뿐만 아니라 주인 담론 안에서 '돌아가는 혹은 잘 작동하는(tourner rond)' 자이며, 주인 담론이 '아무런 진전 없이 제자리걸음 하게(tourner en rond)' 만드는 자이다.

역할을 맡고 있다면, 적어도 우리는 이렇게 다시 쓸 수 있습니다. "철학자가 되고 싶다고 해서 될 수 있는 것은 아니다." 괜찮은 말이지요!

이것은 철학자가 어리석다는 말이 아닙니다[라캉은 계속해서 다음과 같이 말하는데, 제가 보기에 칭찬할 만한 인정입니다!]. 이 말은 사용할 만한 것 이상입니다. 이 말은, 뭐랄까, 그가 스스로 무슨 말을 하는지 알고 있다는 말도 아닙니다. 궁정 광대에게는 어떤 역할이 있습니다. 진리의 자리를 대신 차지하는 것 말입니다. 그는 마치 무의식처럼 자신을 어떤 언어와 같이 표현함으로써 그렇게 할 수 있습니다. 그 자신이 무의식 안에 있다는 점은 부차적입니다. 중요한 것은 역할을 맡는다는 점입니다.

따라서 철학자는 주인 담론에서 잘 돌아가는 자입니다. 그는 광인의 역할, 즉 진리의 자리를 대신 차지하는 역할을 맡고, 그가 말하는 것을 전혀 알지 못하고, 그 결과 오직 이 역할을 맡도록 강제됩니다.

[라캉의 이러한 결론은 제가 말씀드렸던 삼각관계와 관련해서 흥미로운 구절인데] 이렇듯 헤겔은 버트런드 러셀만큼이나 수학적 언어에 대해 정확하게 말했음에도 불구하고 조종을 잘못했습니다. 버트런드 러셀은 과학 담론 안에 있었기 때문입니다.

마지막 구절은 다음을 가리킵니다. 헤겔은 수학에 대해 러셀이 말할 것과 본질적으로 동일한 것을 말하지만, 이러한 동일성은 아무런 효과가 없는 채로 남아 있습니다. 헤겔은 조종을 잘못했습니다. 왜냐하면 그는 주인 담론 안에 기입된 원주의 관점을 갖고 말했기 때문입니다. 따라서 아무리 헤겔이 참된 것을 말했다 하더라도 그는 여전히 수학에 막혀 있습니다.

이 구절과 관련해서 몇 가지를 유념합시다. 철학자는 주인 담론의 광인과 같다. 좋습니다. 그리고 철학자가 주장하려는 것은 의식 있는 과학이며, 그 결과 그는 수학에 막혀 있는데, 왜냐하면 수학은 전형적으로 의식 없는 과학이기 때문입니다. 여기서 철학과 수학의 관계와 관련해서 라캉과 비트겐슈타인 간의 미묘한 차이에 주목하십시오. 비트겐슈타인의 테제는 철학자가 수학에 환상을 품고 있다는 것, 즉 철학자가 수학에서 절대적으로 독특한 방편을 발견할 거라고 믿는다는 것이며(이것은 결코 라캉의 테제가 아닙니다), 비트겐슈타인은 그러한 방편이 수학에서 발견되지 않는다는 점을 보여주려고 노력합니다. 비트겐슈타인에 따르면, 플라톤 이래로 철학자는 수학을 실체화합니다. 즉 철학자는 수학을 경험과 전적으로 분리되어 있고, 언어의 인류학에 종속되지 않으며, 그 결과 보편적 진리에 대한 일관된 본체를 구성하는 사유의 패러다임으로 만듭니다. 철학자는 수학에 그러한 것이 있다고 믿습니다. 그리고 치료, 즉 반철학자가 철학자와 수학의 관계 — 삼각관계는 진정 존재합니다 — 에 개입하는 방식은 철학자가 수학 안에 있다고 믿는 것이 실제로는 없다는 것을 보여주는 데 있을 것입니다. 수학도 그저 또 하나의 언어인 것입니다. 이렇듯 비트겐슈타인이 보기에 철학자는 수학에 환상을 품고 있고, 치료는 이러한 환상을 일소합니다. 라캉이 보기에 철학자는 수학에 막혀 있는데, 이것은 비트겐슈타인의 경우와 다릅니다. 여기서 치료는 환상을 중단시키는 것이 아니라, 경우에 따라 철학자가 막힌 부분을 뚫어주는 것입니다. 비트겐슈타인이 철학자의 정신과의사라면, 라캉은 철학자의 배관공입니다.

반철학자는 (정녕 파스칼 이래로) 철학과 수학의 관계, 철학과 과학의 관계, 특히 철학과 수학의 관계를 다룹니다. 그리고 매번 반철학자는 그 관계에 무언가 잘못된 것이 있음을 보여줍니다. 비트겐슈타인이 보기에 수학 쪽에 무언가 잘못된 것이 있는 까닭은 철학자가 수학에 대해 그릇된 이미지를 갖고 있기 때문입니다. 그것은 그 자체로 치료되어야 하는 하나의 망상, 일종의 편집증입니다. 그것은 사유의 질병이므로, 치유되어야 합니다. 반면 라캉이 보기에 철학 쪽에 무언가 잘못된 것이 있는 까닭은 철학이 수학에 막혀 있기 때문입니다. 비록 철학이 수학을 알고 있다 하더라도, 이해하지는 못하는 것입니다.

끝으로 이 구절에 관해 할 수 있는 마지막 논평은 철학이 사용할 만하다는 점입니다. 그것은 심지어 **사용할 만한 것 이상**입니다. 여기서 **이상**이란 무슨 뜻일까요? 저는 잘 모르겠습니다. 단순히 사용할 만한 것이 아니라 그 이상 어떻다는 것일까요? 그것은 결국 하나의 지식일까요? 어쨌든 철학은 사용할 만한 것 이상입니다. 사용 가능성의 관념은 매우 중요하고 핵심적입니다. 저는 이것을 철학의 횡단에 대한 라캉적 의무로 번역합니다. 반철학은 철학을 빼버릴 수 없습니다. 달리 말해 철학은 그저 사용할 만한 것이 아니며, 철학이 사용할 만하다는 것은 다행스러운 일입니다. 왜냐하면 실제로 우리는 철학을 반드시 사용해야 하기 때문입니다! 그리고 주지하듯이 라캉은 그 누구보다도 철학을 더 많이 사용했습니다. 저는 이것을 횡단의 작용소라 부릅니다. 반철학적 행위 자체는 철학을 횡단할 필요가 있고, 철학에 대해 몇몇 작용을 수행할 필요가 있습니다. 진리 범주를 해임하는 것, 즉 라캉에게는 수학과의 관계에서 막힌 것을 뚫어주는 것, 비트겐슈타인에게는 수학에 대한 환상을 종결시키는 것 말입니다. 요컨대 반철학은 철학을 횡단하는 고유한 방식을 구성해야 합니다. 반철학에서 그것은 정언적인 명령입니다. 여기서 철학이 사용할 만한 것 이상이며, 따라서 실제로 철학을 사용해야 한다는 사실이 이 점을 요약해줍니다. 지금까지가 삼각구도에 대한 첫 번째 개괄입니다. 만약 우리가 반철학이 철학을 횡단하는 작용을 진정 이해하고 싶다면, 어째서 라캉이 헤겔, 플라톤, 아리스토텔레스, 데카르트 및 다른 이들처럼 그토록 많은 것에 막혀 있는 불행한 철학자들에 대해 계속해서 말을 하는지를 이해하고 싶다면, 우리는 이 건너뛸 수 없는 정언적인 명령이 어디에 있는지 파악해야 합니다.

제가 의거하고자 하는 두 번째 구절 — 〈레투르디〉에 재차 나오지요 — 은 매우 중요한 발언입니다. 왜 그런지는 나중에 살펴보도록 하겠습니다. 저는 여러분이 직접 생각해볼 수 있도록 그 구절을 그대로 읽어드리겠습니다.

> 수학화 가능한 것—그 자체로 실재에 대해 가르쳐지는 것으로 정의되는—의 난관이 형식화되는 근거로서의 수학소는 실재로부터 취해진 이러한 부재에 조정될 것입니다.

여기서 **실재로부터 취해진 부재**[l'absence prise au réel]는 성관계의 부재입니다. 우리 다루는 라캉의 지적 여정의 단계에서 **실재**[réel]란 **성관계가 없다**[il n'y a pas de rapport sexuel]는 것을 뜻합니다. 어쨌든 여기서 그것은 실재로부터 취해진 부재로서, 성관계의 부재이며, 특히 모든 수학화에서의 부재, 즉 글쓰기에서의 부재입니다. 당분간 이 점은 제쳐두도록 하죠. 우리는 그저 이 구절을 어떻게 이해할 수 있는지 검토하고, 다음과 같이 말하는 데 그치도록 하겠습니다. 어떤 부재에 의해 규정되는 실재가 있고, 실재와 관련해서 수학화 가능한 것이 형식화되는 근거로서의 수학소는 난관에 부딪힙니다. 실재, 즉 성관계의 부재가 있고, 수학화 가능한 것으로서 **실재에 대해 가르쳐지는 것**이 있으며, 수학화 가능한 것의 난관으로서의 수학소가 있습니다. 제 생각에는 행위가 '실재의 실재[réel du réel]'—라캉에게 이것은 끔찍한 공식인데—로 불려야 할 것으로 출현하는 장소에서 원과학적인 것이 드러나는 곳이 바로 이 지점입니다. 너무 깊이 들어가기 전에 좀 더 정확하게 이렇게 말해둡시다. 가르쳐지는 실재의 쓰일 수 있는 실재라고 말입니다. 수학소는 난관의 지점에 있을 테지만, 이 난관의 지점이 실재의 지점입니다. 따라서 수학소는 수학화 가능한 것의 실재적 지점에 있을 것이며, 수학화 가능한 것은 **실재에 대해 가르쳐지는 것**입니다. 그러므로 우리는 이렇게 말할 수 있습니다. 수학소는 실재를 하나의 난관으로서 씁니다. 무엇의 실재에 대해서 말입니까? 실재에 대해 가르쳐지는 것의 실재에 대해서입니다. 지금으로서는 이러한 공식에 그치도록 하겠습니다. **실재의 실재**가 있으며, 여기서는 매우 명확하게도 실재의 두 가지 출현이 동일한 영역에 있지 않습니다.

여기서도 저는 비트겐슈타인과 라캉을 간략하게 비교해보고자 합니다. 비트겐슈타인에게 우리가 세계 — 세계를 실재에 상응하는 것으로 여겨봅시다 — 에 **관해** 가르칠 수 있는 어떤 진리란, 실재와 관련하여 그 의미가 참된 명제들의 형식으로 말해질 수 있는 것에 해당합니다. 세계의 의미 — 세계에 대한 진리 혹은 세계 안의 진리가 아니라 세계 자체의 진리, 따라서 삶 그 자체의 진리 — 는 실재와 관련하여 참된 명제의 형식으로 말해질 수 없는 것에 해당합니다. 잘 생각해보면 비트겐슈타인과 라캉이 말하는 이러한 내용은 매우 유사하고, 근접해 있습니다. 실제로 비트겐슈타인에게도 수학화 가능한 것, 즉 실재와 관련하여 쓰일 수 있는 것으로서의 명제, 말하자면 진리로서의 명제가 있습니다. 다시 말해 세계에 관한 어떤 참된 것을 말하는 명제가 있습니다. 그리고 세계의 의미, 즉 비트겐슈타인이 보기에 진정으로 중요한 것에 해당하는 윤리, 미학이 있으며, 이것들은 참된 명제의 형식을 취할 수 없고, 말할 수 없는 것으로 불릴 것입니다. 따라서 세계의 의미(말할 수 없는 진리)는 실재와 관련하여 말해질 수 없는 것이 될 것이며, 우리는 그에 대해 침묵해야 합니다. 라캉은 이렇게 첨언할 것입니다. 말에 속하지 않는 것은 글쓰기에, 공식에 속할 수 있다고 말입니다. 라캉에게 우리가 침묵해야 할 것은 말해지지 않으며 오직 쓰일 뿐인 실재의 실재입니다. 그것이 바로 수학소입니다.

라캉에게는 실재로서 부재한 것 안에 이 실재에 대해 가르쳐지는 것, 과학이 있습니다. 그리고 이 실재에 대해 가르쳐지는 것과 관련해서, 그 난관의 실재에 있는 것, 제가 실재의 실재라 부르는 것이 있습니다. 이 지점에는 엄밀히 말해 가르쳐지는 것이 아니라 전달되는 것이 있으며, 둘은 같은 것이 아닙니다. 따라서 구조적으로 라캉의 수학소는 정확히 비트겐슈타인의 신비로운 요소입니다. 왜냐하면 비트겐슈타인은 명제의 형식을 취할 수 없지만 우리에게 최고로 중요한 모든 것을 신비로운 요소라 부르기 때문입니다. 이렇듯 수학소는 정확히 비트겐슈타인의 신비로운 요소의 지점에 위치합니다. 그에 관한 글쓰기가 있다는 점만 제외하고 말입니다. 만약 우리가 라캉과 비트겐슈타인 사이에서 움직인다면, 수학소는 마치 쓰인 침묵과 같습니다.

이것이 제가 여러분에게 말씀드렸던 테제이며, 저는 이제 그 테제를 주장하고자 합니다. 수학소는 그것이 어떤 지식의 통과인 한에서 행위의 핵심이며, 원과학적인 것의 이름으로 드러납니다. 여러분은 어째서 그것이 원과학적인지 잘 알 수 있을 겁니다. 왜냐하면 수학소는 과학 **안에** 있는 것이 아니라 과학에서 난관의 지점에 있기 때문입니다. 수학소는 원과학적인 것의 이름, 즉 실재에 대해 말할 수 있는 것의 실재를 쓸 수 있는 것이 될 것입니다. 수학소는 실재에 대한 어떤 말하기가 아니라 실재에 대해 과학적으로 말할 수 있는 것의 실재를 쓰는 것에 해당합니다. 우리가 '말할 수 있는 것'을 '가르쳐지는 것'의 동의어로 받아들인다면 말입니다. 우리는 실재에 관해 참된 것을 말할 수 있으며, 이것이 과학입니다. 또한 우리는 실재 자체의 말할 수 있거나 가르칠 수 있는 측면을 실재 안에 기입할 수 있으며, 이것이 수학소입니다.

우리는 이미 반철학적 행위가 그 요구 사항이나 독특한 성격이 무엇이든지 간에 언제나 이러한 비틀림torsion✦을 요구한다는 점을 살펴보았습니다. 실재의 분열이 아닙니다. 그것은 분명 지나치게 변증법적일 것입니다. 오히려 실재의 **이중적 출현**double occurrence이 있으며, 이것은 궁극적으로 행위의 지점, 즉 분배될 수 없는 것, 어떤 주체에게 가정될 수 없는 것, 분류되지 않는 것, 서술되지 않는 것에 위치합니다. 실재의 이중적 출현은 비틀림으로서 행위의 지점에 있습니다. 여기서 그 비틀림은 과학의 실재로서의 실재와, 수학소로서 '실재에 대해 가르쳐지는 것'의 실재 사이에서 일어납니다. 이중적 출현은 과학과 수학소, 혹은 라캉의 텍스트를 통해 매우 정확히 말하자면, 수학화 가능한 것과 수학소, 따라서 수학적인 것과 수학소입니다. 그리고 수학소는 원과학적입니다. 왜냐하면 그것은 수학적인 것이 아니라 수학적인 것 자체의 실재의 지점에 있기 때문입니다. 만약 그것이 수학적이라면 수학소는 과학적일 것입니다. 그런데 우리는 비틀림

✦ 《주체의 이론》(1982)에서 비틀림은 주체가 스스로를 규정한 구조에 대해 그저 수동적으로 순응하는 것이 아니라 능동적으로 반응하는 방식을 가리키는 개념으로 사용된다. 현재 문맥에서 비틀림은 실재가 이중적으로 출현한다는 사실을 가리키기 위해 사용되고 있다. 즉 수학적 공식화를 통해 말해지는 실재가 있는 한편, 수학적 공식화의 난관으로 쓰이는 실재가 있으며, 따라서 실재는 비틀림의 논리를 따른다.

때문에 수학소가 수학적일 수 없음을 보았습니다. 왜냐하면 그것은 수학적인 것 자체의 실재에 닿기 때문입니다. 이것이 수학소가 원과학적인 이유입니다.

이제 행위와 수학소 사이에 일종의 상호 작용이 있음을 밝히는 일이 남아 있습니다(이에 착수하는 것은 긴 과정이 될 것입니다). 이것은, 우리가 살펴볼 것처럼, 다음과 같은 지지하기 어려운 테제 — 그러나 저는 그것을 지지할 것입니다 — 를 통과합니다. 라캉에게 분석가의 욕망은 수학소입니다. 이것은 어떤 점에서 수학소가 대상의 자리에 와야 함을 뜻합니다. 다음과 같은 일반적인 법칙 때문입니다. 오직 대상의 형상 안에 있는 것만이 욕망의 원인이 될 수 있습니다. 따라서 만약 우리가 수학소가 행위의 지점에 있다고 주장한다면, 수학소란 결국 라캉이 분석가의 욕망의 원인이 되는 것에 관해 발견한 새로운 이름이라고 주장한다면, 우리는 수학소가 대상의 지점에 올 수 있다는 점을 받아들여야 할 것입니다. 분석가가 욕망하는 것은, 랭보처럼 공식을 발견하는 것입니다.

저는 여러분에게 다음 주 우리의 출발점에 대해 알려드리면서 길고 복잡한 강연을 마치고자 합니다. 오늘 저는 앞으로의 내용을 최대한 선행적으로 알려드렸습니다. 바라건대 여러분이 우리가 앞으로 더욱 정확하게 나아가고자 하는 일반적인 공간을 일별할 수 있도록 말입니다. 저는 엄밀한 의미에서의 반철학적 작용에서 시작해 신중하고 침착하게 나아갈 것입니다. 우리는 점진적인 단계를 거쳐 수학소의 숨 막히는 고도에 도달할 것입니다.

두 가지 발언에서 시작해봅시다. 첫 번째는, 제가 이미 여러분에게 말씀드린 것으로, 다음과 같이 단순히 요약할 수 있습니다. "철학자는 수학에 막혀 있다." 두 번째는 매우 흥미롭고 인상적인 텍스트인데, 《실리세*Scilicet*》 5호에 실린 〈에크리 독역본 서문〉에 나옵니다. 날짜는 1973년 10월 7일입니다(이 모든 것의 시간적인 역학관계를 완전히 잃어버리지 말도록 합시다).

> 제 "친구" 하이데거["친구"라는 단어가 인용부호 안에 있습니다. 언젠가 이 문제가 완전히 다루어질 거라는 상상을 해봅시다 — 아마 루디네스코가 이미 다뤘던 것인지도 모르겠습니다만✦ — 다음과 같은 다소 은밀한 질문을 떠올려보십시오. 이 인용부호는 언제부터 시작되는가? 그것들은 원고에 있었는가 아니면 교정쇄에 첨부되었는가? "하이데거"는 언제 위험한 인물이 되었는가?]……

그 구절은 아래와 같습니다.

> 제 "친구" 하이데거[조금 위에서 라캉은 "제가 알고 지내는 것을 영광스럽게 여기는 한 독일인"이라고 말했습니다. 그리고 그는

✦ 실제로 정신분석학사가 엘리자베트 루디네스코는 라캉에 관한 전기에서 1955년 라캉이 하이데거를 만난 일화를 소개하고 있다.

괄호 사이에 다음과 같이 첨언합니다. "우리가 누군가를 알고 있음을 나타내기 위해 말할 때"]……

그 구절은 이렇습니다.

> 저는 존경해마지 않는 제 "친구" 하이데거가 잠시 시간을 내어주기를 —그가 그렇게 하지 않으리라는 것을 잘 알고 있기 때문에 이것은 아무런 근거 없는 바람이지만—, 그가 다음과 같은 아이디어를 고찰하는 데 시간을 내어주기를 바랍니다. 형이상학은 정치의 구멍을 막는 것과 다름없었고, 또 형이상학은 정치의 구멍 막기를 계속함으로써만 지속될 수 있습니다. 그것이 형이상학의 원동력입니다.

그러므로 여기서는 "친구" 하이데거의 가호 아래 철학에 관한 두 번째 테제가 도입됩니다. 그것은 철학자가 수학에 막혀 있음을 주장하는 테제와 상관적입니다. 두 번째 테제는 형이상학의 본질이 정치의 구멍을 막는 데 있다는 것입니다. 이렇듯 라캉은 이 놀라운 아이디어를 하이데거에게 제안합니다. 하이데거가 그 아이디어를 어떤 식으로도 활용하지 않을 것임을 신중히 언급하면서 말입니다. 이것은 아마도 정확히 하이데거가 정치의 구멍을 막는 데 전념하는 것과 관련해 이미 그의 몫을 해냈기 때문일 것입니다! 그렇지만 이 텍스트는 실제로 매우 흥미롭습니다. 첫 번째 테제에 대응되는 위치에 놓인 그 텍스트는 두 가지 질문을 제기합니다.

첫 번째는 다음과 같습니다. 여기서 '형이상학'이란 단어는 '철학'이라는 단어와 독립적인 의미를 가질까요? 라캉은 정치의 구멍을 막는 데 전념하는 것이 철학이라고 말하지 않습니다. 정치의 구멍을 막는 데 전념하는 것은 형이상학입니다. 이런 점에서 라캉은 여기서 형이상학에 대한 하이데거적인 작용소를 받아들이는 것일까요? 즉, 첫 번째 질문은 다음과 같습니다. 우리는 '형이상학'에 하이데거가 정의하고 도입한 유사-전문적인 의미를 부여함으로써 철학적인 사유 일반과 형이상학을 구분해야 할까요?

이 문제를 다룬 후에 다음과 같은 질문을 제기할 수 있습니다. '수학에 막혀 있는 것'과 '정치의 구멍을 막는 것' 사이에는 어떤 연결점이 있을까요? 우리는 정치의 구멍을 막기 때문에 수학에 막혀 있는 것일까요? 아니면 그 반대일까요? 아니면 둘은 서로 아무런 관계도 갖지 않는 걸까요? 만약 그렇다면 구멍, 막기, 뚫기, 정신적 배관에 관한 은유와 더불어 둘은 왜 그토록 근접해 있는 걸까요? 여러분이 아시다시피 이 질문은 저에게 아주 중요합니다. 왜냐하면 저는 이에 관해 두 가지를 생각하기 때문입니다.

우선 라캉과는 반대로 저는 이렇게 주장합니다. 철학은 플라톤 이래로 사유에서 수학이 갖는 지위와 관련하여 수학을 뚫어주는 것입니다. 그리고 저는 라캉이 다음과 같이 말할 때 그의 테제에 대해 절대적으로 반대합니다. 여러분에게 다시 상기시켜드리자면,

> (…) 이렇듯 헤겔은 버트런드 러셀만큼이나 수학적 언어에 대해 정확하게 말했음에도 불구하고 조종을 잘못했습니다. 버트런드

러셀은 과학 담론 안에 있었기 때문입니다.

저는 정확히 반대로 생각합니다. 자신에게 막혀 있는 사유의 장소가 있다면, 그것은 바로 수학입니다. 왜냐하면 수학은 본질적으로 자기 고유의 존재론적 중요성을 알지 못하기 때문입니다. 그 결과 수학은 하나의 능동적이고 창조적인 진리 절차이지만(비트겐슈타인과 달리 저는 수학을 하나의 사유로 온전히 인정합니다), 자기 고유의 존재론적 성격과 관련해서는 막힌 지점을 갖고 있습니다. 라캉과 달리 저는 철학이 플라톤 이래로 늘 수학을 뚫어주고자 했음을 주장합니다. 철학자는 수학에 막혀 있는 자가 아니라 수학을 수학 자신과 관련하여 뚫어주는 자입니다.

이와 관련하여 저는 철학의 또 다른 영속적인 과제는 정치의 구멍을 다시 개방하는 것을 돕는 일이라고 생각합니다. 정치는 수학처럼 결코 스스로에게 막혀 있는 것은 아니지만 정치 또한 늘 막혀 있습니다. 그것은 참된 정치 — 해방의 정치, 평등의 정치, 코뮤니즘적 정치 등 우리가 무엇으로 부르든지 간에 — 가 실존하지 않게 하려는 권력자들의 지속적인 노력으로 막혀 있는 것입니다.

두 경우 모두에서 철학은 철학이 뚫어주는 것과 혼동될 수 없습니다. 철학은 수학과도, 정치와도 동일하지 않습니다. 철학은 수학의 진정한 성격을 해명하고, 정치를, 그 적들에 대항해서, 그러나 여전히 형식적인 층위에서, 도와줍니다. 이렇듯 두 가지 배관공의 은유가 있으며, 여러분은 제가 막기와 뚫기의 작용을 라캉과 완전히 다른 방식으로 설정한다는 것을 알 수 있을 겁니다.

저는 이 다양하게 막혀 있는 하수구들을 진정 명확히 들여다보고자 합니다. 그러므로 우리는 2주 뒤 라캉 반철학에서 **막기**와 **뚫기**는 어떻게 연결되는가 하는 질문과 함께 세미나를 시작할 것입니다.

2강

1994년 11월 30일

지난번 수업 내용을 간략히 떠올려보자면, 우리는 철학에 대한 라캉의 두 가지 발언의 결합까지 살펴봤습니다. 그 두 가지 발언은 다음과 같습니다. "수학은 철학자가 막혀 있을 수밖에 없는 과학이다"와 "형이상학은 정치의 구멍을 막는 것과 다름없고, 또 형이상학은 정치의 구멍을 막기를 계속함으로써만 지속할 수 있다"입니다. 그렇다면 철학 쪽에는 많은 구멍 마개가 있는데, 여기에 이미 반철학적 어조가 아주 생생히 묻어납니다.

흥미로운 점은 이 발언에서 철학과 다른 것이 언급된다는 점입니다. 철학은 한편으로는 수학과의 독특한 관계를 통해 파악되고, 다른 한편으로는 정치와의 독특한 관계를 통해 파악됩니다. 제 용어를 사용하자면, 이것은 라캉이 철학의 두 가지 조건을 명확히 언급하고 있음을 뜻합니다. 정치라는 조건과 수학이라는 조건을 말입니다. 그리고 라캉이 정치와 수학을 활용하는 것은 바로 조건들로서입니다. 라캉에게는 철학자가 철학의 정체성 자체 안에서 수학에 막혀 있는 점이 매우 중요합니다. 형이상학이 정치의 구멍 마개라는 점과 관련해서 제가 여러분에게 인용해드린 발언은 라캉에게 정치의 구멍 마개는 거의 형이상학의 본질이라는 점을 보여줍니다. 형이상학은 정치의 구멍을 막는 것과 다름없었고, 또 형이상학은 정치의 구멍을 막기를 계속함으로써만 지속할 수 있습니다. 지나가는 김에 지적하자면, 이것은 형이상학이 오직 이 구멍이 있는 한에서만 존재함을 뜻합니다. 만약 구멍이 없다면 구멍을 막는 철학자가 막을 것이 아무것도 없기 때문입니다. 정치는 하나의 구멍일까요? 정치는 본래 구멍 나 있는 것일까요? 이것은 또 다른 복잡한 문제이며, 우리는 그 문제로 되돌아갈 것입니다.

제가 오늘 다루고 싶은 예비적인 문제는 다음과 같습니다. 정치의 구멍 마개와 관련하여 라캉이 '철학'이 아니라 '형이상학'이란 말을 사용하는 것에는 특수한 의미가 있을까요?

여담입니다만, '철학자들과 라캉Lacan avec les philosophes' 학회에서 소포클레스의 《안티고네*Antigone*》에 할애된 '윤리학: 안티고네와 관련하여De l'éthique : à propos d'Antigon'라는 제목의 발표에서 필리프 라쿠 라바르트는 지나가는 김에 라캉에 대해 "언젠가 라캉은 형이상학의 구멍이 정치라고 말하지 않았나요?"라고 했습니다. 라캉은 정치가 형이상학의 구멍이라고 말하지 않았습니다. 물론 그 말이 라쿠 라바르트에게는 도움이 되지만, 그것은 라캉의 말이 아닙니다. 그는 형이상학이 정치의 구멍을 막는 데 전념한다고 말한 것이지, 정치의 구멍이 형이상학의 구멍이라고 말하지 않았습니다. 그렇다면 구멍은 어디에 있는 걸까요? 이 구멍은 무엇의 구멍일까요? 무엇이 구멍 난 것일까요? 오히려 우리는 형이상학이 '정치의 구멍'에 대한 마개라는 느낌을 받습니다. 이에 대해 라캉은 정치의 구멍이 어떤 성격의 것인지에 대해 혹은 정치의 구멍이 어떤 틈으로부터 유래하는지에 대해 직접적으로 말하지 않습니다. 어쨌든 그는 그것이 형이상학의 구멍이라고 말하지 않습니다.

형이상학이 철학의 역사적 운명이라고 가정하는 라쿠 라바르트의 이러한 말실수는 우리에게 다음의 문제를 제기합니다. 여기서 라캉이 말한 형이상학은 무엇을 뜻하는 것일까요? 특히 제가 저번에 여러분에게 말씀드렸다시피 이 구절이 나온 텍스트가 그의 "친구" 하이데거에게 말을 건네는 텍스트라는 점에서 말입니다. 따라서 여기서 형이상학은 실제로 하이데거적인 범주로 보입니다. 더욱이 그것은 라캉이 하이데거에게 건네는 조언입니다. "소중한 '친구'여, 형이상학이 정치의 구멍을 막는 데 전념한다는 생각을 고려해보십시오." 비록 라캉이 말하다시피, 그는 하이데거가 그 조언을 고려하지 않을 거라는 점을 알고 있지만 말입니다.

어쨌든 여기서 '형이상학'은 하이데거에 대한 동조를 통해 '철학'의 자리를 차지하고 있는 것처럼 보입니다. 그렇다면 질문이 제기됩니다. 그것은 기본적으로 매우 단순한 질문이지만, 제가 보기에는 정면으로 다루어지지 않았던 질문입니다. 그 질문은 다음과 같을 것입니다. 라캉은 암묵적으로든 명시적으로든 하이데거의 역사적 틀에 동의하는가? 이것은 다음의 질문과 같습니다. 라캉은 어떤 식으로든 형이상학에 대한 하이데거적 범주, 즉 존재의 역사 범주를 승인하는가? 물론 만약 라캉이 형이상학에 관한 하이데거의 문제의식 —

하이데거의 전반적인 입장이 아니라, 제가 하이데거의 역사적 틀이라고 부르는 이 지점, 즉 형이상학에 대한 하이데거적 범주에 한에서만 — 에 동의한다면 혹은 만약 라캉이 형이상학의 끝과 종결이라는 테마에 대해 스스로 동시대인이라고 생각한다면, 여기서 그의 반철학은 다른 의미를 갖게 됩니다. 중요한 것은 바로 이 점입니다. 이 문제가 하이데거에 대한 라캉의 관계에서 핵심입니다.

하이데거에 대한 라캉의 관계라는 문제는 두 가지 익숙한 형식을 포함하고 있습니다. 비록 그 형식이 다소 정교한 분석을 유발할 수 있지만 말입니다.

첫 번째 형식은 저속하고 속물적인 것입니다. 그것은 라캉이 하이데거와 점심을 먹은 것이 잘한 일이었는지, 아무런 후회도 없는 통속적 나치이자 교화되지 않은 통속적 반유대주의자와 건배를 한 것이 다소 경솔하지는 않았는지의 문제입니다. 그의 "친구 하이데거"를, 따옴표를 쓰든 안 쓰든 간에, 자기 집으로 초대한 것이 잘한 일이었는지의 문제입니다. 하이데거와 국가사회주의에 관해 우리가 알고, 그가 알았고, 모든 이가 오래전부터 알았던 것에도 불구하고 말입니다.

두 번째 형식은 이렇게 말해질 수 있습니다. 어떤 점에서 라캉은 제가 하이데거의 반反인간주의라 부를 것에 연관될 수 있는가? 가장 깊은 뜻에서의 반인간주의, 즉 '인간'이 쓸모없는 범주가 될 정도의 시적인 수준에 도달한 말에 의한 사로잡힘이라는 뜻에서의 반인간주의 말입니다. 물론 우리는 라캉이 하이데거의 독일어 텍스트 《로고스*Logos*》를 번역했다는 것을 알고 있습니다. 그런데 흥미로운 점은 《로고스》가 헤라클레이토스의 단편 DK22B50에 초점을 맞춘다는 사실입니다.

나에게 귀를 기울이지 말고 로고스에 귀를 기울여,
'만물은 하나'라는 데 동의하는 것이 지혜롭다.

실제로 헤라클레이토스의 이 문장과 그에 관한 하이데거의 논평을 라캉이 파악하는 방식에서 제가 하이데거적 유형의 반인간주의 형상이라 부르는 것을 식별할 수 있습니다. 이러한 맥락에서 '반인간주의'란 다음과 같이 말하는 것으로 귀결됩니다. 귀를 기울여야 하는 것은 결코 내가 아니라 나를 관통하고 붙잡는 어떤 것이며, 그것의 역사적 형상은 나를 전적으로 지배하는데, 그것은 여기서 로고스라는 이름을 갖습니다.

그렇지만 궁극적으로 라캉과 하이데거에 관한 가장 본질적인 문제는 명시적인 인용구와 인용 문헌(이것들은 실제로 주로 로고스라는 문제, 즉 사유가 말하기의 시원성에 근거하는 특수한 방식이라는 문제에 닿아 있는데) 너머에 있습니다. 그 문제는 매우 명확하지만, 그 문제 너머에는 정녕 다음과 같은 문제가 있습니다. 라캉은 형이상학의 종결에 관한 발언과 관련하여 스스로 동시대인으로 생각하는 것일까요? 그 결과 어떤 방식으로든 형이상학의 범주 자체와 관련하여 스스로 동시대인으로 생각하는 것일까요? 혹은 라캉은, 직접적으로 혹은 간접적으로, 그 고유한 종결에 직면한 독특한 형상으로서의 형이상학이라는 범주를 사용하는 것일까요? 그리고 이런 점에서 라캉의 기획과 형이상학의 끝에 대한 하이데거적 테마 사이에 동시대성이 있는 것일까요? 다시 말해 철학의 끝이라는 테마, 그 계보가 시인들에게 속한 어떤 사유를 위해 이루어지는 철학의 끝이라는 테마 말입니다.

또 한 가지 덧붙이자면, 우리가 다루는 문제의 본질적인 관건은 그 문제를 다른 문제와 연결할 때 명확해집니다. 저는 여기서 이 점을 다룰 생각은 없습니다. 다만 그것은 다음과 같습니다. 하이데거 자신은 반철학자일까요? 만약 그렇다면 하이데거에 대한 라캉의 동의는 궁극적으로 반철학적 동의 그 자체인가요? 우리는 작년에 이미 이것에 대해 약간 살펴봤습니다. 저는 반철학의 문제가 제기되는 두 명의 위대한 철학자가 있다고 생각합니다. 칸트와 하이데거입니다. 왜냐하면 이 두 사람에게는 선행하는 모든 철학적 장치의 완료 및 그것에 뒤따르는 새로운 유형의 사유에 대한 선언이 있는 것처럼 보이기 때문입니다. 새로운 유형의 사유란, 칸트에게는 비판[Critique]이며, 하이데거에게는 '새로운 신[nouveau Dieu]'입니다.

물론 철학(칸트와 하이데거 모두에게 철학은 형이상학입니다)의 난관은 동일하지 않습니다. 칸트에게 관건은 모든 이론 형이상학의 비판적인 불가능성, '초월론적 변증법[Dialectique transcendantale]'을 통해 증명되는 불가능성입니다. 즉 철학의 전통적인 언술을 일관된 지식 안에서 안정화하기가 불가능한 것입니다. 그러므로 우리는 그 언술을 지지하기를 포기해야 합니다. 하이데거에게 관건은 그 본질의 소진에 도달한 존재 역사의 형상으로서의 형이상학이며, 그 형상은 자신의 완료 및 사유에서의 자신의 대체에 대해 서명을 합니다. 그렇다면 칸트와 하이데거에게 반철학이 존재하는 걸까요?

그렇지 않습니다. 우리는 칸트도 하이데거도 제가 말하는 뜻에서의 반철학자가 아님을 규명할 수 있을 것입니다. 물론 다시 말씀드리지만 이러한 규명은 아주 세밀하게 이루어져야 하며, 그것은 일종의 긴 여담일 테지만 말입니다. 그들은 두 가지 이유 때문에 반철학자가 아닙니다. 이에 관해 여기서는 개요만 말씀드리겠습니다.

첫 번째 이유는 칸트와 하이데거가 철학을 파악하는 공간이, 역사적이든 전前비판적이든 간에, 여전히 고려될 공간으로 여겨지고 있다는 점입니다. 우리는 이 저자들에게서 반철학적 제스처를 특징짓는 급진적인 불신에 관련된 독특한 작용과 어조를 식별할 수 없습니다. 철학적 문제는 여전히 우리가 출발해야 할 지점으로 남아 있습니다. 비록 그 표면상의 권력을 해임하기 위해서일지라도 말입니다. 그런가 하면, 실제로 일관되게 철학을 하나의 병리성으로 지칭하는 급진적인 추월의 명제가 없습니다. 그러한 명제는 칸트에게 존재하지 않습니다. 계몽의 인간이었던 칸트는 모든 고전 철학자의 합리적이고 과학적인 야심을 공유했습니다. 하물며 하이데거에게 그러한 명제는 더더욱 존재하지 않습니다. 하이데거에게 형이상학이란 존재 역사의 시대이며, 그런 한에서 형이상학은 존재의 운명이 완성되는 고유한 방식에서 본질적이고 또 어떤 점에서는 필연적인 벡터로 남아 있습니다. 분명 하이데거의 형이상학에는 어떤 역운歷運적 요소가 있으며, 그것은 순전한 부조리나 병리성의 형상— 반면에 니체의 사제나 비트겐슈타인의 의미 없는 명제는 바로 여기에 위치합니다 —을 통해서 다루어질 수 없습니다.

두 번째 이유는, 오늘은 여기까지만 말씀드리고자 하는데, 칸트나 하이데거에게는 엄밀한 의미에서의 철학에 대안적인 행위가 존재하지 않는다는 점입니다. 우리는 이들에게서 철학을 파산시키는 동시에 사유의 또 다른 배치 — 전대미문의, 전혀 예상되지 못한 — 의 도래에 해당할 독특한 반철학적 행위를 식별할 수 없습니다. 하이데거에서 그렇듯 어떤 약속이 있을 수는 있지만, 약속의 형상은 행위의 형상과 절대적으로 구분되어야 합니다. 자, 이 문제는 여기까지만 다루도록 합시다. 결국 이것이 제가 말씀드리고자 했던 점인데, 저는 라캉과 하이데거의 연관성이 반철학적 제스처 자체에 근거한다고 주장하지 않을 것입니다.

그러므로 우리의 출발점으로 되돌아가봅시다. 라캉은 형이상학 혹은 철학을 그 완료 및 종결의 시대 안에 놓인 역사적 형상으로 파악하고 식별하고 있는 걸까요?

저는 1970년 라캉이 쓴 〈라디오포니Radiophonie〉(《실리세》 3호)의 한 구절에서부터 이 문제를 검토해보고자 합니다. 그 구절은 맨 처음에 나옵니다. 여기서 라캉은, 그에게 제기된 첫 번째 질문에 대한 답변으로, 언어학이 상징계의 일반 이론에 미친 효과를 규정하고자 합니다. 그 질문은 다음과 같습니다.

> 《에크리*Écrits*》에서 당신은 프로이트가 자기도 모른 채로 소쉬르와 프라하학파의 연구를 앞지르고 있다고 주장합니다. 이 점에 관해 설명해주실 수 있을까요?

우리에게 흥미로운 것은 라캉의 답변이 세 가지 핵심적인 발언을 포함하고 있다는 점입니다. 우선 라캉은 언어학이 자기 고유의 영역에서 이룬 성공을 환기하고, 첫 번째 발언으로 아래와 같이 분명히 말합니다.

> [언어학의] 이러한 성공이 상징계의 네트워크 전체로 확장될 수 있었던 것은 오직 그 네트워크가 그것을 보장하고, 또 어떤 내용이 아니라 어떤 효과의 발생을 보장하는 조건에서만 의미를 받아들임으로써 가능했던 것으로 보입니다.

답변의 첫 번째 부분은 우리에게 다음을 보여줍니다. 의미는 상징계의 효과로 사유될 수 있으며, 네트워크로서의 상징계 규정에 할당될 수 있습니다. 좋습니다. 이 발언은 이미 의미의 문제를 등장시키고, 분명히 우리의 주의를 환기합니다. 왜냐하면 올해 우리는 아마도 좀 더 엄밀하게 반철학의 문제가 대개 의미 / 진리[sens/vérité]라는 쌍의 문제에 달려 있음을 알게 되고 또 확증하게 될 것이기 때문입니다. 라캉은 계속해서 이렇게 말합니다.

> 기의는 기표의 장이 유지되는지의 여부에 따라 과학적으로 사유 가능해질 것입니다. 그리고 기표의 장은 과학에 의해 획득되는 어떠한 물리적 장과도 구분됩니다.

두 번째 부분은 다음을 보여줍니다. 우리는 의미가 네트워크로서의 상징계의 효과로 사유될 수 있음을 알고 있습니다. 우리는 네트워크로서의 상징계에서 기표의 장으로 나아갑니다. 만약 기표의 장이 유지된다면, 즉 일관된다면, 그것은 기의를 과학적으로 사유 가능하게 만듭니다. 그러나 다른 한편으로, 여기서 우리는 형이상학을 향해 나아가는데, 기표의 장은 그 소재의 차원에서 모든 물리적 장과 구분됩니다. 그것은 비非물리적인 장이며, 과학이 물리적 장으로 획득하는 것에 속하지 않습니다. 기표의 장은 물리적이지 않으며, 그것의 일관성 ―그것이 비록 물리적이지 않다고 하더라도 유지된다는 사실 ― 은 기의가 과학적으로 사유 가능해지는 것을 보증합니다. 여기서 과학이 들어서게 됩니다. 기의는 비물리적인 기표의 장 ― 라캉은 그것이 비물리적임을, 즉 과학적 수단에 의해 얻어지지 않음을 명확히 합니다 ― 이 일관된 한에서 과학적으로 사유 가능해질 것입니다. 이것은 다음과 같이 이해되어야 합니다. 과학이 아니라 과학적인 것이 존재합니다. 혹은 과학적으로 사유 가능한 것이 존재합니다. 과학적으로 사유 가능한 것의 조건은 과학적인 의미에서 물리적인 것이 아닙니다. 그러므로 과학적으로 사유 가능한 것이 존재하며, 그것의 조건인 기표 장의 일관성은 과학적인 의미에서 물리적이지 않습니다. 그것이 물리적physique이지 않은 한에서, 그것은 형이상학적méta-physique입니다.

실제로 라캉은 계속해서 이렇게 말합니다.

> 이것은 형이상학에 의한 축출을 수반하는데, 이는 탈존재désêtre✦의 행위로 여겨져야 합니다. 따라서 어떤 의미작용도 자명한 것으로 여겨지지 않을 것입니다.

여기서 "형이상학"이라는 말이 사용되고 있음에 주목하십시오. 여기서 형이상학은 의미작용의 탈존재로 출현합니다. 이러한 형이상학적 작용으로 축출되는 것은 의미작용이 그 자체로 일관될 수 있다는 것, 즉 의미작용이 의미작용의 존재 안에서 일관될 수 있다는 것입니다. "따라서 어떤 의미작용도 자명한 것으로 여겨지지 않을 것입니다." 이것이 바로 탈존재의 작용입니다. 왜냐하면 의미작용은 사유될 수 없으며(아마도 과학적으로?), 즉 사유 가능한 것에 들어올 수 없습니다. 의미작용이 자신의 존재로부터 사유 가능성을 끌어낼 것이라는 가정하에 말입니다. 그러므로 우리는 의미작용이 사유 가능해지도록 의미작용으로부터 존재를 빼내야(감산해야) 합니다. 결국 모든 것이 명료하게 말해지고 있습니다. 사유 가능성이 의미에 관련되자마자 사유 가능한 것의 형이상학적 조건이 존재합니다. 의미의 사유 가능성은 형이상학적 고찰을 요구하며, 그 자체로 기표의 장의 일관성에 연결되어 있으며, 의미의 진리를 생산하는 것으로 말해질 수 있을 것입니다. 그러나 여기서 우리는 이러한 진리가 과학적 진리("과학적으로 사유 가능한")로 획득되는 것은 오직 감산적인 형이상학적 작용, 탈존재의 행위, 축출이라는 조건에서라고 말해야 합니다.

그렇다면 형이상학에 대한 아리스토텔레스적 정의와 관련된 라

✦ 라캉은 1960년대 후반부터 분석가가 '안다고 가정된 주체'의 입장에서 대상 *a*의 입장으로 추락하는 것을 가리키기 위해 이 용어를 사용했다.

캉의 질문이란 어떤 것일까요? 그 기원까지 거슬러 올라가지 않고 '형이상학'을 아리스토텔레스가 구조화한 명확한 정의 안에서 이해해봅시다. 여기서 라캉은 물리학이 사유 가능한 것, 심지어 과학적으로 사유 가능한 것을 전부 포괄하지 않는다고 강조해서 말합니다. '물리학'을 과학적으로 사유 가능한 자연의 어떤 측면으로 여긴다면, 라캉은 다음과 같은 점에서 아리스토텔레스에게 동의합니다. 사유 가능해지는 자연의 어떤 측면과 그 유적인 의미에서 우리가 물리학이라 부를 수 있는 것은 사유 가능한 것 전부를 포괄하지 않으며, 따라서 형이상학적인 것이 있어야 합니다.

그러나 명백히 라캉은 즉각 하이데거에게 이렇게 반박합니다. 의미작용의 사유 가능성에 의해 요구되는 형이상학적인 것에서 관건은 물론 아리스토텔레스에게 그러하듯 존재로서의 존재에 대한 과학이 아니라고 말입니다. 나아가 우리는 바로 그러한 관점을 배제해야 합니다. 왜냐하면 우리는 의미가 존재의 영역 안에 어떤 형이상학적 진리를 갖고 있을 것이라는 생각을 배제해야 하기 때문입니다. 우리가 의미에 대해 사유 가능한 무엇을 발견하는 것은 존재의 측면이 아니라, 그 반대로 탈존재의 행위 측면, 즉 존재가 축출되는 측면입니다. 실질적으로 의미가 과학적으로 사유 가능한 것으로 보장되는 것은 오직 사유 가능한 것으로서의 의미에 대한 고찰로부터 존재를 축출함으로써입니다.

그런데 존재를 빼내는 이러한 감산적 작용, 이러한 축출이 바로 엄밀한 의미에서 라캉이 형이상학, 즉 어떠한 물리학의 법칙으로도 규정되지 않는 것이라 부르는 것이라는 점이 인상적입니다. 물론 이것은 라캉이 맨 처음에 했던 발언, 즉 의미가 내용으로서 사유 가능하지 않다는 발언과 깊은 연관성이 있습니다. 의미는 내용의 차원에 관련되지 않습니다. 의미가 사유 가능한 한에서(의미의 존재에 관한 질문은 제쳐두도록 합시다. 왜냐하면 우리는 탈존재의 논리 안에 머물러야 하기 때문입니다), 달리 말해 그 존재의 축출이라는 조건하에 있는 한에서, 의미는 내용의 차원에 관련되지 않습니다. 그것은 효과의 차원에 관련됩니다. 좋습니다.

이러한 연결은 매우 강하고 일관적입니다. 그것은 첫째, 형이상학을 아리스토텔레스적인 것으로 규정합니다. 왜냐하면 물리학 이후에 혹은 물리학 옆에 있는 것은 우리를 물리학이 사유 가능한 것 전부를 포괄하지 않는다고 사유하도록 강제하기 때문입니다. 둘째, 그것은 반反아리스토텔레스적입니다. 존재로서의 존재에 대한 과학도, 하물며 아리스토텔레스 형이상학의 운명에서처럼 실체(실체란 일관성 속에서 유지되는 것을 뜻합니다)도 관건이 아니며, 반대로 어떤 효과의 사유 가능성을 위해 어떤 내용의 모든 사유 가능성을 제거하는 급진적인 탈존재가 관건이라는 점에서 말입니다.

우리는 라캉에게 형이상학과 관련하여 어떤 인정과 어떤 유보가 동시에 있다고 말할 수 있습니다. 라캉이 형이상학을 인정하는 것은 사유 가능한 것이 엄밀한 의미에서의 물리학 영역 — 물리학이라는 말에 아무리 넓은 외연이 부여된다고 하더라도 — 에 한정되지 않기 때문입니다. 동시에 그가 형이상학을 유보하는 것은 관건이 비록 물리학은 아닐지라도 그 존재의 측면에서 의미의 내용도 아니며, 하물며 존재론도 아니기 때문입니다. 라캉은 여러분이 아시다시피 존재론에 'h'를 덧붙여 '존재론/치욕론(h)ontologie'✦이라고 즐겨 쓰곤 했습니다. 어떤 때에 그는 이렇게 말하기도 했습니다. **그럼에도 저는 아무런 염치 없이 한 말씀 드리고자 합니다** Je vais quand même dire un mot toute (h)onte bue. 그렇다면 우리는 이 점과 관련해서 아무런 염치 없이 우리가 제기한 첫 번째 질문으로 되돌아갈 수 있습니다. 라캉이 말한 형이상학과 하이데거가 말한 형이상학은 같은 것일까요?

결론부터 말씀드리자면 둘은 같지 않습니다. 왜냐하면 라캉에게 '형이상학'이란 다음과 같은 사소해 보이는 이유로 하이데거적 의미에서 형이상학의 공간에 놓이지 않기 때문입니다. 하이데거에게 근대과학, 과학적으로 사유 가능한 것은 존재의 역사로서의 형이상학에 의해 규정됩니다. 따라서 하이데거에게 과학이란 주체의 형이상학에 스스로 잡혀 있는 형상일 것입니다. 반면 라캉에게 관건은 의미의 과학을 도모하는 것, 혹은 어쨌든 의미를 과학적으로 사유 가능하게 만드는 것입니다. 존재의 역사성에 관련되기는커녕 탈존재를 구성하는 어떤 형이상학적 작용, 형이상학적 축출을 가정하고 실천함으로써 말입니다.

여러분도 아시다시피 라캉에게는 과학도, 과학의 주체의 사유 가능한 조건을 대변하는 데카르트도, 그가 의미하는 엄밀한 의미에서 형이상학의 형상이 아니라는 점은 분명합니다. 문제는 이러한 관점이 많은 질문을 제쳐둘 것이며, 우리가 라캉이 철학과 관련해서 착수하는 작업과 하이데거의 역사적 틀의 장치 간의 격차를 정확히 측정하고 거리를 재는 것을 허용하지 않을 것이라는 점입니다. 우리는 좀 더 많은 것을 주장해야 하고 좀 더 엄밀해야 합니다. 따라서 문제

상황에 대해 가능한 한 명확히 인식할 수 있도록 하이데거를 경유해 나아가봅시다.

하이데거 자신이 "형이상학의 특징적인 성격"이라 부른 것은 궁극적으로 무엇일까요? 우리는 정확히 이 문제로 되돌아가야 합니다. 왜냐하면 철학계의 모든 이가 형이상학의 종결이라는 테제에 동의하는 바람에 결국에는 무엇이 종결되고 무엇이 열려 있는지를 아무도 알지 못하기 때문입니다.

이 점과 관련해 여러분에게 제가 아주 좋아하는 하이데거의 텍스트, 그러나 사실은 하나의 텍스트가 아니기에 기이한 장점이 있는 텍스트를 말씀드리고자 합니다. 그것은 갈리마르 출판사에서 출간된 《니체*Nietzsche*》 9장의 한 주석으로, 2권 맨 마지막에 '형이상학으로서 존재의 역사를 위한 기획'이라는 제목으로 실려 있습니다. 이 주석은 1941년에 쓰였습니다. 거의 속기로 적힌 이 텍스트에서 하이데거는 스스로 존재의 역사를 말하고자 합니다. 그것은 아이들에게 들려주는 존재의 역사입니다. 저는 그것이 아이들을 잠들게 할 정도로 매력적인 이야기인지는 잘 모르겠습니다만, 어쨌든 그것은 핵심을 제외한 나머지를 모두 제거한 존재의 역사입니다. 비록 동시에 그것이 매우 중요함— 때때로 거의 몇 가지 말의 목록에 불과할 정도로

✦ '치욕, 수치(honte)'와 '존재론(ontologie)'을 결합한 라캉의 신조어.

생략적이기는 하지만 — 에도 불구하고 말입니다. 하이데거가 이야기하려는 대로의 형이상학 작용은 위에서 언급된 형이상학의 궁극적으로 특징적인 성격을 우리에게 제공할 것입니다.

여러분도 아시다시피, 우선 (이것은 '철학' 자체의 출발점인데) 플라톤적 작용 혹은 우리가 플라톤적이라고 부를 수 있는 작용이 있습니다. 하이데거는 이것을 **이데아**idea에 의해 **진리**aletheia를 종속시키는 것으로 묘사합니다. 즉 이데아의 현존 아래에서의 절단으로 탈은폐non-voilement, 드러냄désoccultation으로서의 진리를 종속시키는 작용입니다. 이러한 변화는 '현존으로서의 드러남' 혹은 존재자에 대한 절단을 확정할 것입니다. 존재가 기원적인 개화(발현)éclosion 운동에 지배력을 행사하면서 말입니다. 개화 혹은 존재의 탈은폐의 형상으로서 인접한 내재성 안에서 주어졌던 것이 이제는 사유 가능한 것의 현존의 형상으로서 이데아의 절단으로 구속될 것입니다. 그 결과 존재자는 사유의 질서 안에서 존재의 운동 자체에 우위를 확보합니다. 왜냐하면 존재자는 존재를 '무엇임ce que c'est'의 형식에서만 사유 가능하도록 강제하기 때문입니다. 존재의 문제에서 이데아를 통한 '무엇임ti esti'의 절단으로 이어지는 이러한 변화는 존재를 하나의 규범적인 입장으로 만들 것입니다. 이 점이 본질적입니다. 이제 존재는 개화의 시원적 운동, 고유한 본질로서의 생기, 자기 드러냄으로의 회귀가 되는 대신에 '무엇임'의 형태를 통해, 있는 것 곧 존재자의 내밀한 규범이 될 것입니다.

그러나 근본적인 문제는 이러한 일이 이데아가 일자(하나)로 셈해짐에 따라 일어난다고 생각합니다. 그것이 절단의 근본적인 작용입니다. 즉 어떤 것이 셈해집니다. 이데아의 절단에 대한 가장 근본적인 규정에 해당하는 이러한 셈에의 노출이 본질quiddité로서의 존재입니다. 그것은 무엇입니까? 도대체 그것은 무엇입니까? 이데아가 일자로 셈해지는 한에서, 있는 것의 '무엇임'— 이것은 스콜라 전통에서 본질로 불리는데 — 은 존재가 본질로서 사유되도록, 즉 존재가 존재자의 **본질**quid의 규범적인 근거로서 사유되도록 만듭니다.

이는 하이데거로 하여금 이 모든 운동이 일자의 수용임을 긍정하게 합니다. 저는 우리를 라캉으로 데려갈 다음과 같은 결정적인 구절을 인용해보겠습니다.

> 본질의 우위는 있는 것에서 매번 존재자 자체의 우위를 야기한다[이데아의 절단은 존재의 전치 운동 혹은 개화 운동을 존재자의 형상 아래에 종속시킬 것이다]. 존재자의 우위는 일자를 토대로 해서 존재를 공통적인 것으로서[공통 근거로서] 고정한다[따라서 고정된 것이 생산된다]. 이제 형이상학의 특징적인 성격이 결정된다[그것은 이렇게 결정된다. 이 순간 자체에 말이다]. 하나를 구성하는 통일성으로서의 일자는 존재에 대한 차후의 규정에서 규범적인 것이 된다.

존재의 역사의 최초 운동은 우리를 바로 이곳으로 인도합니다. 형이상학의 특징적인 성격은 일자에 의해 존재를 틀 지우는(닦달하는)arraisonnement 데 있습니다. 그것이 형이상학의 특징적인 성격입니다. 우리는 이렇게도 말할 수 있습니다. 존재자의 우월성, 존재 - 신학onto-théologie의 도래, 존재에 대한 망각이라고 말입니다. 그러나 형이상학의 특징적인 성격의 관점에서 보면 그것은 일자에 의해 존재를 틀 지우는 것입니다. 이것은 사유에서 하나를 구성하는 통일성으로서의 일자가 존재에 대한 차후의 모든 규정에서 진정한 규범임을 뜻합니다. 따라서 형이상학의 특징적인 성격은 일자의 문제를 참고하지 않고서는 이해될 수 없습니다. 그렇다면 우리의 질문을 재공식화 해봅시다. 일자에 대한 라캉의 사유란 어떤 것일까요? 라캉적 일자는, 그 다양한 의미상, 존재와 관련하여 어떤 규범적인 입장에 대한 결정일까요? 정신분석이 셈하고 말하는 대로의 일자는 형이상학적 배치의 핵심 형상일까요? 이 문제는 그 자체로 라캉의 개념적 배치와 형이상학에 대한 하이데거의 역사적 모티프 간에 사유 가능한 근접성에 관해 실질적인 측정 등급을 제공해줍니다.

그런데 불행히도…… 불행히도 라캉에게 일자의 문제는 극도로 복잡합니다. 여러분은 라캉에게는 모든 것이 복잡하다고 말할지도 모릅니다. 그것은 얼마간 사실입니다. 그런데 일자의 문제는 진정 매우 복잡합니다. 제가 보기에 라캉에게는 극도로 복잡한 두 가지 문제가 있으니, 바로 일자의 문제와 사랑의 문제입니다. 이것들은 서로에 긴밀히 연결되어 있습니다. 우리는 결국 이 지점에 도달할 것이며, 그것이 우리의 여정입니다.

저는 여기서 여러분에게 일자에 대한 라캉적 학설을 기존에 완성된 형태로 제공하지는 않겠습니다. 그러나 우리가 지금 일자에 대한 라캉적 학설을 형이상학의 문제와 연관된 특수한 관점에서 다루고 있기 때문에 저는 여러분에게 《세미나 19권 : ……혹은 더 나쁜게 *Séminaire XIX, ...ou pire*》의 요약문(따라서 이것은 쓰인 텍스트입니다), 《실리세》 5권에 실린 요약문에서 취한 몇몇 지표를 제공하고자 합니다. 우리가 이 텍스트를 다음과 같은 관점에서 다루고 있음을 유념해주십시오. 형이상학의 핵심은 존재에 대한 사유를 단순히 공통적인 일반성으로, 일자—그 자체로 이데아의 절단에서 유래하는—의 규범적인 권력 아래에 있는 무차별적인 공통성^koinón^으로 방향을 전환하는 데 있습니다.

라캉은 맨 처음에 일자란 우리가 연모하는 것^ce après quoi on s'......oupire^이라고 말합니다. 연모는 한 단어로 쓰입니다. 그것은 동사 '연모하다(사랑의 탄식을 하다)^s'oupirer'^✦에서 나옵니다. 우리는 연모합니다. 이어서 라캉은 다음과 같은 결정적인 구절을 말합니다.

> 제가 연모한다^s'......oupirer^고 지칭하는 이들은 연모를 통해 일자로 인도됩니다.

이 구절에 따르면 일자에는 상상적인 규범적 측면이 있음이 분명합니다. 왜냐하면 우리는 연모의 차원을 통해 일자로 인도되기 때문입니다. 그리고 연모는, 우리는 마땅히 이렇게 말해야 하는데, 더

✦ '탄식하다(soupirer)'와 '더 나쁜(pire)'에 대명동사화를 유도하는 아포스트로피를 덧붙인 라캉의 신조어. 여기서는 '연모하다(soupirer après)'라는 표현에 입각해서 우리말로 옮겼다.

나빠지는s'empirer 것에 관련된 차원입니다. 라캉이 우리에게 곧 명확히 알려줄 것처럼 말입니다. 제 말은 연모가 좋지 않다는 것입니다. 그리고 라캉은 연모하지 않는 것이, 그의 말을 빌리자면 "나의 명예"라고 선언합니다. 그러므로 사유의 명예는 연모하지 않는 것입니다. 그리고 연모하는 자들은 연모를 통해 일자로 인도됩니다. 그러므로 사유의 명예는 일자로 인도되지 않는 것입니다. 이 점에 대해 하이데거는 완벽히 동의할 것입니다.

그리고 라캉은 정신분석가가 일자의 입장에 의해 자기 자신이 부패하도록 내버려두지 않음으로써 가능해지는 어려운 명예에 대해 설명합니다.

> 분석가들은 일자가 마땅히 차지하는 것으로 정의되는 장소에서 비천한 찌꺼기abjection의 지위에 놓이는 것을 받아들일 수 없습니다. 그 장소가 상블랑semblant✦의 장소라는 추가적인 모욕과 더불어서 말입니다.

이것이 분석가들이 연모하는 이유이며, 이 때문에 그들은 일자로 인도됩니다. 만약 여러분이 분석가로서 연모하기를 원하지 않는다면, 여러분은 일자의 장소이자 상블랑의 장소에 해당하는 장소에서 비천한 찌꺼기의 지위에 놓이는 것을 받아들여야 합니다. 라캉은 많은 분석가들이 일자가 차지하는 완전히 상상적인 장소에서 결국 비천한 찌꺼기로 되기를 원하지 않는다고 생각한 것 같습니다. 이로 인해 그들은 연모하기를 그치지 않습니다. 일자가 자신의 자리에 남아 있도록, 그들이 그들의 자리에 남아 있도록 말입니다. 그리고 이 자리는 그들이 상담하는 불행한 이에 대해 알고 있다고 가정되는 멋진 주체의 자리입니다.

이 모든 것에서 우리가 얻을 수 있는 것을 얻어봅시다. 라캉은 일자를 상블랑에 의해 막혀 있는 실재에 대한 일종의 발견에 연결하는 것이 분명합니다. 일자는 상블랑의 장소에 있고, 여러분이 분석가라면 이 장소는 궁핍destitution과 실재적 찌꺼기 안에서 점유되어야 합니다. 우리에게 흥미로운 점에 대해 말하자면, 일자 — 이것을 연모하는 것은 이미 좋은 일이 아닌데 — 가 (영광스러운?) 상블랑에 의해 (비천한) 실재를 종속시키는 장소를 표시한다는 점에 유념합시다. 의심의 여지없이 이것이 라캉이 말하는 바입니다. 만약 일자가 상블랑에 의해 실재가 어떤 점에서 국지적으로 전복되는 것을 가리킨다면, 그리고 이것이 우리가 일자를 연모하는 이유라면, 우리는 이것이 다음과 같은 생각에서 그리 멀지 않다고 말할 수 있습니다. 존재에 대한 형이상학적 방향 전환은 규범적인 일자에 존재의 개화를 종속시킵니다. 이는 특히 라캉에게 규범적인 측면이 존재하기 때문인데, 왜냐하면 분석가들이 불행히도 연모를 통해 일자로 인도되기 때문입니다.

이 텍스트에서 유념해야 할 세 번째 점 — 여기서 우리는 다행히도 더 이상 하이데거를 다루지 않습니다! — 은 라캉의 다음과 같은

✦ '상블랑'은 외관, 유사물, 가장 등으로 번역되는 용어로, 주체가 자신의 결핍을 메우기 위해 의존하고 활용하는 매력적이고 기만적인 대상을 가리킨다.

발언입니다.

> 여자는 일자[Un]를 연모하지 않습니다. 그녀는 타자이기 때문입니다.

여기서 여자는 그녀가 타자인 한에서 일자를 연모하지 않기 때문에, 일자는 이제 남성적 입장의 보편적 지배에 연결되는 것처럼 보입니다. 우리는 이것을 '남성 / 일자적[mascul'Une]' 입장이라고 말할 수 있을 것이며, 여자는 이로부터 빠져나옵니다. 그 결과 여자는 언제나 타자인 반면, 남자들은 일자를 연모하며, 그로 인해 상블랑의 장소를 표시함으로써 실재를 종속시키는 데 관여합니다.

한 가지 여담을 들자면, 만약 여자가 타자이기 때문에 일자를 연모하지 않는다면, 우리는 라캉의 텍스트 전부가, 즉 《세미나 19권: ……혹은 더 나쁘게》세미나의 요약문 전부가 본질적으로 여성적임을 받아들여야 합니다. 왜냐하면 거기서 라캉은 자신의 명예가 연모하지 않는 데 있다고 명확히 말하기 때문입니다. "다른 사람들은 연모합니다. 저는 제 명예를 연모하지 않는 데 둡니다."

비록 라캉의 어조가 매우 특이하지만, 그가 말한 모든 것은 하이데거가 정의한 형이상학의 특징적인 성격에 부합하고, 따라서 상블랑의 입장에 놓인 일자에 의해 실재를 규범적으로 종속시키는 형이상학에 대한 비판에 부합합니다. 라캉이 감산적인 의미에서 형이상학이라 부르는 것, 즉 탈존재의 형이상학적 작용 — 이것만이 의미의 진리를 가능하게 합니다 — 은 하이데거적 의미에서의 형이상학에 대한 비판, 즉 일자의 규범적인 힘으로 실재를 종속시키는 것에 대한 비판에 해당할 것입니다. 이렇게 라캉과 하이데거의 양립 가능성은 증명된 것처럼 보입니다. 그런데 라캉에게 늘 그렇듯, 여기서 반전에 유념해야 합니다. 그렇지 않으면 우리는 보기 좋게 속을 것입니다. 같은 텍스트에서 라캉은 세심하게 주의를 기울여 우리가 첫 번째로 경계해야 할 점을 일러줍니다. 그것은 다음과 같습니다.

> 게다가 저는 일자에 관한 사유를 개진한 것이 아니라 일자 같은 것이 있다il y a de l'Un고 말하는 데서 시작해 일자의 용법이 보여주는 것을 추적했습니다. 그것을 정신분석으로 만들기 위해서 말입니다.

그러므로 주의하도록 합시다. 라캉은 우리가 방금 일자에 대해 말한 모든 것이 일자에 관한 사유라고 주장하지 않습니다. 그렇다면 그것은 무엇일까요? 그것은 일자의 작용에 대한 규정입니다. 일자의 어떤 작용이 있습니다. 일자가 라캉의 관심을 끄는 것은 오직 일자 같은 것이 있는 한에서이며, 우리는 일자의 용법을 정신분석으로 만들기 위해서 그것을 추적할 수 있습니다.

여기서 우리는 절대적으로 근본적인 사안, 본질적으로 근본적인 사안에 도달합니다. 라캉의 테제는 다음과 같습니다. 만약 우리가 일자를 그것이 지닌 존재의 관점에서 다룬다면, 우리는 탈존재로서의 형이상학의 역사로 되돌아오고, 하이데거적 의미에서 일자에 관한 사유를 하며, 존재론적 질문의 장래와 관련하여 일자를 그 존재의 측면에서 다룹니다. 저는 우리가 이 정도까지는 말할 수 있다고 생각합니다. 그렇지만 그것은 결국 여러분을 일자로 인도하고 여러분을 연모하게 만드는 나쁜 형이상학입니다. 존재의 관점에서 일자를 다루는 모든 접근은 오직 연모하는 것과 다르지 않습니다. 그러나 우리는 또한 좋은 형이상학을 통해, 즉 일자의 존재가 아니라 일자의 탈존재에 입각해서 일자를 사유할 수 있습니다. 이것은 일자의 용법이 보여주는 항들에 입각해서 일자를 사유하는 것 — 이것은 탈존재의 문제에 관한 우리의 출발점에 완벽하게 부합됩니다 — 을 뜻하며, 일자를 그 작용 안에서 사유하는 것은 결코 여러분을 연모하게 만들지 않습니다.

여기서 라캉이 일자의 문제에 관해 제기하는 근본적인 구분은 이렇게 설정됩니다. 1) 어떤 유형의 사유에 따르면, 일자가 있고, 우리는 일자를 그것이 지닌 존재에 따라 다루어야 합니다. 이것은 형이상학적 연모입니다. 왜냐하면 이 경우 여러분은 실재를 상블랑의 장소 자체에 종속시키는 일자의 규범적인 힘을 피할 수 없기 때문입니다. 2) 다른 유형의 사유에 따르면, 일자 같은 것이 존재합니다. 그러나 '일자 같은 것이 있다y'a d'l'Un'는 '일자가 있다l'Un est'와는 전혀 다른 테제입니다. 그것은 일자를 그 존재 안에서 사유하기를 요구하지 않고, 그저 작용의 영역 안에 일자 같은 것이 있음에 주목하기를 요구합니다. 그리고 라캉이 말하듯 중요한 것은 일자의 작용을 "정신분석으로 만드는" 것입니다. 일자 같은 것이 있다는 테제는 그 자체로 감산적입니다. 즉 탈존재의 원리에 부합하는 것입니다. 그것은 일자를 규범적 종속의 기제가 아니라 텅 빈 장소, 표시 혹은 작용으로 사유할 것입니다.

저는 그저 다음의 사실만 상기시켜드리고자 합니다. 존재 안에서 사유되는 일자, 즉 일자가 있다는 테제와, 셈하기의 힘, 하나로 셈하기라는 작용의 힘에 근거한 일자 같은 것이 있다는 테제 간의 라캉적인 구분은 제 책《존재와 사건》의 맨 처음 테제입니다. 그것이 그 책의 절대적인 출발점입니다. 이는 제가 이 난해하고 긴장된 논의 전부에 부여할 수 있는 중요성을 말해줍니다. 실제로 그것은 존재의 측면에서는 오직 다수만이, 즉 일자 없는 다수만이 있다는 명제의 근거가 되는 테제입니다. 일자 없는 다수, 즉 통일성의 다수가 아닌 다수가 무엇인지를 끝까지 사유하는 데 내기를 거는 것이 바로 제 존재론적 기획의 출발점입니다. 그런데 우리는 이 구분이 라캉적임을 인정해야 합니다. 그것이 라캉적인 까닭은 그것이 일자의 존재의 실존을 하이데거적 의미의 형이상학의 특징적인 성격에 연결시키고, '일자 같은 것이 있다'를 라캉적 의미에서의, 즉 존재의 축출과 탈존재라는 의미에서의 형이상학적 사용을 위해 남겨두기 때문입니다.

이 지점에서 '형이상학'이라는 용어 — 라캉 자신이 사용하는 용어와 무관하게 — 의 두 가지 가능한 의미가 있을 것입니다. 하이데거적 의미에서의 형이상학, 일자에 의해 실재를 종속시키고 '일자가 있다'라는 테제에 관련되는 형이상학이 있습니다. 그리고 라캉적 의미에서의 형이상학, 모든 존재가 의미로부터 철회되어 의미가 오직 효과의 영역에서만 사유되도록 만들 수 있는 감산적인 작용을 지칭하는 형이상학이 있습니다. 우리는 제가 일자의 두 번째 의미로부터 저 자신의 존재론을 전개했고 말할 수 있습니다. 이상의 내용이 어느 정도 해명되었으니 이제 우리가 거기서 반철학적 측면을 식별할 수 있는지에 대해 질문해봅시다.

이제 우리는 철학에 대한 라캉적 의미의 반철학적 문제 제기가 지닌 완전히 새롭고 명확한 형식을 수중에 갖고 있습니다. 사실 우리는 그것을 이렇게 말할 수 있습니다. 철학은 연모하는가? 저는 여러분에게 우리 논의의 출발점이었던 텍스트에서 라캉이 유감스러워하는 인물들은 철학자들이 아니라 분석가들임을 지적하고 싶습니다! 라캉에게 당하고 있는 것은 분석가들입니다. 분석가 고유의 존재를 배반한 분석가들은 불행히도 일자를 연모합니다. 왜냐하면 그들은 비천한 찌꺼기로, 즉 사물의 실재적 지점으로 전락하는 것을 달가워하지 않기 때문입니다.

하지만 우리는 다음의 질문을 제기할 수 있습니다. 만약 하이데거가 주장하듯 형이상학 전부, 즉 역사적 운명 안에서의 철학이 실제로 일자의 규범적인 권위에 의해 존재를 종속시키는 것이라면, 이러한 발언은 라캉에 의해 번역되어 다음과 같이 매우 우아하게 쓰일 수 있을 것입니다. '2000년간 철학자들은 연모해왔다.' 이것이 라캉이 뜻하는 바일까요?

결코 그렇지 않습니다. 왜냐하면 라캉은 사람들이 연모하는 나쁜 일자에 대비되는 일자의 기능적 작용에 대해 자신이 방금 말한 모든 것을 하이데거가 지목한 죄인인 플라톤에게 귀속시킬 것이기 때문입니다! 실제로 라캉은 일자에 대한 자신의 논의 이후에 이렇게 씁니다. **이것은 이미 파르메니데스에게 있는 것**(플라톤의 《대화편》)이라고 말입니다. 그리고 그는 제가 좋아하는 다음과 같은 표현을 덧붙입니다. **기이한 아방가르드로 인해.** 위대한 플라톤은 영원한 연모를 조직하기는커녕 일자의 작용에 대한 참된 사유를 개시했으며, 이것이 라캉이 장려하고자 하는 것입니다. 반철학 아방가르드로서의 철학이라니요! 기가 막힌 표현입니다.

우리는 이 지점에서 출발하여 라캉과 하이데거의 비교에 새로운 방향을 부여할 수 있습니다. 사실 하이데거에게 아리스토텔레스적 의미에서 실체의 형이상학이 형이상학이라 불리는 것은 그것이 일자에 의해 존재를 종속시킴으로써 물리학이라는 용어에 주어진 것, 즉 '퓌시스phusis'를 망각하고 삭제하기 때문입니다. 그런데 퓌시스란 바로 그 기원적인 효과 속에서의 존재의 시원적인 개화입니다. 하이데거는 퓌시스란 자기 자신으로의 회귀를 의미한다고 말합니다. 심지어 그는 퓌시스를 '자기 회귀'로 번역합니다. 따라서 우리는 하이데거에게서 형이상학이란 어떤 점에서 물리학에 대한 망각이라고 말할 수 있을 것입니다. 갈릴레이적 의미에서의 물리학이 아니라 훨씬 더 본질적인 의미에서의 물리학, '물리학'이라는 용어 속에서 여전히 퓌시스, 즉 진리 안에서의 존재의 개화를 듣는 것을 허용하는 물리학 말입니다. 따라서 하이데거에게 역사적 의미에서의 '형이상학'은 "가장 기원적으로 그리스적인" 의미에서의 물리학이라는 말에서 들리는 것 혹은 그와 비슷한 모든 것 — 가령 원초적 자연Urnatur에 대한 독일의 역사 — 에 대한 일종의 기원적인 망각이나 삭제입니다.

반대로 라캉에게 형이상학은 물리학에 대한 감산적인 규정(실제로 의미에 대해 과학적으로 사유 가능한 것은 물리학적인 것이 아니라 형이상학적입니다)이지만, 그것은 여전히 과학적으로 사유 가능한 것 안에 있습니다. 이것은 또한 형이상학이 일자의 작용의 과학일 수 있음을 뜻합니다. 하이데거적 의미의 형이상학적 실추가 있는 것은 오직 우리가 연모를 통해 일자에 관련됨으로써입니다. 그런데 사실 라캉에게 가장 강하고 진정한 의미에서의 형이상학은 비물리적이지만 과학적으로 사유 가능한 것의 가능성이며, 따라서 형이상학은 물리학으로부터 감산됩니다. 하지만 과학적으로 사유 가능한 것으로 남아 있기 때문에(이것이 본질적인 점입니다) 형이상학적인 것은 과학적으로 사유 가능한 것의 연장이며, 퓌시스의 가장 본질적인 의미에서의 물리학에 대한 삭제나 망각이 아닙니다. 이것이 응당 라캉이 하이데거보다 스토아학파에 훨씬 더 근접해 있는 이유입니다. 실제로 스토아학파에게는 비물질적인 것incorporel에 대한 핵심 테제가 있으며, 여기서 비물질적인 것은 상상적이고 초감각적인 것이 아니라 언어와 기호가 완벽히 경험적인 사례를 제공하는 그 무엇을 뜻합니다. 결국 라캉적 형이상학은 다음과 같이 이해되어야 합니다. 비물질적인 것에 대한 과학이 있을 수 있습니다. 실제로 기표는 육체가 아닙니다. 물리학이 육체로 규정할 수 있는 그 어떤 것의 의미에서도 말입니다. 따라서 기표는 비물질적인 것에 속합니다. 스토아학파는 이미 실체적인 합리성으로서의 비물질적인 것을 인정했고, 그들의 학설에서 그것의 자리를 만들었습니다. 우리는 그 발상에 있어서 라캉의 형이상학은 하이데거적이라기보다 아리스토텔레스적-스토아학파적이라고 말할 수 있을 것입니다.

여기서 우리는 라캉과 철학의 관계 문제의 핵심으로 되돌아옵니다. 물론 라캉에게는 철학에 의한 사유의 방향 전환(하이데거에게 이것은 형이상학 자체입니다)이 있으며, 그것은 형이상학적 연모입니다. 그러나 라캉 반철학에서 핵심적인 것은 그러한 방향 전환이 기원적으로 분열되어 있다는 점입니다. 철학에 의한 사유의 방향 전환에서 단일한 역사란 없습니다. 바로 이것이 형이상학이란 말에 두 가지 의미가 있는 이유입니다. 연모가 철학 자체가 될 수 있음을 시사하는 바로 그 순간, 라캉은 이렇게 말합니다. "맞아! 하지만 플라톤에게는 아방가르드의 입장이 있었지." 달리 말해 라캉에게는 분명히 존재의 역사란 없습니다. 형이상학이라는 이름을 지탱할 수 있을 단일한 존재의 역사란 없다고 말할 수도 있습니다. 복잡하고 분열된 역사가 있으며, 그것이 형이상학이라 불릴 법한 것을 가로지릅니다. 우리는 라캉에게 (하이데거적 은유를 사용하자면) 철학의 역사가, 들뢰즈가 말한 이접적 연결conjonction disjonctive이란 의미에서, 존재와 탈존재로 공속적으로 분할된 역사라고 말할 수 있습니다. 철학의 작용에 대한 역사적 장에서 우리는 물론 존재를 연모하는 역사와 같은 것을 진단할 수 있고, 실제로 거기서 라캉은 일자의 문제를 포함한 여러 대목에서 하이데거에게 근접해 있습니다. 그러나 우리는 또한 탈존재의 작용—그 자체로 형이상학적인— 에 대한 점진적인 구성을 발견할 수 있습니다. 따라서 라캉과 철학의 관계 및 이에 따른 라캉 반철학의 영역은 하이데거의 그것보다 훨씬 복잡합니다. 그것은 정녕 비틀린 관계입니다. 하이데거와 철학의 관계는 결국 헤겔적인 유형의 역사성의 관계입니다. 고유한 탐구의 범주, 기원적인 지점, 연속적인 단계, 현실적 고통 등과 더불어 말입니다. 우리는 어떻게 플라톤, 데카르트, 칸트, 헤겔, 그리고 끝내 니체가 형이상학으로서의 존재의 역사가 현실화되는 사유의 체계를 이루는지 보여줄 수 있습니다. 라캉에게 그와 같은 것은 존재하지 않습니다. 라캉이 하이데거 주변을 맴돌 때조차도 말입니다. 이에 관해 저는 한 가지 원리를 제공해드렸고, 그것은 기본적으로 일자에 대한 연모에 근거합니다. 네, 여기서는 형이상학에 관한 어떤 것이 존속합니다. 그러나 라캉과 철학의 근본적인 관계는 전혀 다른 성격을 가집니다. 그것은 역사적 관계가 아닙니다. 왜냐하면 라캉이 원하는 것은 철학을 시험에 빠뜨리는 것이기 때문입니다. 이것이 그가 반철학적 작용의 영역에서 착수하는 것입니다. 관건은 철학을 분석 행위의 시험에 빠뜨리는 것입니다. 철학적 입장이 식별되고, 분열되고, 존재에 관한 작용과 탈존재에 관한 작용의 복잡한 뒤얽힘으로 드러나는 것은 바로 분석 행위의 시험 속에서입니다.

앞으로 우리는 행위로 되돌아올 기회가 있을 겁니다. 여기서는 '앙코르^Encore^'라는 제목이 붙은 《세미나 20권: 앙코르》에 나온 수많은 임시적 정의 중 하나를 살펴봅시다.

> 행위는 언제 일어납니까? 행위는 [라캉이 말하길] 말해진 것^le dit^과 관련하여 늘 탈존^ex-sister^할 수 있는 데까지 나아가지는 못하는 어떤 말하기^un dire^가 출현할 때 일어납니다[그러므로 우리가 행위 안에 있을 때, 우리는 출현 안에 있습니다].

그러므로 행위란 말해진 것과 관련해서 늘 탈존 안에서 유지될 수 있는 입장에 있지 않은 어떤 말하기의 출현입니다. 말해진 것의 어떤 것이 돌이킬 수 없이 내존할(말하기 안에 존재할)in-siste 때 말하기는 출현해야 합니다. 이것은 말하기와 말해진 것의 일종의 융합일까요? 네, 하지만 여기서 말하기는 어떤 점에서 말해진 것에 부착되어 있는, 말해진 것에 고정되어 있는 말해지지 않은 것non-dit의 일부를 동반한 채로 출현합니다. 바로 여기에서 행위가 일어납니다. 이것이 행위가 말하기가 아니라 말하기-말해진 것dire-dit의 출현인 이유입니다.

저는 이를 제대로 이해하고 있는 것일까요? 우리는 어렴풋하게 이해할 수 있습니다. 왜냐하면 사실 우리는 그것이 비트겐슈타인과 매우 유사하다고 말할 수 있기 때문입니다. 그것은 침묵과의(말해질 수 없는 것과의) 관계가 본질적인 어떤 말하기의 출현입니다. 이것이 행위의 순간인 것이지요.

그리고 라캉은 이렇게 말합니다.

그것은 어떤 실재가 도달될 수 있는 시험이다.

따라서 행위란 어떤 출현, 어떤 말하기의 출현에 해당하는 시험이며, 이 시험에서는 어떤 실재가 도달될 수 있습니다. 지금 당장은 이러한 일시적인 묘사로도 충분합니다. 그런데 흥미롭게도 라캉은 이렇게 첨언합니다. 그의 발언은 놀랍습니다.

올해 우리에게 가장 성가신 것은 철학적 전통에서 유래하는

상당수의 말하기를 시험해보는 것입니다. 여러분도 한번
생각해보십시오!

이것이 1972~1973년 세미나의 프로그램이며, 철학의 말하기를 행위의 시험에 빠뜨리는 것은 매우 성가신 일입니다! 바로 이것이 라캉과 철학의 진정한 관계입니다. 보시다시피 이 관계는 이론적인 관계가 아닙니다. 물론 우리는 그것을 얼마든지 이론적인 관계로 볼 수 있지만, 그 핵심에서 그것은 결코 이론적인 추출이나 개념적인 참조의 관계가 아닙니다. 라캉과 철학의 관계는 시험의 관계입니다. 철학은 분석 행위의 시험에 빠질 것입니다. 즉 철학의 말하기들은 어떤 말하기 - 말해진 것의 독특한 출현의 시험에 빠질 것입니다. 철학은 모든 철학에 이질적인 어떤 말하기의 출현을 가로질러야 할 것입니다. 그리고 여기서 우리는 무엇이 시험을 통해 파괴되는지, 또 무엇이 시험을 견뎌내는지 알게 될 것입니다.

라캉이 철학을 다룰 때 그것은 늘 이러한 시험의 영역을 통해서입니다. 그가 "철학적 전통"이라는 표현을 여기서 자주 사용한다는 점에 주목하십시오. 사실 저는 라캉에게 형이상학이란 궁극적으로 존재의 역사가 종결되는 형상이 아니라고 생각합니다. 문제가 되는 것은 형이상학이라는 단어의 두 가지 의미 — 존재에 따른 의미와 탈존재에 따른 의미 — 를 전달하는 철학적 전통이며, 이것은 하나의 역사가 아니라 그저 전통이 남겨준 하나의 자료일 뿐이며, 어떠한 말하기도 분석 담론과 그 고유의 행위에 의해 시험될 수 있습니다.

그렇다면 분석 행위의 시험에 빠진 철학의 말하기가 왜 성가신 것일까요? 그것은 왜 가장 성가신 것일까요? 제가 생각하기에 그것이 성가신 이유는 철학적 전통의 기원이 이중적으로 설정되기 때문입니다. 이를 파악하는 것은 단순한 일이 아닙니다. 철학의 말하기에는 본질적이고 기원적인 방식으로 이중적인 무언가가 있습니다. 행위를 통해 철학적 전통을 시험해보는 것은 대개 이러한 이중성에 대한 시험입니다. 이것은 소크라테스의 형상을 통해 잘 드러납니다. 언젠가 라캉의 소크라테스에 대해 써야 할 텐데요……. 니체의 소크라테스가 있다면, 헤겔의 소크라테스, 아리스토파네스의 소크라테스, 키르케고르의 소크라테스, 플라톤의 소크라테스, 크세노폰의 소크라테스, 그리고 라캉의 소크라테스도 있습니다. 라캉의 소크라테스는 놀라운 인물입니다! 그런데 우리가 알고 있는 바로 라캉의 소크라테스는 이중적인 측면을 가진 인물입니다. 플라톤에 좀 더 가까운 소크라테스의 경우 그는 주인의 형상에 흔쾌히 사로잡힙니다. 그리고 소크라테스 자신에 해당하는 소크라테스의 경우 그는 오히려 분석가에 해당합니다. 라캉은 소크라테스와 자신을 동일시합니다. 여기에는 어떤 이론의 여지도 없습니다. 또한 소크라테스에 대한 탈동일시[désidentification]도 존재합니다. 소크라테스 형상의 이러한 이중성을 니체와 소크라테스의 관계에 비교해보는 것은 매우 흥미로운 일일 것입니다. 이렇게 서로 다른 두 개의 이중적 형상들은 정녕 비교될 가치가 있습니다. 그러한 비교는 분석 행위의 시험에 빠진 철학의 위상 자체를 해명해줄 것입니다.

저는 늘 《세미나 20권: 앙코르》의 한 구절에 매료되었습니다. 그 구절은 우리가 다루는 문제에 대한, 그리고 라캉과 하이데거의 격차의 기원에 대한 표본을 제공합니다. 대타자가 있으며, 대타자는 하나의 구멍이며 진리를 정초한다는 점을 상기시킨 이후 라캉은 과학에 대해 이렇게 말합니다.

> 사유가 과학의 방향으로 움직이는 것은 오직 존재가 사유에 가정됨으로써, 즉 존재가 사유한다고 가정됨으로써입니다. 이것이 파르메니데스에서부터 이어지는 철학적 전통을 정초합니다.

여기서 재차 라캉은 형이상학 쪽에 위치합니다. 이번에는 (하이데거의 마음에 들지는 않을 테지만) 파르메니데스를 형이상학 안에 포함시킨다는 점을 예외로 해서 말입니다. 형이상학은 플라톤이 아니라 그보다 훨씬 빨리, 즉 파르메니데스와 더불어 시작합니다. 왜냐하면 파르메니데스야말로 존재가 사유한다고 가정함으로써 이미 일자에 의한 존재의 종속을 설정한 인물이기 때문입니다. 라캉은 계속해서 이렇게 말합니다.

> 파르메니데스가 틀렸고, 헤라클레이토스가 맞습니다[이렇게 철학의 최초의 구성적 통일성이 깨어집니다]. 이는 헤라클레이토스가 단편 93에서 다음과 같이 말한다는 사실에 의해 확정됩니다. "델포이에서 신탁을 관장하는 주신들은 드러내지도 않고 감추지도 않으며 넌지시 암시한다signifie."

이렇게 의미작용에 대한 헤라클레이토스의 학설은 존재와 사유의 동일성에 관한 파르메니데스의 학설과는 다른 길을 열어 줍니다. 라캉에게는 기원적인 모체 자체가 없으며 하이데거적인 시작점이 없다는 점에 주목하십시오. 이것은 매우 충격적입니다. 왜냐하면 여러분이 아시다시피 하이데거는 헤라클레이토스의 사유 운동과 파르메니데스의 사유 운동이 근본적으로 동일하다는 것을 보여주기 위해 다수의 분석을, 심지어 매우 정교한 분석을 시도했기 때문입니다. 우리는 심지어 하이데거에게는 파르메니데스의 말하기가 헤라클레이토스의 말하기에 대조적이라고 믿는 것이 형이상학적 망각의 전형적 증상이라고 말할 수 있습니다. 이 점과 관련해서 하이데거의 모든 텍스트를 읽어보십시오. 전형적으로 형이상학적인 증상이란 파르메니데스가 일자와 존재의 형이상학이고 헤라클레이토스가 생성의 형이상학이라고 말하는 데 있습니다. 그러나 하이데거의 매우 정교한 작업 전부는, 헤라클레이토스 쪽에 놓인 생성 혹은 끝없는 흐름의 사유와 파르메니데스 쪽에 놓인 불변의 존재에 대한 사유 간의 이러한 구분, 이러한 대조가 존재의 기원에 대한 형이상학적 재해석에 불과하다는 점을 보여주는 데 있습니다. 그리고 만약 우리가 이러한 기원에 접근한다면, 그때 우리는 파르메니데스의 사유 체계와 헤라클레이토스의 사유 체계가 실제로는 동일함을 알 수 있습니다.

그러면 라캉은 여기에서 우리에게 무엇을 말하는 걸까요? 라캉은 명백히 우리에게 그 반대를 말합니다. "파르메니데스가 틀렸고, 헤라클레이토스가 맞습니다." 그러므로 라캉에게 하나의 기원이 아니라 기원적인 분열이 있다는 사실에는 의심의 여지가 없습니다. 하이데거에게는 기원적인 장소, 기원적인 개화 — 파르메니데스와 헤라클레이토스는 이러한 개화에서 해결 불가능하게 뒤얽혀 있는 사유의 심급들입니다 — 가 있습니다. 라캉에게는 최초의 선택지가 있습니다. 우리는 존재와 사유가 공속 관계를 이루는 길, 즉 파르메니데스적인 길에 있거나, 의미작용의 탈존재의 길에 있습니다. 왜냐하면 그것이 '드러내지도 않고 감추지도 않는다'라는 말이 가리키는 것이기 때문입니다. 헤라클레이토스의 해석에는 존재의 은폐나 탈은폐의 문제가 없습니다. 주신은 그저 의미할 뿐입니다. 그것이 헤라클레이토스의 길, 의미의 탈존재의 길입니다.

그러나 여러분이 보시다시피 이 두 가지 길 사이에 있는 기원적인 분열은 철학적 전통의 시작점에서부터 주어집니다. 적어도 위 구절에서 그것을 구성하는 것은 정신분석의 사건적 단절이 아닙니다. 그것은 프로이트가 도입한 것이 아닙니다. 그것은 철학의 이중성입니다. 철학은 파르메니데스적 길과 헤라클레이토스적 길의 이중적 공존 안에 있을 것입니다. 이로부터 자연스럽게 다음과 같은 귀결이 도출됩니다. 그리고 이것이 우리가 처음에 제기했던 질문에 대한 결론의 일부가 될 것입니다. 우리가 지금부터 철학에 대한 라캉의 전반적인 관계를 지칭하는 것으로 사용할 '철학적 전통'이라는 표현이 근거할 수 있는 것은 존재의 역사가 아닙니다. 그러나 가장 성가신 것은 이러한 철학적 전통이 단순한 기원이 아니라 원초적인 이중성 안에서 시작되었다는 점입니다. 그렇다면 이러한 전통의 통일성, 혹자가 스스로를 반철학자라고 선언할 수 있기 위해 필요한 통일성은 어디에 있습니까? 여기서 라캉은 그 자신의 스타일을 통해 급격하게 선회

합니다. 핵심은 사랑의 측면에서 찾을 수 있다고 단언하면서 말입니다. 이러한 발언은 우리의 과제를 더욱 복잡하게 만들 것입니다.

실제로 라캉은 이렇게 말합니다.

> 오래도록 사람들은 사랑에 대해서만 말해오곤 했습니다[이번에 문제가 되는 것은 단 하나의 테마, 이중적이지 않은 단순함입니다]. 사랑이 철학 담론의 핵심에 있다는 점을 강조할 필요가 있을까요?

이 모든 것을 다룬 지금, 우리는 무엇을 알고 있나요? 우리는 다음을 알고 있습니다. 첫째, 철학자는 수학에 막혀 있습니다. 둘째, 철학자는 정치의 구멍을 막습니다. 셋째, 철학자는 그가 이야기하는 모든 것의 핵심에 사랑을 놓아둡니다. 우리의 지난한 탐구에서 다루어야 할 점이 바로 이것입니다. 라캉 반철학에 의한 철학의 식별이란 어떤 것일까요?

라캉 반철학의 입장이 근거해 있는 것은 단순한 역사가 아니라 복잡한 매듭입니다. 실제로 우리가 이미 다루어야 했던 두 가지 항(수학과 정치)이 아니라 셋을 다루지 않고서는 분명 난관에서 벗어날 길이 없습니다. 왜냐하면 우리는 사랑을 통과해야 하기 때문입니다. '철학'이 마침내 의미를 갖게 되는 것은 사랑, 정치, 수학이라는 삼각구도 안에서입니다. 우리가 다음 주에 수학소, 구멍, 사랑의 보충suppléance으로 이루어진 고르디아스의 매듭을 풀면서 살펴볼 것처럼 말입니다.

3강

1994년 12월 21일

지난 시간에 우리는 라캉 — 우리가 다루는 라캉, 무엇보다 1970년대 이후의 라캉 — 이 철학을 식별하는 최초의 시도로 여겨질 수 있는 세 가지 발언을 분리해 다루었습니다. 그 세 가지 발언을 상기해 봅시다.

¶ 첫 번째 발언은 철학과 수학의 관계에 구두점을 찍습니다. 철학은 수학에 막혀 있습니다.

¶ 두 번째 발언은 철학과 정치의 관계를 명시합니다. 라캉은 명시적으로 형이상학이 정치의 구멍을 막는다고 말합니다.

¶ 세 번째 발언은 철학과 사랑의 관계를 명시합니다. 철학 담론의 핵심에는 사랑이 있습니다.

이제 우리는 매우 독특하고 흥미로운 규약을 다룰 것입니다. 이 규약이 어떤 종류의 것이든 간에, 반철학은 철학을 식별하는 방식에 관련됩니다. 우리는 이러한 식별 전략이 언제나 불신의 전략임을 알고 있습니다. 식별은 철학에 본질적으로 낙인을 찍으려는 노력과 연관됩니다. 그렇지만 각기 다른 반철학에 따라 서로 다른 식별 규약을 파악하는 것은 여전히 가능합니다. 철학의 입장에서 이러한 규약을 탐지하는 것, 어떻게, 어떤 점에서, 또 어떤 패러다임에서 시작해서 어떤 특정한 반철학이 그것이 철학이라 부르는 것에 대한 사유를 제안하는지를 살펴보는 것은 흥미로운 일입니다.

저는 여러분이 이러한 식별 규약을 파악할 수 있도록 몇몇 표준적인 반철학자 사례를 훑어볼 것입니다. 왜냐하면 올해 우리 기획의 난점 중 하나가 라캉이 철학을 식별하는 규약이 극도로 복잡하다는 점에 있기 때문입니다. 나아가 라캉 반철학에는 엉큼한 차원이 있다고까지 말할 수 있습니다. 이 엉큼함을 사유하는 것은 본질적인데, 왜냐하면 그것이 제가 주장하고자 하는 테제, 즉 라캉이 현대 반철학을 종결시킨다는 테제를 어떤 점에서 가능하게 하기 때문입니다. 반철학 일반이 아니라 현대 반철학의 한 주기를 말입니다. 라캉은 철학과 단순히 직접적인 불신의 관계가 아니라 매우 특수한 엉큼한 유형의 관계를 정립함으로써 현대 반철학을 종결시킵니다.

먼저 각각의 반철학자에게는 그가 선호하는 철학자, 그가 개인적으로 지목한 웃음거리가 있다는 사실에 주목합시다. 만약 우리가 파스칼이 철학을 어떻게 식별하는지를 묻는다면, 파스칼에게 철학은 데카르트임이 분명합니다. 그런데 파스칼이 데카르트 너머에서 겨냥하는 것은 '철학'이라 불릴 법한 것에 대한 일반적인 식별입니다. 그런데 파스칼에게 철학은 복잡한 기분 전환[divertissement]의 형상임이 분명합니다. 철학은 우리의 기분을 전환시켜줍니다. 철학이 우리의 실재적인 상황에 대한 고려로부터 우리를 가능한 한 멀어지게 만든다는 점에서 말입니다. 그리고 철학의 단독성이란 그것이 본질적으로 사유의 기분 전환이라는 점에 있습니다. 기분, 실존, 육체에 대한 전환이 있을 수 있습니다. 기분 전환의 학설은 복잡하지만, 사유 자체의 기분 전환의 핵심에는 철학이 있습니다. 그리고 이것은 다음과 같은 주요한 이유 때문입니다. 철학은 신을 다룬다고 주장합니다. 여기서 표준적인 대립은 한편에 놓인 아브라함, 이삭, 야곱의 신과, 다른 한편에 놓인 철학자와 학자의 신 사이에 위치합니다. 실제로 철학을 식별하는 문제는 신을 식별하는 문제를 경유합니다. 그리고 철학자들의 개념적인 신 — 우리는 그것을 신-개념Dieu-concept이라 부를 수도 있습니다 — 은 실재적으로 실존하는 진정한 신, 마음으로 느낄 수 있는 신, 계시의 신에 연결될 수 있는 것과 관련해서 기분 전환의 궁극적인 형식입니다. 철학의 진정한 핵심은 신에 관한 개념을 통해 실재적인 신으로부터, 즉 실존의 내밀한 요소의 형식으로만 드러날 수 있는 신으로부터 우리의 기분을 전환시키는 것으로 파악됩니다.

파스칼의 반철학에서 전형적으로 드러나는 또 다른 특징이 분명히 있지만, 그것은 거의 모든 반철학에 존재합니다. 그것은 철학의 식별, 신-개념과 증명 가능한 신에 대한 식별은 들뢰즈식으로 말해 소위 반反인물contre-personnage, 즉 철학자와의 관계에서 반인물이라 불릴 법한 것의 출현을 동반한다는 것입니다. 실제로 종종 도외시되지만 반철학의 전략에서 매우 본질적으로 보이는 반철학의 한 가지 측면은, 반철학자는 늘 철학자에게 말을 거는 것이 좋지 않은 것처럼 말한다는 것입니다. 그것은 매우 중요한 비틀기입니다. 심지어 라캉에게도 그러한 측면을 엿볼 수 있습니다. 철학에 관한 라캉의 텍스트는 언제나 이 모든 것이 분석가를 겨냥한 것임을 말하는 데 주의를 기울입니다. 관건은 철학자와 대화를 하는 어떤 변증법에 관여하는 것이 결코 아닙니다. 철학자는 이미 해결이 되었거나 상실되어버립니다. 그것이 제가 반인물이라 부르는 것, 철학을 식별하는 움직임 자체를 통해 말을 건네는 인물입니다. 그리고 이 인물은 결코 철학자가 아닙니다. 진정한 반철학은 늘 누군가를 철학자들로부터 떼어내고 그를 철학자들의 지배로부터 빼내야 하는 사유의 장치입니다. 제가 반인물이라 부르는 이 누군가는 장차 행위에 가담해야 할 것입니다. 반철학자는 철학자를 행위에 가담시킬 가망이 없다고 생각합니다. 왜냐하면 행위가 반철학으로 구성되는 것이 바로 철학자들과 관련해서이기 때문입니다. 이것이 파스칼에게서 철학에 대한 부정적인 식별이 리베르탱libertin(자유사상가, 무신론자)을 대상으로 하는 이유입니다. 말해지는 이는 리베르탱입니다. 이 모든 사안에서 말이 건네지는 이는 리베르탱인 것입니다. 그리고 리베르탱은 데카르트가 아닙니다. 그는 또 다른 인물, 또 다른 형상입니다. 그는 어쩌면 데카르트의 영향을 받을 수도 있고, 데카르트에게 지배당할 수도 있습니다. 리베르탱은 철학으로부터 떼내져야 하고, 전정한 사유, 즉 파스칼이 사유하는 의미의 기독교주의로 되돌려져야 합니다.

라캉의 반인물은 누구일까요? 그것은 정신분석가입니다. 라캉의 반철학적 입장과 동일한 입장에 있는 분석가가 아니라 오락가락하고 불확실한 입장에 있는 분석가 말입니다. 라캉은 늘 궁극적으로 분석가들을 신뢰하지 말아야 한다고 주장합니다. 분석가들은 늘 분석 행위로 억지로 되돌려져야 합니다. 라캉이 모욕한 분석가들에 관한 선집을 만들 수 있다면 그것은 아주 훌륭한 일일 것입니다! 멋진 일이 될 것 같지 않나요? 정신분석에 반대하는 그 어떤 사람도 라캉이 분석가들에게, 특히 그의 세미나를 편안히 들으러 오는 이들에게 말하는 것을 결코 감히 말할 수 없을 것입니다. 그런데 라캉이 분석가들에게 말할 때 그것은 어떤 본질적인 말을 건네주기 위함이며, 여기서는 모욕 자체가 그러한 말 건넴을 구성합니다. 같은 방식으로 파스칼에게 리베르탱은 정녕 길 잃은 자이지만, 리베르탱에게 말이 건네집니다. 마찬가지로 우리는 라캉에게 분석가 또한 길 잃은 자라고 주장할 수 있을 것입니다. 분석가는 늘 마치 그가 길을 잃은 상태에 있는 것처럼 다루어집니다. 라캉은 수많은 텍스트에서 특히 그리고 오직 분석가들만 그가 지난 20년간 이야기한 것을 전혀 이해하지 못한다고 말합니다. 그럼에도 불구하고 라캉이 천사 같은 인내심으로 말을 건네는 상대방은 여전히 분석가들입니다. 우리는 리베르탱과 관련하여 파스칼에게 마찬가지의 인내심을 발견할 수 있습니다. 그러나 라캉과 파스칼의 인내심은 명백히 철학자에 대한 성급함에 상관적입니다. 그리고 결국 철학자는 의심의 여지 없이 모욕을 조금 덜 받는 행운을 누리게 될 것입니다. 오직 반철학자가 늘 철학자에게 말을 건네기를 거부했다는 이유에서 말입니다. 우리가 라캉에게서 발견하는, 철학자들을 향한 말 건넴 — 저는 라캉이 하이데거에게 건넨 말을 인용했습니다만 — 은 명백히 목적지가 없는 말 건넴, 말을 건네는 동시에 그러한 말이 들릴 가망이 없다고 말하는 말 건넴입니다. 이는 매우 명확합니다. 역으로 라캉은 결코 그가 분석가들에 의해 들릴 가망이 없다고 말하지 않습니다. 분석가들을 신랄하게 비난하는 가운데 그는 그들이 이해하지 못했다고, 그들이 이해하지 못한다고, 그들은 이해해야 할 것이라고, 그들은 언젠가 이해할 것이라고, 100년이 지나면 이해할 것이라고 확언할 것입니다. 그것은 정면으로 적대적인 말 건넴입니다. 그것이 반인물, 즉 철학에 대한 식별을 경유한 반철학의 진정한 목적지입니다. 여기서 고려해야 할 점은 철학에 대한 반철학의 식별은 철학자가 아니라 반인물을 겨냥한다는 것입니다. 반인물은 리베르탱, 자유로운 정신, 예민한 영혼, 실존하는 개인, 분석가 등입니다. 이러한 인물들이 반철학이 말을 건네는 반인물의 갤러리를 구성합니다. 그 결과 우리 철학자가 그러한 식별을 이해하고자 시도할 때 우리는 그 식별이 우리에게 건네진 것이 아님을, 또 우리는 그저 열쇠 구멍 틈새로 흘러나오는 말을 듣고 있음을 알아야 합니다. 파스칼과 리베르탱 간의 문제이며, 라캉과 분석가들 혹은 그의 분석가들 간의 문제입니다. 니체와 그가 식별하고자 하는 몇몇 자유로운 인간들 간의 문제인 것입니다. 우리는 반철학자가 말을 건네는 반인물을 탐지하는 이러한 훈련을 루소, 키르케고르, 비트겐슈타인과 관련해서도 수행할 수 있을 것입니다. 그리고 매번 반인물에 대한 조사는 철학을 식별하는 규약을 보여주는 동시에 반인물, 즉 그러한 식별이 건네지는 극점을 파악할 때 종결될 것입니다.

루소에게 철학자가 매우 특수한 누군가임을 살펴보는 것은 흥미로운 일입니다. 철학자는 악인입니다. 그리고 '악인[méchant]'은 하나의 범주입니다. 루소는 심지어 그것에 관한 학설을 만들었습니다. 분명히 루소는 볼테르의 철학이나 흄의 철학을 겨냥하고 있습니다. 그리고 루소는 철학자, 고전적인 의미에서의 계몽 철학자 안에서 독특한 주체성을 식별합니다. 그것은 매우 개념적으로 정교한 의미에서의 악한 주체성입니다. 그러한 주체성은 마음의 목소리에 자신을 개방하지 않으며, 마음의 목소리를 닫아버리고, 마음의 없음 자체를 학설로 만듭니다. 철학자는 주체성을 움직인다는 내밀한 의미에서의 감수성을 고의로 폐쇄시킨 자입니다. 철학에 대한 식별 규약은, 설령 그것이 매우 복잡할 때조차, 이러한 인물 주변에서 집결될 것입니다. 그 결과 이는 예민한 영혼을 지닌 대중, 가령 우유를 마시고 선하신 신을 믿어버리는 농부를 반인물로 출현하게 만듭니다. 그리고 루소는 하나의 패러다임으로서 구성된 철학적 악함으로부터 그를 구출하고자 합니다.

이상이 루소의 경우입니다! 이제 여러분이 직접 어떻게 키르케고르에게 있어서 철학의 식별 규약이 헤겔적 변증법에 관련되는지를 제시해보십시오. 순전히 주체적 실존을 소멸시키고, 개념의 거대하고 추상적이고 허위적인 변증법을 통해 실존의 환원 불가능성을 무화시키려는 목적을 갖는 헤겔적 변증법에 말입니다. 여기서 반인물은 여자입니다. 헤겔의 마력에 결정적으로 무감각해져야 하는 것은 여자입니다. 이를 위해 우리는 여자를 사랑해야 하고 그녀를 결혼에 관한 진지한 윤리로 인도해야 합니다. 키르케고르에게 이것은 단순한 과제가 아니었습니다. 왜냐하면 결혼은 그에게 중대한 일이었고, 그는 결국 결혼을 포기했기 때문입니다.

지금까지 이러저러한 문제들 사이에서 떠돌아다녔습니다. 이제 라캉에 의한 철학의 식별을 포착하려고 시도해야 할 시점에 이르렀습니다. 그러한 식별이 철학자가 아니라 분석가라는 반인물에게 관련된다는 점을 늘 유념하면서 말입니다. 여담으로 말씀드리자면 이러한 사실은 중요한 점을 보여줍니다. 왜냐하면 그것은 라캉에게는 분석가 자신이 철학에 의해 위협을 받는다는 점을 뜻하기 때문입니다. 그렇다면 왜 철학은 분석가에게 위협적인 것일까요? 여러 이유가 있겠지만 그중에서도 가장 중요한 이유는 분석가들이 철학에 너무나 무지해서 철학이 재현하는 위협을 측정할 수 없기 때문입니다. 역설적으로 라캉이 반철학자로서 끊임없이 분석가들을 모욕하는 것은 그들이 철학을 알지 못하기 때문입니다. **저는 그들에게 《파르메니데스 *Parmenidēs*》를 읽으라고 말했지만, 몇 명이나 그걸 읽었나요? 한 명도 읽지 않았습니다.** 그러나 관건은 분석가들을 철학에서 벗어나게 하는 것입니다. 분석가들은 철학을 읽어야 하지만, 이것은 분석 담론이라는 최종적인 법 아래에서 철학을 시험해보기 위함입니다. 따라서 분석가들은 철학으로 들어가기 위해서가 아니라 철학으로부터 벗어날 줄 알기 위해서 철학을 읽어야 합니다. 그런데 저는 이러한 명령에 중요한 이유가 있다고 생각합니다. 정신분석이 끊임없이 의미의 해석학이 될 위험에 처하기 때문입니다. 그리고 우리는 정신분석이 처한 내밀한 위협이 바로 철학이라고 말할 수 있습니다. 즉 정신분석은 철학의 해석학적 입장을 지지하여 정신분석적 행위를 망각하는 유혹에 빠집니다. 치료를 거만한 잡담으로 변질시키는 것입니다.

결국 라캉 반철학은 철학의 어떤 것이 분석적 행위를 위험에 빠뜨리기 때문에 존재합니다. 라캉의 테제는 분명 다음과 같습니다. 철학은 그것이 식별되지 않는 한에서 더욱더 행위를 위험에 빠뜨립니다. 이것이 분석가들의 철학에 대한 무지와 관련해서 라캉이 분석가를 모욕하는 일이 매우 중요한 이유입니다.

이제 이번 수업 초반에 여러분에게 상기시켜드린 세 가지 발언으로 돌아와봅시다. 현재로서는 라캉 반철학이 세 가지 발언의 매듭을 만들 것이라고, 즉 철학에 대한 식별은 수학, 정치, 사랑과 철학의 관계에 대한 세 가지 규정을 매듭으로 묶음으로써 이루어질 것이라고 말할 수 있습니다. 여기서 우리는 즉각 이러한 매듭의 원리가 어떤 것이 될지에 관한 질문을 제기해야 합니다. 첫 번째 근사치로 우리는 라캉이 철학에 의미의 종교적 회복을 귀속시킨다고 말할 수 있습니다. 세 가지 발언(수학에 막혀 있음, 정치의 구멍을 막음, 담론의 핵심에 사랑이 있음—그렇지만 우리는 이 사랑이 진리에 대한 불편한 사랑임을 살펴볼 것입니다)이 서로 순환하고 매듭으로 묶이는 것은 그 구조상 궁극적으로 종교적 성격을 갖는 의미의 기능이 철학에 부여되면서입니다. 제가 조금씩 뒷받침해나갈 이 사안과 관련해서 우리는 여기에 어떤 라캉적 니체주의가 있다고 말해야 합니다. 매우 형식적인 차원에서 그것은 종교를 어떤 강력한 구조로, 심지어 어떤 점에서는 항구적으로 결정적인 구조로 여깁니다. 그리고 철학은 이러한 구조적 힘으로부터 독립적이지 않습니다. 형이상학, 전통 철학은 의미의 종교적 논리로부터 독립적이지 않습니다. 삶의 의미, 운명의 의미, 죄의 의미의 종교적 논리로부터 말입니다. 이것은 제가 반철학과 관련해서 늘 강조하는 것으로 우리를 데려갑니다. 그것은 의미와 진리의 이율배반입니다. 저는 여러분에게 우리가 지난 2년간 정립했던 공리, 라캉과 관련해 그 유효성이 입증되어야 할 공리를 상기시켜드리겠습니다. 본질적으로 반철학은 늘 진리에 대한 의미의 우위를 단언합니다. 심지어 이것이 아마도 반철학의 핵심 작용일 것입니다.

가령 니체에게 의미는 늘 하나의 가치 평가이며, 힘에 대한 가치 평가의 생산물입니다. 의미는 절대적으로 중요합니다. 그리고 진리는 그저 의미의 어떤 유형학적 영역에 불과합니다. 진리는 생명력 있는 차이가 형성되는 커다란 유형학적 가치 평가들 가운데 한 가지 가능한 형상에 불과합니다. 거칠게 말해 니체에게 진리는 반작용적(수동적)réactive 힘의 범주적 유형입니다. 그리고 우리가 진리 문제의 핵심을 발견할 수 있는 것은 작용적(능동적)active 힘에 대한 가치 평가를 통해서입니다. 이는 진리를 가치 평가의 영역에, 따라서 의미의 영역에 절대적으로 종속시킵니다.

비트겐슈타인에 관해 말하자면(제가 이 점을 거론하는 것은 그것이 우리가 라캉에게서 살펴볼 것과 매우 기이한 근접성을 갖고 있기 때문입니다), 의미는 두 가지 의미를 갖습니다. 의미는 이중적인 의미를 갖습니다. 첫 번째 의미는 매우 명확합니다. 그것은 명제의 의미입니다. 명제는 의미가 있습니다. 그것이 사물의 상태에 대한 그림인 한에서 말입니다. 그리고 사물의 상태의 가능성은 대상의 실체 자체에 기입되어 있습니다. 이러한 의미는 명제적 혹은 언어적입니다. 그다음에 침묵 속의 의미, 원미학적 혹은 원元윤리적 의미 — 이 두 가지는 같은 것입니다 — 가 있습니다. 이것은 그 자체로 행위의 영역에 속하며, 다시 말해 결코 하나의 명제 안에 기입될 수 없습니다. 우리가 말할 수 없는 것이 바로 이 두 번째 의미입니다. 여기서 우리는 침묵해야 하는 것입니다. 이러한 정언명령은 의미를 행위의 윤리적 차원에 위치시킵니다. 이러한 의미는 세계의 의미 혹은 주체의 의미 — 이 두 가지는 같은 것입니다 — 입니다. 그리고 이러한 의미는 근본적으로 진리를 능가합니다. 진리 자신은 사물 — 실존하고, 일어나고, 일어났던 사물 — 의 상태에 대한 그림에 불과합니다. 참된 것은 자연과학이며, 실존하는 사물의 상태를 정확히 묘사하는 언어적 그림입니다. 그리고 그것은 윤리적 행위의 의미에 비해서 그렇게 중요하지 않습니다.

이 문제가 매우 까다로운 방식으로 라캉의 뇌리에서 떠나지 않는다는 사실에 유념합시다. 비트겐슈타인에게 진리는 순수한 우연성입니다. 사물의 상태는 일어나거나 일어나지 않으며, 여기에는 어떠한 필연성도 없습니다. 그리고 진리는 일어나는 사물의 상태를 묘사하는 명제이기 때문에, 참된 것은 명제의 우연적인 지위를 갖는다는 점이 드러납니다. 그 결과 결국 비트겐슈타인에게 있어서 진리에 대한 의미의 우위 — 반철학적 공리 — 는 우연성에 대한 필연성의 우위의 어떤 형태가 될 것입니다. 우연성은 진리의 측면에 있는 반면, 참된 필연성은 행위의 측면에, 즉 세계의 의미 혹은 주체의 의미 — 이 둘은 같은 것입니다 — 의 측면에 있습니다.

어쨌든, 매우 다른 지적 여정에도 불구하고, 니체에게서 그리고 비트겐슈타인에게서 우리는 명백히 진리에 대한 의미의 적극적 우위를 발견할 수 있습니다. 심지어 특히 의미가 오직 행위로서만 실재적이며, 명제적 혹은 언어적 형태로는 접근 가능하지 않는 한에서 말입니다. 니체에게서 "세계의 역사를 둘로 쪼개는 것"으로 일컬어지는 행위 또한 명제의 차원에 있지 않습니다. 명제의 차원에 있는 것은 그에 대한 공표 혹은 그에 대해 예상되는 섬광입니다. 그것은 차라투스트라입니다. 그런데 차라투스트라는, 그 자신이 말하듯, 자기 자신의 선구자입니다. 따라서 그는 행위에 앞선 말하기의 차원에 속하며, 행위 자체는 선언이나 공표의 차원에 속하지 않습니다. 비트겐슈타인에게 그러하듯 니체에게도 진리는 의미를 생산하는 행위에 비해 제한적인 형상입니다. 니체에게 그것은 유형학적 형상, 즉 철학자나 사제의 형상입니다. 비트겐슈타인에게 그것은 과학적 형상, 즉 자연과학의 형상입니다. 행위의 보다 강렬하고 본질적인 형상은 늘 의미의 영역에 위치합니다.

그렇다면 라캉에게 이 문제는 어떻게 드러날까요? 그리고 그것은 어떻게 반철학에 연결될까요? 불행하게도 그것은 매우 복잡한, 극도로 복잡한 문제입니다. 여기서 재차 분석의 최초 틀을 마련하기 위해 사안을 단순화해봅시다.

우리는 초기 라캉에게 진리는 명백히 갈릴레이적이고 수학화된 과학의 이상향 아래 있다고, 나아가 거기서 진리는 중요한 인과적 기능을 갖는다고 말할 수 있습니다. 매우 거칠지만 틀리지 않은 공식인 진리는 주체의 원인입니다. 그리고 이 시점에 의미는 부분적으로 해임됩니다. 여러분이 이 첫 번째 시기와 관련해서 가장 참고할 만한 텍스트, 즉 《에크리》의 〈과학과 진리〉를 참고하면서 이 문제의 복잡한 쟁점들을 찾아내보십시오.

그 이후에 매우 눈에 띄는 움직임이 있고, 이를 두 번째 라캉이라고 말할 수 있습니다. 저는 여기서 진리는 오히려 가정된 지식과 전달 가능한 지식 사이에서 사라지는 위치에 있다고 말할 것을 제안합니다. 이 상황에서 의미는 어떻게 되는 것일까요? 두 번째 라캉에게서 우리는 의미와 진리의 이분법이라는 엄격한 틀을 통해 문제를 해결할 수 없다는 것이 난점입니다. 상황은 그런 식으로 돌아가지 않습니다. 왜 그럴까요? 의미는 지식에 대한 상관관계 안에서 다루어져야 하기 때문입니다. 우리는 세 부분으로 이루어져 있으며, 그 자체로 미완결적인 형상—그러나 우리가 진리, 의미, 지식으로 분할해야 하는 형상— 을 재발견합니다. 그리고 여기서 철학에 대한 식별 문제가 결정될 것입니다.

이 삼항적 형상으로 인해, 진리를 해임하는 고전적 반철학의 단순한 효과로 의미의 기능을 다루는 것은 가능하지 않습니다. 그렇다면 무엇이 무대의 전면에 등장하는 것일까요? 모든 것은 실재가 의미의 부재를 근거로 해서 부분적으로 정의 가능하다는 사실에 달려 있습니다. 우리는 이 문제가 얼마나 집요하게 주장되고 또 얼마나 어려운지 살펴볼 것입니다. 왜냐하면 실재가 의미의 부재를 근거로 해서 정의 가능하다면, 의미는 실재의 정의 안에 포함되기 때문입니다. 비록 부재의 양상으로, 즉 탈-의미ab-sens를 통해서라 하더라도 말입니다. 여기서 다음의 질문을 제기해야 합니다. 탈-의미란 무엇입니까? 그것은 많은 것에 해당합니다. 탈-의미는 의미가 요구할 수 있는 부재이며, 심지어 그것은 종종 의미 안에 있습니다. 탈-의미는 의미를 혹은 의미로부터 벗어나는 것입니다. 그리고 초기 라캉에게 탈-의미는 결여의 고전적 기능에 속한 어떤 것, 철회의 양상 안에 있는 의미에 충실한 어떤 것입니다.

여러분은 모든 것이 탈-의미ab-sens와 무-의미non-sens 간의 차이에 달려 있다는 점을 명확히 아실 수 있을 겁니다. 주기적으로 저는 여러분에게 라캉과 관련하여 이렇게 말씀드리겠습니다. 만약 우리가 이러저러한 점을 이해한다면, 우리는 모든 것을 이해하게 될 것이라고 말입니다. 그러므로 저는 여러분에게 재차 이렇게 말씀드리겠습니다. 우리가 탈-의미가 무-의미와 어떻게 다른지를 진정으로 이해한다면, 우리는 진정으로 실재를 이해하게 될 것입니다. 이것은 결코 사소하지 않습니다. 더욱이 라캉 자신에 따르면 실재는 모든 이해로부터 벗어납니다. 그러나 바로 그때 우리는 실재의 근원적인 이해 불가능성을 어디에 위치시켜야 할지 이해하게 될 것입니다.

저는 여러분에게 〈레투르디〉에서 취해진 몇몇 지표를 알려드리겠습니다. 저에게 흥미롭게 여겨지는 첫 번째 발언에서 라캉은 재차 프로이트의 실질적인 기여가 무엇이었는지에 대해 우리에게 말하고자 합니다. 이러한 발언은 셀 수 없이 변주되곤 합니다. 다만 여기서 그 발언은 아래와 같습니다.

> 프로이트는 우리로 하여금 탈-의미가 성을 지칭한다는 사실의 뒤를 쫓게 했습니다.

나아가 우리는 분석 담론 내부의 일반적 공식으로서의 실재, 즉 엄밀한 불가능성으로서의 실재가 이렇게 말해진다는 것을 알고 있습니다. **성관계는 없다**[Il n'y a pas de rapport sexuel]. 그렇다면 탈-의미가 지칭하는 **성**[sexe]이란 무엇일까요? 이 문제를 뒷받침하기 위해 라캉은 다음과 같은 적절한 혼성어를 만들어낼 것입니다. 그것은 탈-성적인 의미le sens ab-sexe입니다. 탈-의미는 성을 지칭하지만, 여기서 결국 실재 혹은 비-관계로서의 성은 탈-성적인 의미입니다. 그러므로 우리는 탈-의미가 무-의미가 아닌 까닭은 탈-의미가 탈-성적인 의미이기 때문에, 즉 탈-의미가 의미(비록 이것이 탈-의미로서의 의미라 할지라도)의 영역으로 불릴 수 있는 어떤 영역 안의 실재를 지칭하기 때문입니다. 이렇게 우리는 앞으로 나아가고 있습니다……. 왜냐하면 탈-의미로서의 의미가 또한 탈-성적인 것으로서의 의미이기 때문이며, 따라서 그것이 바로 실재입니다.

제가 우리 논의의 맥락인 지식과 의미의 문제를 놓쳤다고 생각하지 마십시오! 왜냐하면 다음과 같은 일 — 이 모든 것은 일관됩니다 — 이 있을 수 있기 때문입니다. 전달 가능한 지식, 우리는 실재가 그 유명한 전달 가능한 지식의 난관임을 알고 있는데, 그런 지식이 있다면(만약 지식이, 온전히 전달 가능한 지식이 있다면, 그리고 궁극적으로 수학소가 있다면), 설령 난관 속에서라 할지라도 그것은 실재에 대한 접촉이어야 합니다. 그리고 이 전달 가능한 지식은 탈-의미, 즉 탈-성적인 의미에 상관적이어야 합니다. 진리에 대해 말하자면 진리는 오히려 은폐, 탈은폐입니다. 무언가가 기원적으로 숨겨진 채로 남아 있는 한에서 말입니다.

매우 거칠게, 이를 다음과 같이 말할 수 있을 것입니다. 1) 수학소란 온전히 전달 가능한 것이다. 2) 진리는 오직 절반만 말해질 뿐이다. 그러므로 진리는 틀림없이 온전히 전달 가능하지 않습니다. 논리는 명확합니다. 그러므로 온전히 전달 가능한 지식은 진리와 본질적으로 접속되지 않습니다. 왜냐하면 진리는 드러내는 동시에 숨기고, 본질적인 절반의 말하기를 통해 유지되고, 많은 것을 할 수 있지만 분명 온전히 전달될 수 없는 운동이기 때문입니다. 그렇다면 우리는 아마도 이렇게 주장할 수 있을 겁니다. 만약 여기서 관건이 지식이라면, 이 지식은 탈-의미라는 실재에 대한 의미의 기능과 구성적으로 연결되어 있어야 합니다. 그리고 탈-의미는 탈-성적인 의미와 같습니다. 그럼에도 불구하고 우리는 탈-성적인 의미가 실재적인 의미를 뜻함을, 실재란 '성관계가 없다'는 것임을, 그것이 탈-성적인 것ab-sexe 자체임을 이해해야 합니다. 이것이 제가 보기에 이 문제에 관한 한 라캉이 진리와 관련하여 혹은 진리에는 탈은폐-은폐의 본질적 작용이 있다는 사실, 진리는 언제나 그것이 숨기는 것 자체에 가까이 있다는 사실과 관련하여 하이데거 주변을 맴도는 반면, 탈-성적인 의미에 상관적인 지식, 즉 수학소라는 온전히 전달 가능한 지식 쪽에서는 결코 이러한 점이 주장될 수 없는 이유입니다.

여기서 논의하고 있는 것을 예시하는 〈레투르디〉의 한 구절을 인용해보겠습니다.

> 저는 의미로 되돌아가겠습니다. 분석가에게는 일상적인 원천에 해당하는 것을 인식하는 것이 철학 — 분석가가 부재한 곳에서 가장 앞장섬으로써 철학의 명예를 구한 제일 마지막 철학 — 에게는 얼마나 어려운 일인지를 여러분에게 상기시켜드리기 위해서 말입니다. 무無는 드러내는 만큼 숨깁니다. 그것이 진리, 즉 탈은폐=은거aletheia=verborgenheit입니다. 그러므로 저는 이러한

말하기의 부성성fraternité을 부인하지 않습니다. 왜냐하면 저는 어떠한 실천으로부터 그것을 반복하고 있을 뿐이기 때문입니다. 그 실천은 또 다른 담론에 근거해서 그것을 이론의 여지가 없는 것으로 만듭니다.

여기서 라캉은 우리에게 무엇을 말하고 있습니까? 그는 우리에게 철학은, 의미의 문제 이면에서, 진리가 숨기는 것임을, 심지어 진리란 드러내는 만큼 숨기는 무無라는 사실을 인식하기를 어려워한다고 말합니다. 지나가는 김에 지적하자면, 여기서 라캉은 하이데거에 대한 준거를 유지하고 있고, 이 경우는 비교적 늦은 시기(1972)에 해당합니다. 하이데거는 여전히 철학, **분석가가 부재한 곳에서 가장 앞장섬으로써 철학의 명예를 구한 제일 마지막 철학**입니다. 분석가 자신은 일상적인 실천을 통해서 의미에 관한 탈-성적인 것을 만나고, 진리란 드러내는 만큼이나 숨기는 것이라는 점을 경험합니다. 하이데거는 이 점과 관련해서 가장 앞선 곳에 위치한 유일한 철학자입니다. 우리는 이 점을 기억해두어야 하지 않을까요? 그는 매우 어렵게 철학의 명예를 구합니다. 이러한 테마는 매우 라캉적입니다. 즉 분석가에게는 일상적인 고통에 속한 것들이지만, 철학에게는 그에 관해 아주 약간의 것을 얻는 데 이르기 위해 무한한 노력이 필요합니다. 우리 철학자들은 어떤 분석가도 자신의 직접적인 경험을 통해 바라보는 것을 위해 매우 힘들게 노력하는 것입니다. 저는 이것이 진실인지 잘 모르겠습니다만, 어쨌든 좋습니다.

하이데거 주변을 맴도는 것을 넘어서서 여러분은 라캉적인 배치가 어떤 것인지 알 수 있을 겁니다.

우선 지식과 의미의 접속이 있습니다. 관건이 정말로 지식이라면, 그것이 탈-성적인 것으로서 말해지는 것은 실재의 측면에서입니다. 그리고 이러한 상관관계는 탈-의미란 이름을 갖습니다.

그다음으로 의미와 진리의 상관관계는 물러남과 드러남의 관점에서 말해질 것입니다.

마지막으로 우리는 이렇게 가정해야 합니다(비록 이것이 매우 모험적인 가설일지라도 저는 그것을 임시로 제기하겠습니다). 철학은 의미와 진리라는 장치 안에 남아 있으며, 라캉적인 의미에서의 지식을 포함하지 않음으로써 탈-의미, 즉 실재를 놓치고 맙니다.

이것은 철학의 식별에 관한 함의에 있어서 긴장이 가득한 가설입니다. 그런데 만약 그것이 정당화된다면, 라캉의 문제는 진리가 없는 의미의 문제가 아니라는 점이 드러납니다. 라캉이 철학에 적극적으로 반대하는 것은 그 때문이 아닙니다. 문제는 철학이 의미와 진리의 관계에 남아 있는 것으로 정의되는 반면, 여기서 실재란 무엇인지가 말해지는 것은 지식의 관점에서라는 점입니다. 그리고 분석적 상황의 요청 아래에서 파악되는 실재는 성관계의 불가능성이라는 내용을 갖고 있습니다. 따라서 라캉이 탈-의미라는 범주에 대비시키는 핵심 범주는 진리가 아니라 철학이 조작하는 의미와 진리의 쌍입니다. 철학이 오직 숨김과 드러냄의 기능만을 발견할 뿐인 의미와 진리에 대해(심지어 하이데거처럼, 철학이 아주 열심히 작업을 해냈을 때에도), 철학이 의미와 진리의 쌍 안에 갇혀 있는 사실에 대해, 정신분석은 라캉에 따를 때 그 두 가지 용어의 위계의 전복이나 어느 하나의 우위를 통해서가 아니라 지식, 즉 실재의 측면에서의 탈중심화 excentrement — 탈 - 의미라는 범주 아래에서 이루어지는 — 를 대비시킵니다. 그리고 탈 - 의미는 결코 무 - 의미와 같지 않은 것으로 사유되어야 합니다.

제가 보기에 라캉적 장치가 갖는 합리성의 상당 부분은, 이로 인해 그것은 스스로를 어떤 비합리적 직관의 장치가 아니가 사유와 이성의 장치로 제시하는데, 탈 - 의미라는 범주가 합리적 성격을 갖고 있는가에 달려 있습니다. 이것이 제가 그것에 부과할 시험 프로그램입니다. 여러분은 그 이유를 쉽게 알 수 있을 겁니다. 모든 비합리주의는 이러저러한 방식으로 무 - 의미라는 범주를 정교화합니다. 그런데 라캉에게 문제는 그것이 아닙니다. 왜냐하면 모든 것은 무 - 의미와 탈 - 의미 간의, 보다 정확히 말해 무 - 의미와 탈 - 성적인 의미 간의 근본적인 격차에 달려 있기 때문입니다. 탈 - 의미는, 그것이 성적 비관계를 명명하는 한에서, 탈 - 성적인 의미와 다르지 않고, 탈 - 성적인 의미는 결코 어떤 무 - 의미가 아닙니다.

이러한 합리성의 형상은 라캉적 장치 전부에서 결정적인 것으로 드러납니다. 특히 우리가 앞으로 살펴볼 것처럼, 분석 행위가 탈 - 성적인 의미에 관한, 따라서 탈 - 의미ab-sens — 이것은 결국 부재absence에 근거합니다 — 에 관한 전달 가능한 지식의 생산에 놓여 있음이 알려질 때 말입니다. 행위가 성과 관련해서 부재했던 것을 드러낸다는 사실이 바로 모든 분석 치료가 우리에게 보여주는 것입니다. 그것은 바로 이런 점에서 원元과학적입니다. 프로이트가 우리로 하여금, 라캉이 쓰듯, **탈 - 의미가 성을 지칭한다는 사실의 뒤를 쫓게** 한 것은 바로 과학의 이상향 아래에서입니다.

그렇다면 라캉 반철학은 우리에게 의미 — 침묵 속에 있는 것이든 말할 수 있는 것이든 간에 — 를 드러내며, 진리의 제한적이고 추상적인 공간에 대한 의미의 근본적인 우위를 정립하는 실존적 행위의 또 다른 반복이 아닙니다. 그것은 행위를 통해 의미와 진리의 단순한 대립을 저지합니다. 지식을 통해서만 검사 가능한 탈-의미나 탈-성적인 의미의 공간을 위해서 말입니다.

만약 제 말이 맞는다면, 저는 여러분에게 제가 말씀드리고자 했던 것과 조금 다른 것을 말씀드리고 있습니다만, 여러분은 통과passe✦의 문제가 갖는 커다란 중요성을 이해할 수 있을 겁니다. 저는 통과에 관해 말씀드리고자 합니다. 왜냐하면 그것이 우리로 하여금 철학으로 되돌아가게 해줄 것이기 때문입니다. 통과란 무엇입니까? 통과는 분석이 일어났음을 입증하는 데 있는 장치입니다. 분석이 일어났음이 입증되는 한, 분명 우리는 분석가가 있었다고 말할 자격이 있을 것입니다. 그러나 통과가 진행되는 것은 이런 방향에서가 아닙니다. 우리는 분석가가 있기 때문에 분석이 있다고 말하기 위해서 분석가가 있음을 입증하지 않습니다. 이것은 시카고 사람들의 절차, 양키들의 국제 협회의 절차입니다! 그 반대로 처음부터 시카고에 투쟁해왔던 라캉의 입장은 분석이 일어났음을 보여주기를 시도하는 것이며, 분석이 일어났던 한에서, 그 이후에 우리는 이러한 분석의 일어남 안에 관련된 분석가가 학파 분석가analyste de l'École라고 말할 것입니다. 저는 그런 인정을 받는 것이 분석가에게 무슨 소용이 있는지 모르겠습니다만, 그것은 누군가가 분석이 일어났다고, 따라서 분석가가 있었다고 말하게 될 것임을 뜻합니다.

그렇다면 우리는 실제로 분석이 있었다는 것을 어떻게 점검할 수 있을까요? 그것은 전적으로 전달 가능성이라는 아이디어에 달려 있을 것입니다. 어떤 이가 다른 이에게 분석적 치료에서 일어났던 것을 이야기하고 나면, 그 다른 이는 그것을 제삼자에게 이야기할 것입니다. 기술적인 세부 사항으로 들어감 없이 여러분은 바로 다음의 원칙을 알 수 있을 겁니다. 누군가가 또 다른 이에게 일어난 것을 이야기하고, 또 다른 이가 어떤 제삼자에게 그것을 이야기하고, 제삼자가 '네, 알겠습니다!'라고 말합니다. 전달 가능성을 입증하기 위해서는 전달의 두 단계가 필요합니다. 이것은 매우 합리적입니다. 왜냐하면 어떤 이가 다른 이에게 어떤 일이 일어났다고 이야기한다면, 최소한의 전달이 있었는지 전혀 확실치 않습니다. 진정으로 어떤 전달이 일어났음을 알기 위해서는 두 번째 인물이 제삼자에게 그것을 이야기해야 합니다. 그리고 제삼자, 실제로는 심사위원회를 구성하는 제삼자들은 이렇게 말합니다. '자, 여기서 분석이 일어났습니다!'

제가 보기에 이 절차에서 흥미로운 점은 두 가지입니다.

첫째, 여기에는 통상적인 뜻에서 과학적 절차와의 경험적인 연결성이 있습니다. 과학에서 어떤 이가 무언가를 발견했음을 주장할

✦ 라캉이 1964년 설립한 파리 프로이트학파(École freudienne de Paris)에서 수련생이 '학파 분석가'가 되기 위해 어떤 점에서 자신에게 분석이 일어났는지 스스로 증명하는 절차를 가리킨다.

때 (비록 그것이 하나의 수학적 증명에 관련된다 하더라도) 어떻게 정말로 수학적인 것이 있었음이 입증될까요? 그 증명을 또 다른 이 혹은 다른 사람들에게 보여주어야 합니다. 그리고 그것은 다수의 타인들이 그것을 또 다른 이들에게 이야기할 수 있을 때 진정으로 입증될 것입니다. 이는 확실합니다. 세 단계는 늘 과학적 입증의 단계입니다. 왜냐하면 그것은 전달 가능성을 증언하는 단계이기 때문입니다. 과학과 관련해서 우리는 온전한 전달 가능성의 형상이 있음을 받아들일 수 있습니다. 전달 가능성의 형상은 무언가를 발견했다고 생각하는 사람이 자신의 발견을 학술지에서 논문 검토자라 불리는 이들에게 제출하고, 검토자가 최종 판단 앞에서 그것을 보증하며, 대개 최종 판단은 가능한 한 너무 많은 헛소리를 출간하지는 않으려고 하는 과학 학술지의 편집위원회가 맡고 있다는 사실에 의해 입증됩니다. 좋습니다. 그러므로 이 절차는 필요합니다. 우리는 그것을 통과해야 하고, 우리는 늘 그것을 세 단계로 통과해야 합니다. 이것이 바로 통과가 행위에 관한 라캉적 개념화가 가진 원과학적인 성격에 대한 확증인 이유입니다. '분석이 일어났다il y a de l'analyse'를 점검하는 제도적 형태는 과학적 발견의 전달 가능성 모델에 근거해 있고, 이 모델은 과학자로 구성된 세계에서 발견의 유효성에 대한 시험이라는 가치를 갖습니다.

저에게 더욱 흥미로워 보이는 두 번째 점은 다음과 같습니다. 분석적 행위가 있는 한에서만 진정으로 분석이 있을 수 있습니다. 왜냐하면 반철학적 유형의 모든 사유에는 행위의 궁극적 주권이 발견되기 때문입니다. 그러므로 만약 '분석이 일어났다'의 증거가 점검되는 전달 가능성의 차원에 전적으로 속한다면, 이것은 바로 지식 외에는 행위에 대한 증명이 없음을 뜻합니다. 실제로 통과에서 관건은 바로 전달 가능한 지식이며, 오직 그것뿐입니다. 그렇다면 우리는 분석적 행위란, 분석의 실재로서, 행위를 지탱하고 행위가 인준하는 전달 가능한 지식의 생산에 의해서만 입증된다고 주장해야 할 것입니다.

여러분은 여기서 우리가 모든 반철학에서 본질적인 어떤 문제에 매우 접근해 있음을 알 수 있을 겁니다. 그것은 행위가 말할 수 없는 성격을 갖는지에 관련됩니다. 행위에는 말할 수 없는 것으로 남아 있는 무언가가 있을까요? 행위는 모든 언어적 규약을 중단시키는 걸까요? 행위는 비트겐슈타인에게, 파스칼에게("기쁨, 기쁨의 눈물"), 그리고 실제로 모든 반철학적 전통에서 그런 것처럼, 본질적으로 침묵 속에 있을까요? 이 점에 관한 라캉의 입장은 재차 매우 놀랍고, 새롭고, 여하튼 독특한 것입니다.

한편으로 행위는 행위입니다. 그것은 그 자체로 명제를 통해서는 현시될 수 없습니다. 이 점은 확실합니다. 달리 말해 행위는 어떤 장소에서 일어났고, 그 장소는 카우치입니다. 신[divin]을 카우치[divan]로 대체한 것은 저에게 늘 인상적이었습니다. 왜냐하면 비트겐슈타인에게 행위의 장소는 신적인 것이기 때문입니다.

(방 안의 누군가가 반론을 제기한다.) "아닙니다, 행위의 장소는 안락의자입니다."

안락의자군요! 안락의자와 카우치라는 두 가지 장소가 있음에

유의하십시오. 행위는 앉은 상태에서 일어날까요, 누운 상태에서 일어날까요? 행위에는 두 가지 장소가, 두 가지 가능한 위치가 있습니다. 어쨌든 행위는 그것의 장소에서 일어납니다. 좋습니다. 이런 점에서 그것은 실재적 행위로서 명제의 윤곽 안에 있지 않아야 합니다. 그러나 행위는 지식의 형상을 통해서만 입증됩니다. 여기서 우리는 매우 새로운 어떤 것과 마주합니다. 그것은 다음과 같이 요약될 수 있습니다. 분석 행위는 오직 지식으로서만 입증됩니다. 진리로서 입증되는 것이 아닙니다. 왜냐하면 만약 통과가 그 어떤 진리라도 입증되기를 허락한다면 큰일입니다! 지식은 얼마든지 관련되지만 진리는 관련되지 않습니다. 그리고 이는 결국 탈-의미에 닿는 것이 지식이기 때문입니다. 게다가 통과는 부재를 조직합니다. 왜냐하면 일련의 전달 과정이 진행됨에 따라 최초의 주인공은 사라지기 때문입니다. 결국 모든 것은 당사자의 부재 속에서, 통과를 통과하는 사람의 부재 속에서 판단됩니다. 다행히도 분석가가 되려는 후보자는 피고가 아닙니다. 만약 그가 피고라면, 우리는 이렇게 말할 수 있을 것입니다. 그것이 바로 피고에게 모든 방어권이 부재한 상태에서 판결이 이루어지는 법정의 완벽한 실례라고 말입니다. 그러나 그는 피고가 아닙니다. 그는…… 그는 지원자입니다! 그리고 모든 문제가 거기에 있습니다. 그는 어느 정도로 지원자일까요? 그는 정녕 지원자일까요? 그러나 결국…… 모든 것이 그의 부재 속에서 판단된다는 사실은 그대로 남아 있습니다. 저는 이러한 "부재 속에서"가, 여기서 문제는 탈-의미, 즉 탈-성적인 의미이며, 이러한 의미와 관련해서 온전하게 전달 가능한 지식이 있을 수 있다는 사실에 대한 거의 연극적인 은유라고 생각합니다. 그리고 전달에 대한 입증은 통과의 규약 자체에 해당하며, 그것은 행위로 하여금 지식과 탈-의미로서의 의미 간의 독특한 상관관계에 의존하게 만들 것입니다. 이것이 바로 부재의 사건을 경험했던 것이 누구든지 간에 판단이 그 인물의 부재 속에서 이루어져야 하는 이유입니다.

하지만 여러분은 제게 이렇게 말할지도 모릅니다. 이 모든 것에서 철학은 어떻게 되는 겁니까? 철학은 통과하지 못하는 것에 해당합니다. 라캉은 이 점을 깊이 확신하고 있었습니다. 심지어 저는 어떤 통과의 잔해는 전적으로 철학적인 것임에 틀림없다고 말할 것입니다. 통과의 잔해를 살펴보면(그 잔해는 매우 흥미로울 것입니다. 언젠가 제게 통과의 쓰레기통을 보여주십시오), 그것은 철학으로 가득 차 있을 것입니다. 철학은 통과하지 못합니다! 치료의 철학적 측면은 어째서 통과하지 못할까요? 왜냐하면 그것은 해석학적이고, 진부한 번역, 잡다한 감언이설, 해로운 전체화, 자기중심적 코기토 안에서의 자의식, 거짓된 절대적 지식, 결코 자기 자신을 내려놓지 않는 주인의 영예로운 심급 등등이기 때문입니다. 이 모든 것은 무엇일까요? 결국, 그것이 철학입니다! 이런 점에서 치료는 철학적 토론이 일어나는 유쾌한 회기일 수 있습니다. 그러나 라캉은 어쨌든 그것이 통과하지 않기를 바랐습니다. 이것은 학설상의 이유, 즉 심사위원들이 그게 아니라고, 그건 분석이 아니라고 말하기 때문이 아닙니다. 철학이 통과하지 못하는 까닭은 그것의 존재 자체가 지식을 통과하지 못하고, 기껏해야 의미와 진리의 이분법에 갇혀 있기 때문입니다. 기껏해야 의미와 진리의 이분법에 말입니다! 그것은 의미의 끔찍한 다발일 수밖에 없으며, 기껏해야 의미와 진리의 쌍 안에 남아 있습니다. 그것은 그러한 쌍 안에 있기 때문에 통과하지 못합니다. 결국 우리는 통과 규정이 반철학의 궁극적 표현, 반철학의 실천적 조직화라고 말할 수 있을 것입니다.

비트겐슈타인에게도 철학의 쓰레기를 탐지하고 분류하기 위한 반철학적 장치를 구축하려는 시도가 있었습니다. 그것은 문법적 장치였습니다. 사람들은 문장이 의미를 갖는지 그렇지 않은지를 살펴보았습니다. 만약 문장이 의미를 갖는다면, 만족스럽게도 그것은 과학적인 것이었습니다. 만약 문장이 의미를 갖지 않는다면, 그것은 철학적인 것이었습니다. 사람들은 이런 식으로 분류했던 것입니다. 그러나 이것은 결코 통과 장치와 같은 가치를 갖지 못합니다. 문법적 장치는 시시하고 사행적인 장치입니다. 결국 그 누구도 어떤 문장이 의미를 갖는지 여부를 정확히 알 수 없습니다. 반면 통과에서는 그렇지 않습니다. 원리적으로 철학은 단순히 통과하지 못합니다. 여기에는 외부적인 기준이 필요하지 않습니다. 철학은 통과하지 못해야 합니다. 그러므로 통과는 반철학이 조직화된 궁극적 형식일 것입니다.

따라서 우리는 다음 질문을 제기할 수 있습니다. 왜 정신분석의 장에서, 더 구체적으로 말해 정신분석의 라캉적 형식 안에서 마침내 진지한 반철학적 장치가, 철학의 쓰레기를 분류하는 기계가 만들어진 걸까요? 더욱이 저는 라캉이 통과에 대해 매우 기계적인 관념을 갖고 있었다고 확신합니다. 그것은 다른 사람들의 재능이나 선의에 전혀 의존할 필요가 없습니다. 설령 통과자나 심사위원에게 별다른 재능이 없다 하더라도, 비록 그들이 실제로는 멍청하다 하더라도, 그것은 작동할 것입니다! 그것이 요점이었습니다. 여러분은 통과가 사람들의 재능에 달려 있다면 모든 것이 끝장났음을 이해하실 수 있을 겁니다. 거기에는 전달 가능성의 어떤 증거도 없습니다. 물론 약간의 능력은 필요합니다. 우리는 수학적인 명제를 수학을 전혀 해보지 않은 사람에게 제출할 수는 없습니다. 그러나 원리상 통과에는 어리석은 무언가가 있습니다. 왜냐하면 우리는 어떤 것이 통과하는지 아닌지 그저 지켜보기만 하면 되기 때문입니다. 그러므로 그것은 기계적인 절차입니다. 그리고 제가 장치를 말하는 것은 바로 이러한 의미에서입니다. 그것은 하나의 반철학적 장치입니다. 왜냐하면 제가 보기에 통과하지 못하는 찌꺼기, 이러저러한 수다, 훌륭한 해석, 근사하고 새로운 개념, 정교한 심리학적 설명, 분석가의 태도 및 기만, 이 모든 것이 철학적이기 때문입니다.

바로 여기에 라캉 반철학과 다른 반철학자들의 반철학 사이의 결정적인 차이점이 있습니다. 저는 그것이 '역사적' 차이점이라고 말씀드리겠습니다. 왜냐하면 그것은 역사에, 정신분석의 토대에, 프로이트로의 회귀가 갖는 영속적인 필연성에 관련되기 때문입니다. 어째서 정신분석의 역사에서 '프로이트로의 회귀'는 반복되는 슬로건일까요? 실제로 우리는 이러저러한 시점에 늘 프로이트로 회귀해야 하는데, 이는 정신분석에서 일어나는 일이 과학에서 일어나는 일과 같지 않음을 보여줍니다. 과학에서 여러분은 과학사를 연구할 수 있지만, 오래전에 통합된 유클리드로의 회귀에 대한 슬로건은 필요하지 않습니다. 그렇다면 왜 프로이트로 회귀해야 할까요? 여러분은 제게 정신분석은 과학이 아니라고(네, 저도 동의합니다!) 말할지도 모르지만, 우리에게 관심이 가는 특정한 영역, 즉 지식 생산으로서의 정신분석의 영역에서는 왜 토대로의 주기적인 회귀가 있어야 하는지 질문하는 것은 매우 중요합니다. 글쎄요, 토대로의 회귀가 필요한 것은 라캉 반철학과 이전 반철학 간의 중대한 차이가 다음과 같은 사실에 있기 때문입니다. 라캉 반철학은 자기 고유의 행위가 일어났음을 단언할 수 있는 최초의 반철학입니다. 여기에 니체적 행위 혹은 비트겐슈타인적 행위와의 결정적인 차이점이 있습니다. 그 두 행위는 강령적입니다. 그들은 행위의 조건, 한계, 가장자리, 경계를 제시했지만, 행위가 일어났다고 선언할 수는 없었습니다. 반면에 창시자 프로이트가 증명하듯 정신분석적 행위에 관한 어떤 것은 일어났습니다. 프로이트는 〈다섯 가지 분석 사례Cinq psychanalyses〉를 썼고 그 사례들을 통과의 영원한 심사위원회 앞에서, 즉 모든 정신분석가 앞에서 예외 없이 통과시켰습니다. 이것은 끊임없는 새로운 행위를 위한 새로운 장소가 필요하지 않다는 것을 뜻하지 않습니다. 그러나 분석 행위가 일어났다는 증거가 거기에 있고, 모든 사람이 그것에 접근할 수 있습니다. 따라서 분석 행위는 어떤 강령이 아닙니다. 정신분석은 강령적인 반철학이 아닙니다. 그것은 언제나 자신의 행위를 논거로 내세울 수 있는 반철학입니다. 적어도 프로이트적 토대의 차원에서 말입니다. 즉 무언가가 거기에서 일어났습니다. 달리 말해, 분석이 있었습니다. 영원토록.

그러나 그 어떤 것도 이러한 **일어났음**avoir-eu-lieu에 저항할 수 없습니다. 아마도 더 이상 분석 같은 것은 없었는지도 모릅니다. 어떤 시점에 라캉은 이와 비슷한 말을 한 적이 있습니다. 즉 프로이트 시기에는 분석이 있었고, 그 이후로 라캉 자신이 나타날 때까지 실제로 분석은 없었다는 것입니다. 어떤 분석도 없었거나, 아주 약간의 분석이 극히 혼란스러운 방식으로 있었다는 것입니다. 어쨌든 프로이트적 토대에서는 분석이 확실히 있었습니다. 그렇다면 다음과 같은 질문이 제기됩니다. 어떤 반철학이 행위가 일어났다는 확신에 의거할 때 무엇이 변화할까요? 반철학이 더 이상 강령적인 반철학이 아닐 때 그것의 내부 장치에서는 무엇이 변화할까요? 반철학이 더 이상 행위의 강령이 아니고, 행위를 약속하며, 행위 가능성의 문맥을 검토할 때 말입니다. 저는 그것이 지식에 대한 반철학의 관계를 변화시킨다고 생각합니다. 만약 행위가 일어났다면, 그것은 지식 안에서 확증되어야 합니다. 만약 행위가 일어나지 않았다면, 그것은 모든 지식 너머에 있습니다. 두 번째 상황은 다른 반철학자들의 경우에 명백히 드러납니다. 그들은 이러저러한 방식으로 예언가이고 신비주의자입니다. 그 결과, 변화하는 것 — 이것이 사실이라면 그것은 중대한 변형입니다 — 은 다음과 같습니다. 실제로 행위는 더 이상 초월적이지 않습니다. 이전의 모든 반철학자에게 행위가 불가피하게 초월적이었던 것과 달리 말입니다. 파스칼에서 시작해서 루소와 키르케고르를 거쳐 비트겐슈타인에 이르는 반철학자들에게는 언제나 행위 안에 초월성의 접촉이 있습니다. 행위가 강령적인 한에서, 행위는 지식의 탐지 가능하거나 식별 가능한 형상 바깥에, 따라서 장차 도래할 위치에,

너머의 위치에 있기 때문입니다. 그러나 행위가 일어났다면, 행위는 더 이상 초월적이지 않습니다. 왜냐하면 그것은 지식 자체를 통해, 지식의 생산을 통해 해독 가능해야 하기 때문입니다. 그것은 통과해야 하고, 강력한 역사적 통과 안에서 그 자체로 인식될 수 있어야 합니다. 이것이 바로 제가 라캉이 최초의 내재적 반철학을 정교화했다고, 따라서 그것은 최후의 반철학이라고 말하는 이유입니다. 왜냐하면 설령 그것이 실재적이라 하더라도 그것은 지식으로서 입증되어야 하기 때문입니다.

따라서 우리는 두 가지 심각한 문제를 다루어야 합니다.

첫 번째 문제는 다음과 같습니다. 무엇이, 비록 단 한 번이라 하더라도, 행위가 일어났다는 것을 증언합니까? 이는 결국 다음의 질문과 같습니다. 프로이트는 무엇입니까? 이 질문은 정신분석 내부에 있는 질문이며, 역사적 질문이 아닙니다. 여러분은 그 이유를 알 수 있을 겁니다. 문제는 다음과 같습니다. 프로이트와 더불어 무엇이 일어났습니까? 무언가가 일어났다면, 그것은 무엇입니까? 사실 이 질문은 행위 주변을 맴돕니다. 물론 프로이트는 새로운 이론, 새로운 가설을 만들었습니다. 그러나 새로운 이론과 가설을 만들 때 프로이트는 결코 혼자가 아니었고, 최초도 아니었습니다. 관건은 더욱 중대한 것입니다. 관건은 행위입니다. 어떤 행위 — 프로이트는 이 행위의 일반명사입니다 — 가 일어났습니까? 특히 우리의 관심을 끄는 문제는 이것입니다. 철학과 관련해서 그것은 어떤 행위입니까? 혹은 프로이트가 철학 안에서 중단시킨 것은 무엇입니까? 니체식으로 말하자면 프로이트는 철학의 역사를 두 부분으로 조각냈습니까? 이것이 첫 번째 문제입니다. 프로이트, 프로이트로의 회귀, 프로이트는 누구였는지, 프로이트의 자기 분석 문제가 정신분석의 역사에 관한 특수한 문제가 아니라는 사실은 필연적입니다. 왜냐하면 그것은 그 반대로 정신분석 자체에 있어서 결정적이기 때문입니다. 나아가 정신분석에 대한 모든 공격은 프로이트가 사기꾼이었고 행위의 의미에서 아무것도 하지 않았다는 것으로 귀결됩니다. 이것이 정신분석이 언제나 프로이트에 대한 재검토를 요청하는 이유이며, 프로이트로의 회귀의 필연성이 늘 존재하게 될 이유입니다.

두 번째 문제는 다음과 같습니다. 탈-의미는 실제로 전달 가능한 지식이 근거할 수 있는 어떤 것입니까? 탈-의미 혹은 탈-성적인 의미는 합리적인 범주입니까? 그것은 진정으로 의미, 진리와의 삼각관계 안에서 전달 가능한 무엇입니까? 여러분은 이 두 가지 문제가 명백히 연결되어 있음을 알 수 있을 겁니다. 프로이트는 무언가를 개방했으며, 이 개방은 어떤 행위의 실존 자체입니다. 그리고 이 행위에 대해 우리 모두는 그것이 사유의 효과 안에서의 성에 닿아 있음을 알고 있습니다. 그 행위는 탈-의미가 성을 지칭하며, 그 결과 주체의 실재적 지점, 전달 가능한 지식이 근거할 수 있는 실재적 지점이 발견된다는 사실로 귀결됩니다. 따라서 우리는, 프로이트가 단언하듯 독특한 주체에 대한 진정한 지식을 얻게 될 것입니다.

이 점과 관련해서 우리는 완전히 새로운 용어를 통해 철학을 시험해볼 수 있습니다. 첫째, 철학은 탈-의미의 영역을 알지 못하고, 의미와 무-의미의 대립에 갇혀 있습니다. 둘째, 탈-의미를 알지 못하는 철학은 실재 안에서의 지식이라는 입장에 도달할 수 있습니다. 셋째, 철학은 의미와 진리가 서로를 거울 속에서 비추게 할 수밖에 없으며, 여기서 철학은 반영적으로 정체되어 있습니다. 사변적인 것[le spéculatif]이란 반영적인 것[le spéculaire]입니다.

이것이 철학이 무언가를 막고 또 무언가에 막혀 있는 이유입니다. 이것이 철학이 사랑을 통해, 진리에 대한 사랑을 통해 그러한 곤경에서 빠져나올 수 있다고 믿는 이유입니다.

이러한 냉정한 결론들은 우리 철학자들이 아무런 말도 하지 못하도록 만드는 걸까요? 다음 시간에 이 점에 대해 살펴보겠습니다.

4강

1995년 1월 11일

(누군가 발언권을 얻어 다음과 같이 요약될 수 있는 질문을 한다.) 정신분석은 과거에 일어난 정초적인 사건, 즉 프로이트의 도래로 발생한 지식으로 인해 의미와 진리가 분리되는 지점에 놓여 있다. 그것은 철학이 아니다. 그것은 반철학인가? 아니면 오히려 종교, 좀 더 정확히 말해 그저 두 번째 구원자의 도래를 고지하는 계시종교인가?

질문자의 질문에는 두 가지 측면이 있습니다. 사실 그것은 질문이 아니라 입장 표명입니다.

첫 번째 측면은 다음과 같습니다. 저를 포함한 우리가, 비록 그것이 지식에 관한 것이 아니라 최소한 지식이 진리에 접속되는 고유한 방식에 관한 것이라 하더라도, 어떤 것이 사건에 근거해 있다고 상정할 때, 기독교의 형상 — 특히 바울적 기독교의 형상 말입니다. 기독교를 두 번째로 정초한 것은 실제로 성 바울입니다 — 이 마치 하나의 패러다임처럼 출현하는 것은 분명합니다. 우리는 이 문제 — 저는 《존재와 사건》에서 파스칼과 관련해서 이 문제를 건드렸다고 생각합니다만 — 를 고려하지 않을 수 없습니다. 아마도 언젠가 저는 공개적으로 성 바울의 문제를 매듭지어야 할 것 같습니다. 기독교 패러다임의 이러한 잔류는 명백히 두 가지 방식으로 해석될 수 있습니다. 여러분은 그것이 유일하게 진정한 사건이며, 모든 다른 사건의 형상은 하위의 것이라고 말할 수 있습니다. 이는 오직 신에 관한 사건만 있다는 말과 같습니다. 혹은 그저 다음과 같은 명백한 사실을 말할 수 있습니다. 진리와 사건 간의 어떤 유대가 사물들이 드러나는 최초의 차원, 즉 우화의 차원에서 인류의 의식에 떠올랐습니다. 이 경우에는 그리스도의 부활 우화입니다. 이것은 그 패러다임의 형식적 중요성을 조금도 감소시키지 않지만, 그렇다고 우화적인 사건이 실제로 일어났는지에 관해 입장을 취할 것을 강제하지도 않습니다.

여기서 우리는 질문자가 제기한 질문의 두 번째 측면을 다룰 수 있습니다. 모든 진리 장치dispositif de vérité에서 그러하듯, 정신분석 자체와 관련하여, 사건의 할당이 필요합니다. 만약 진리 장치란 것이 있다면 말입니다. 그리고 사건의 할당이 있다는 사실 자체는 우리가 질문의 첫 번째 부분에 제공할 답변에 따라 평가될 것입니다. 만약 우리가 실제로 유일하게 탁월한 사건, 사건적인 초월성 자체의 도래에 해당하는 사건이 있다고 생각한다면(이것이 바로 그리스도의 도래, 죽음, 부활이 갖는 위상입니다), 그것이 무엇이든 간에 다른 모든 사건은 그것에 대한 하위의 복사물 혹은 이미지입니다. 역으로 우리가 종교의 역사에는 사건의 사유 가능성이 픽션 속에서 도래하는 것밖에 없다고 생각한다면, 정신분석이 사건적인 기원으로부터 유래한다고 정신분석을 특별히 비난할 필요가 없습니다. 왜냐하면 그것은 모든 진리 절차에 들어맞기 때문입니다. 가령 칸트 자신이 《순수이성비판 *Kritik der reinen Vernunft*》에서 수학의 실존에 대해 질문을 제기할 때, 즉각 칸트는 이를 사건적인 용어로 해석한다는 점을 상기합시다. 수학의 창조는 "인간 단 한 명의 천재성"에 기인하며, 칸트에게 그 인물의 이름은 탈레스입니다.

일반적으로 우리는 모든 진리 절차는 어떤 사건에 할당 가능하다고 주장할 수 있을 것입니다. 물론 이 경우 우리는 사건의 환원 불가능한 다수성을 받아들여야 할 것입니다. 어떤 전형적인 사건이 있고, 그에 대해 독특한 사건들이 유비를 이루는 것이 아닙니다. 프로이트에 의한 정신분석의 정초 및 그 정초와 라캉 반철학 간의 연관성 문제를 잠시 제쳐두자면, 결국 근본적인 문제는 이것입니다. 사건의 출현을 진리 절차에 연결하는 형상 안에는 어떤 전형적인 사건이 있습니까, 없습니까? 그 본질에 있어서 사건이 무엇인지를 결정적으로 고정시키는 사건, 즉 대문자 사건[Événement]이 있습니까? 기독교의 위대한 힘은 이 질문을 자기 장치의 핵심으로 설정했다는 데, 즉 대문자 사건이 있다고 선언했던 데 있습니다. 물론 다른 사건들이 있을 수 있지만, 그 모든 것은 이제부터 유비 혹은 그림자 효과에 불과할 것입니다. 실제로 초월성 자체가 내재성 안에서 출현한다는 뜻에서의 대문자 사건이 있다면(기독교의 경우에 그것은 신이기도 한 어떤 인간의 출현인데), 모든 다른 진리 사건은 빛바래고 쓸모없는 복사물입니다. 그러나 이것이 사실이 아니라면, 만약 대문자 사건이 하나의 우화라면, 온갖 종류의 진리 사건에 대한 온갖 종류의 고유명이 있게 될 것입니다. 연극에서의 아이스킬로스, 정치에서의 레닌, 음악에서의 쇤베르크, 수학에서의 칸토어……. 진리의 다수성은 어떤 고유명이 부착되어 있는 사건의 다수성이기도 한 것입니다. 정신분석에서의 프로이트도 마찬가지입니다.

이제 라캉이 철학을 식별하는 세 가지 질문으로 되돌아가 봅시다. 수학에 막혀 있는 철학자, 정치의 구멍을 막는 철학자, 자기 담론의 핵심에 사랑이 놓여 있는 철학자 말입니다. 오늘 우리는 이러한 라캉의 격언aphorismes을 하나하나 검토할 것입니다.

우선 라캉이 보기에 왜 철학자는 수학에 막혀 있을까요? 제가 계속해서 말씀드리고 있는 수학의 문제는 분명 반철학의 장치에서 매우 중요하고, 또 언제나 중요한 것이었습니다. 가령 우리는 (제가 이 점을 상기시켜드리는 이유는 이것이 정확히는 라캉의 방침이 아니기 때문입니다만) 비트겐슈타인이나 니체의 반철학적 장치에서는 수학과 논리 혹은 수학과 단순한 기호의 이론 간에 궁극적인 동일성을 가정할 수 있는 것이 본질적임을 살펴보았습니다. 그 이후에는 수학 — 철학자들이 하나의 사유로 간주하는 — 에 대한 철학자들의 심취가 파괴적인 결과를 갖는 환영에 불과하다는 점이 드러날 것입니다. 달리 말해 하나의 일관된 반철학에는 언제나 수학에 대한 어떤 테제가 마치 철학에 부과된 가치하락의 서문처럼 존재합니다. 이것이 모든 반철학이 갖는 반反플라톤적인 측면입니다. 플라톤이 철학의 기원 이래로 철학과 수학 간의 특수한 매듭을 정의했던 한에서 말입니다. 만약 플라톤에게 이러한 특수한 매듭이 있다면, 반철학자들의 지속적인 반플라톤주의는 언제나 철학 자체에 반대하기 위해 수학에 대해 어떤 입장을 취해야 할 것입니다.

물론 **철학자는 수학에 막혀 있다**라는 라캉의 발언은 우리에게 수학에 대해 이러저러한 방식으로 입장을 취하지 않고 철학에 대해 어떤 입장을 취하는 것이 불가능하다는 사실을 상기시킵니다. 그러나 우리는 즉각 이 문제에 관한 라캉의 입장이 매우 독특하다는 사실을 알 수 있습니다. 니체와 비트겐슈타인에게 수학에 대한 식별은 근본적으로 수학에 대한 비하를 겨냥합니다. 그것은 철학이 수학 안에서 발견한다고 주장하는 것이 실제로 수학에 있지 않음을 보여주는 것을 겨냥합니다. 혹은 철학은 수학에 어떤 보증의 기능을 부여하고, 이러한 보증과 관련하여 반철학은 수학이 그것을 지탱할 수 없음을 보여줄 것입니다. 사실 문제의 핵심이 바로 여기에 있습니다. 즉 반철학은 수학이 하나의 사유가 아님을 보여주거나 혹은 보여주기를 시도할 것입니다. 그것이 반철학의 핵심 테제입니다. 이는 거의 다음의 말과 같습니다. 수학은 하나의 문법, 논리, 이를테면 논리적 문법일 뿐입니다. 그리고 만약 수학이 하나의 사유가 아니라면, 철학이 수학 안에서 발견한다고 주장하는 사유의 형식, 심지어 전형적인 사유의 형식은 절대적으로 환영과 같습니다. 그런데 라캉의 발언은 명백히 정반대입니다. 라캉의 근원적인 제스처는 수학을 사유로, 한 걸음 더 나아가 심지어 실재에 대해 유일하게 가능한 과학으로 여기는 데 있는 것으로 보입니다. 적어도 《세미나 20권: 앙코르》에서 라캉은 철학이 결여한 것이 바로 수학이 갖는 실재적인 사유의 차원이라고까지 말합니다. 여러분은 이러한 입장이 니체나 비트겐슈타인과 정반대임을 알 수 있을 겁니다. 관건은 철학이 수학 안에서 현실에는 존재하지 않는 사유의 차원을 발견한다는 것이 아니라 그 반대로 철학이 수학에 있는 실재에의 접근을 사유하는 차원, 그리고 철학이 막혀 있는 채로 남아 있는 차원을 수학 안에서 보지 못한다고 말하는 데 있습니다.

따라서 철학이 수학에 잘못 의거한다는 비난을 철학에 전가하기보다는 라캉 자신이 수학에 의거할 것입니다. 저는 이 점을 라캉의 반철학적 행위가 니체의 원정치적 행위나 비트겐슈타인의 원미학적 행위와는 달리 원과학적이라는 사실, 즉 수학소의 영향 아래에 있다는 사실을 통해 설명합니다. 라캉의 반철학적 행위가 수학소의 영향 아래에 있기 때문에(수학소가 수학이 아니라 수학화 가능한 것의 난관임을 잊지 마십시오) 수학에 대한 관계는 현대 반철학적 전통이 수학에 대해 갖는 관계에 비해 전도되어 있습니다.

이제 **막혀 있다**bouché는 말을 해석해봅시다. 철학자들이 알지 못하는, 수학의 급진적인 차원이란 무엇일까요? 철학자들은 어떤 것에 막혀 있는 것일까요? 여기서 우리는 라캉에게 수학이란 진리의 뼈라 불릴 법한 것의 형상임을 이해해야 합니다. 진리의 뼈란 모든 의미가 비워진 진리의 측면을 가리킵니다. 의미가 의식의 일부인 한에서, 수학은 전형적으로 의미를 비워냅니다. 라캉이 반복적으로 지적하듯, 수학은 의식 없는 과학입니다. 라캉이 〈레투르디〉에서 말하듯, 이것은 수학에서는 다음과 같은 일이 일어남을 뜻합니다. 라캉을 인용해보자면,

(…) 말해진 것le dit은 어떤 현실보다는 오히려 어떤 말하기dire를 주제로 삼음으로써 갱신됩니다.

이것이 바로 수학 담론을 구성합니다. 즉 말해진 것은 어떤 현실보다는 오히려 어떤 말하기를 주제로 삼음으로써 갱신됩니다.

지금으로서는 약간 난해하게 들리지만, 세미나가 이어지면서 해명될 점을 여담으로 말씀드리겠습니다. 저는 라캉이 오직 말하기와 말해진 것의 변증법을 통해서 수학이 무엇인가에 대한 진정한 이해에 자기 나름의 방식으로 도달했다고 생각합니다. 기표와 기의의 변증법을 통해서가 아니라 말입니다. 둘 사이에는 복잡한 교차가 있지만, 수학의 진정한 정체성은 말해진 것이 어떤 말하기에 의해 갱신된다는 데 있습니다. 말하기란 하나의 사건은 아니지만 적어도 하나의 출현입니다. 라캉이 보기에, 오직 말하기가 있는 한에서 어떤 것이 말해집니다. 그리고 말하기와 말해진 것 간의 이러한 상관관계의 공간 안에서만, 우리가 말해진 것을 변형하거나 창안하거나 갱신하기 위해서 말하기를 주제로 삼을 수 있는 특수한 방식을 통해서만, 수학은 식별 가능합니다. 수학은 말하기에 관련되는 것이지, 어떤 현실에 관련되는 것이 아닙니다. 앞으로 어떻게 이러한 입장이 기표와 기의의 상관관계라는 엄격한 장 안에서 수학을 파악하고자 하는 형상과 구분되는 동시에, 투명하게 말해진 것, 완전히 명시적인 코드를 통해 말해진 것으로 수학을 환원하기를 바라는, 수학에 관한 형식주의적인 테제와도 구분되는지 보여줄 기회가 있을 것입니다.

그러나 이 문제는 나중에 살펴보도록 합시다.

무엇이 철학에 대한 기소起訴를 이룰까요? 라캉의 입장은 기소라고 해도 과언이 아닙니다! 그것도 심각한 기소 말입니다! 라캉은 그의 마지막 텍스트 중 하나에서 트리스탕 차라를 인용한 이후에 이렇게 말합니다. **말하자면 저는 철학에 대해 반란을 일으킵니다.** 저는 그 텍스트를 여러분에게 찾아드려야 합니다. 그것은 훌륭합니다! 그 텍스트는 1980년 3월 18일 작성됐고, 제목은 'A선생Monsieur A'입니다. 라캉은 트리스탕 차라가 붙인 다다이스트적인 제목 '반철학자 A선생Monsieur A, l'antiphilosophe'과 우연히 마주쳤습니다. 라캉은 지나가면서 그가 트리스탕 차라에게 〈문자의 심급L'instance de la lettre〉을 주었으나 그것이 차라에게 어떤 깊은 인상도 주지 못했음을 지적합니다. 라캉은 이렇게 씁니다. **그는 그 텍스트에 무관심했습니다.** 차라가 반철학자였음에도 불구하고 말입니다! 라캉은 유감스러워 하며 이렇게 씁니다. **저는 그의 흥미를 유발할 무언가를 말했다고 생각했지만, 글쎄요, 그는 전혀 흥미를 보이지 않았습니다. 제 생각이 얼마나 큰 착각이었는지 아시겠지요!** 문자lettre의 심급은 문자주의자lettriste✦ 차라, 반철학자 차라에게 아무런 흥미를 유발하지 못했습니다. 그러나 차라가 반철학자로서 문자의 심급에 별다른 흥미를 보이지 않았던 데에는 타당한 이유가 있었을지도 모릅니다. 차라에게는 통찰력이 있었을지도 모릅니다……. 그럼에도 라캉은 문자의 심급에 무관심했던 문자주의자에 대해 논평합니다. 몇몇 구두점을 덧붙이면서 그 구절을 인용해보겠습니다.

A선생은 반철학자입니다. 저처럼 말입니다. 말하자면, 저는

철학에 대해 반란을 일으킵니다. 확실한 것은 철학이 끝났다는 점입니다[라캉은 철학의 끝이라는 테제를 만지작거립니다]. 비록 제가 그로부터 어떤 새순이 돋아나기를 예상함에도 불구하고 말입니다[라캉은 신중함을 보이기도 합니다]. 새로운 국면은 대체로 끝난 것과 더불어 출현합니다. 완전히 끝나버린 학파를 보십시오[이 모든 것은 해산에 대한 암시입니다].✧ 지금까지 학파 안에는 분석가가 된 변호사들이 있었습니다. 그런데 이제 사람들은 변호사가 되지 못해 분석가가 됩니다[당시에 사람들은 학파 해산 이후에 잇따른 소송을 이어가고 있었습니다].

끝난 것으로 선언되는 어떤 것에 반란을 일으키는 것은 비열한 일이라는 점에 주목하십시오. 라캉은 결코 비열한 이가 아니며, 그는 철학이 끝나서는 안 되며, 따라서 철학에 반란을 일으키는 것은 아무런 의미가 없다는 점을 잘 알고 있습니다. 그리고 그는 철학이 결국 매우 명확한 이유 때문에 수학에 막혀 있다는 사실에 대해서만 특수한 반란을 일으킵니다. 그 이유는 다음과 같습니다. 수학에 대한 관계 안에서, 철학은 말해진 것에 대한 갱신이 말하기에 근거해 있다는 점

✦ 문자주의(lettrisme)는 1940년대에 루마니아 시인 이시도르 이소우에 의해 설립된 아방가르드 운동을 가리킨다.

✧ 세 달 전에 라캉은 자신의 학파를 스스로 해산했다.

을 파악하지 못하고, 그러한 갱신이 의미로부터 유래한다고 생각합니다. 철학은 암묵적이거나 명시적인 해석학을 통해 수학에 접근하는데, 그 해석학은 의식과 현실의 이항 안에 정체되어 있습니다. 수학에 막혀 있지 않기 위해서는 말하기와 말해진 것의 이항 안에 위치해야 함에도 불구하고 말입니다. 달리 말해, 철학은 늘 그렇듯 진리에 어떤 의미를 부여하기를 주장합니다. 그러나 수학은 의미에서 벗어납니다. 그것은 절대적으로(온전히 전달 가능하게) 말해진 것으로 실현되는 무의미한 말하기입니다. 그리고 철학은 바로 이 점을 파악하지 못합니다. 그러므로 의미를 부여하는 철학의 작용은 수학과 관련해서 종교적 작용으로 남아 있습니다.

저는 여러 차례 종교의 문제, 기독교의 문제가 반철학적 장치에서 핵심적이라는 것을 강조해야 했습니다. 반철학이 철학의 추상적 개념에 대비시키는 전대미문의 행위와 실존에 적극적으로 의미를 부여하는 종교 간에는 늘 명확한 상관관계가 있습니다. 그러나 라캉은 이러한 반철학적 배치를 폭넓게 역전시킵니다. 혹은 그는 어쨌든 이 점과 관련하여 비트겐슈타인적이거나 루소적이거나 파스칼적이라기보다는 니체적입니다. 흥미롭고 중요한 점은 라캉이 종교에 대한 암묵적 관계를 역전시키는 동시에 수학의 위치를 역전시킨다는 것입니다. 라캉은 철학이 수학의 실재적인(무의미한) 본질을 놓친다고 선언하는 동시에 의미를 내세우는 것이 아니라 궁극적으로 종교적인 형상으로서의 의미에 대해 논쟁을 제기합니다. 그 결과 우리는 이렇게 말할 수 있을 것입니다(약간 지나친 말이긴 하지만 이는 상황을 해명해줍니다). 라캉 반철학은 반철학적 전통에 비추어볼 때 수학과 종교의 위치를 교환합니다. 즉 수학은 철학이 (물신화하는 것이 아니라) 본질적으로 놓치는 것의 위치에 옵니다. 한편 라캉이 보기에 철학과 종교는 의미의 지점에서 공모를 합니다. 1980년 1월, 〈학파 해산에 관한 편지Lettre de dissolution〉에 나온 다음과 같은 중요한 발언을 봅시다.

> 종교의 안정성은 의미가 언제나 종교적이라는 사실에서 유래합니다[논점은 명확합니다. 의미는 언제나 종교적이라는 것입니다].

계속해서 라캉은 위 구절만큼이나 흥미로운 발언을 합니다.

> 이로부터 제 수학소의 길 안에서의 제 완강함이……

이 두 가지 공식, 즉 **종교의 안정성은 의미가 언제나 종교적이라는 사실에서 유래합니다**와 **제 수학소의 길 안에서의 제 완강함**이 제가 교환이라 부르는 것을 요약합니다. 수학적 진리 혹은 수학적 유사-진리의 형식적 공허함과 비트겐슈타인의 원미학적 차원 혹은 니체의 원정치적 차원에서의 의미의 침묵이 대비되는 대신에, 수학소의 길과 의미의 돌이킬 수 없이 종교적인 성격이 대비됩니다. 바로 이 점과 관련해서, 철학은 그것이 수학을 다루는 방식 자체에서 종교와 공모하고 있다는 고발을 당합니다. 왜냐하면 철학은 완고하게 수학을 의미의 차원에 위치시키려 하는데, 결국 의미는 언제나 종교적이며, 수학의 전형적인 가치는 아무 의미도 없는 사유의 최고 모델이 되는 데 있기 때문입니다.

좋습니다. 그런데 이 테제는 어떤 효용이 있습니까? 철학과 수학의 역사적 관계가 수학을 의미의 공간 안에 종교적으로 배치하는 데 있다는 것은 사실입니까? 저는 세 가지 사례를 들어보고 싶습니다. 그것은 플라톤, 데카르트, 헤겔입니다. 우리가 살펴볼 것처럼, 이 세 경우에서 라캉의 테제가 갖는 명백한 근거를 찾을 수 있지만, 동시에 제가 보기에 우리는 거기에서 명백한 반론의 근거 역시 찾을 수 있습니다.

우선 라캉 테제의 근거를 살펴봅시다. 라캉이 여러 차례 되돌아가는 텍스트인 플라톤의 《메논*Ménon*》을 살펴봅시다. 저는 여러분이 소크라테스가 노예를 데려오는 고전적인 장면을 알고 있으리라 봅니다. 노예가 기하학 문제 — 사각형의 넓이를 두 배로 만드는 문제 — 를 이해할 수 있음을 보여주기 위해서, 또 이를 근거로 해서 노예가 전혀 배우지 않았음에도 어려운 문제를 이해할 수 있다고 말함으로써 상기[réminiscence]의 이론을 제시하기 위해서 말입니다. 그러므로 어떤 점에서는 문제의 기저에 놓인 아이디어가 노예의 '무지한' 사유 속에서 이미 잠재적으로 작동하고 있어야 합니다. 여기에 철학과 수학의 명백한 관계가 있습니다. 왜냐하면 이러한 경험, 이러한 사유의 경험 — 무지한 자를 데려와서, 이 무지한 자가 알지 못한 채로 어떤 지식을, 계시될 수 있는 지식을 소유하고 있음을 보여주는 것 — 은 지식이 언제나 자기 자신에 선행한다는 사실을 보여주기 때문입니다. 우리는 이러한 지식의 자기 선행을 상기라 부를 수 있으며, (저는 여기서 이런 사유 노선을 발전시키지는 않을 테지만) 그것은 프로이트의 무의식에 대한 플라톤적 이름이라 불릴 수 있을 것입니다.

이 이론은 플라톤에 대한 라캉 반철학의 비판을 초래할까요? 이론의 여지없이 그렇습니다. 왜 그럴까요? 왜냐하면 여기서 관건이 바로 지식이 의식에 도래하는 것이기 때문입니다. 그 지식의 최초의 장소가 무엇이든 간에 말입니다. 달리 말해, 수학은 현실의 일부를 통해 의식에 도래하는 것 안에 설정될 것입니다. 실제로 좀 더 면밀히 살펴보면, 노예에게 부과된 수학 문제의 인식 과정이 노예의 의식에 도래하게 하는 것은 그림입니다. 오직 문제의 그림을, 도표를 그림으로써 노예의 의식이 쟁점이 되는 개념에 대해 깨어납니다. 우리는 플라톤이 의식에의 도래와 도표의 형상(사각형과 그 사각형의 대각선이 그려질 것이고, 그것들은 수학적 진술에 대한 의식적 파악을 지탱할 것입니다) 간의 관계를 통해 수학은 늘 의식과 현실의 이항이 구성하는 공간 안에 기입될 수 있음을 보여주고, 또 바로 여기서 수학은 노예처럼 무지한 자를 포함한 모든 이에게 의미를 지닐 것임을 보여준다고 말할 수 있습니다. 그러므로 《메논》에는 하나의 철학적 경험이 있으며, 이 경험에서 수학은 우리가 수학을 의식과 현실의 이항으로 돌려보낼 수단을 찾은 한에서 수학이 정신에 의미를 지닌다는 것을 보여주기 위해서만 거론됩니다. 이 핵심적인 경험은 라캉의 소송을 강화할 것입니다. 그 소송에 따르면 철학자는 수학에 막혀 있습니다. 왜냐하면 그는 수학을 그것이 있지 않은 곳에, 의식과 현실이라는 이항 안에 설정하기를 시도할 뿐이기 때문입니다. 그러므로 라캉이 보기에 《메논》에서 소크라테스의 작업은 궁극적으로 하나의 속임수에 해당할 것입니다. 그 속임수는 수학적 절차의 진정한 본질인 말하기와 말해진 것의 상관관계를 삭제하는 변증법적 기법에 따라 의식과 현실의 이항을 도래하게 하는 데 있을 것입니다.

데카르트의 경우를 살펴볼 때 놀라운 것은 수학이 철학 안에서 수학 자신과는 다른 것에 대한 방법적인 패러다임으로 활용되고 있다는 점입니다. 여러분은 다들 그 유명한 구절을 알고 있을 겁니다. 수학이 패러다임과 모델을 제공하는 **기나긴 추론의 연쇄**……를 말입니다. 데카르트의 모든 의도는 이 패러다임에 진정으로 충실한 형이상학을 구성하는 것입니다. 그러나 우리는 여기서 수학이 방법으로, 좀 더 정확하게는 방법적인 패러다임으로 다루어진다는 것을, 그래서 이 패러다임으로 무장한 채로 엄밀하게 형이상학적인 추론의 연쇄를 붙잡을 수 있다는 것을 알 수 있습니다. 데카르트가 (라캉은 이렇게 말할 텐데) 수학은 오직 말하기의 관점에서만 말해진 것을 갱신하기 때문에 어떤 의미작용을 하는 현실에 대해서도 패러다임이 될 수 없다는 것을 받아들이는 일 없이도 말입니다. 여기서 말하기와 말해진 것 간의 상관관계는 중요합니다. 왜냐하면 만약 수학이 오직 말하기의 관점에서만 말해진 것을 갱신한다면, 이것은 수학이 어떤 의미 효과나 그 의미 효과에 이질적인 현실 효과를 위한 패러다임이 될 수 없음을 뜻하기 때문입니다. 그러므로 데카르트적 의미의 방법이라는 아이디어 자체가 철학과 수학의 관계를 의미의 공간 안에 재설정하고 있는 것입니다.

끝으로 〈레투르디〉에서 라캉이 염두에 두고 있는 헤겔의 경우를 살펴볼 때, 그리고 헤겔《논리학*Wissenschaft der Logik*》에서의 미적분학에 대한 놀라운 발언을 살펴볼 때, 상황은 더욱 명확합니다. 왜냐하면 매우 거칠게 말해, 헤겔의 목표는 수학적 무한은 물론 즉자적으로[en soi] 실존하는 무한이지만, 대자적인[pour soi] 요소 안에서 자기 고유의 인식 가능성을 다시 붙잡지는 못한다고, 결국 수학적 무한은 눈먼 무한이라고 말하는 데 있기 때문입니다. 우리는 사실 헤겔이 무한에 대한 수학적 개념 안에 결여되어 있다고 선언하는 것이 바로 헤겔적 의미에서의 의식의 요소, 즉 내재화[intériorisation]의 요소라고 말할 수 있습니다. 이것은 헤겔에게 수학적 무한은 자기 자신의 의미로부터 절단되어 있다고 말하는 것과 같습니다. 헤겔이 무한의 사변적 개념이라고 부르는 것은 바로 무한에게 그것이 갖는 의미의 운동을, 수학적 창안이 눈먼 채로 보지 못하는 운동을 되돌려주는 데 놓여 있습니다. 여기서 우리는 거의 직접적으로 의미와 의식 혹은 의미와 내재화의 이항을 발견하며, 수학이 철학의 공간 안으로 들어오기 위해서 수학은 그러한 이항에 의해 보충되어야 하는 것입니다.

저는 그 본질을 왜곡하지 않으면서 매우 단순화하고 있는 이 세 가지 사례에 근거해 우리가 라캉의 테제가 어디서 유래하는지 명확히 알 수 있다고 생각합니다. 철학 쪽에 수학에 대한 어떠한 작용이 있다는 것은 사실입니다. 그 작용은 수학을 의미로 인도하는(수학의 의미가 도래하게 하는) 동시에 수학을 의식과 현실의 이항에 연결시킵니다. 그러나 제가 보기에 우리는 또한, 그 반대 자체는 아닐지언정, 적어도 그 반대가 마찬가지로 참이라는 점을 주장할 수 있습니다. 여기서 우리는 철학과 반철학 간 접점의 핵심에 위치해 있습니다.

플라톤이 《국가*Politeia*》를 통해 자신의 분석에서 수학 자체에 제기하는 반론은 무엇입니까? 그는 매우 정확히 수학이 스스로가 설명하지 않는 가설에 근거해서 기능한다는 반론을 제기합니다. 이에 대해 그는 철학적 변증법을 대비시킬 것이며, 철학적 변증법은 원리들 혹은 경우에 따라서는 **하나의** 원리를 전유합니다. 그러나 유일한 원리는 그 자체로 인식 가능한 것인 동시에 인식 가능성의 원천이며, 따라서 그것은 조건 지어지지 않으며, 비가설적이고, 무가설적입니다. 좋습니다. 이것은 매우 잘 알려져 있지요! 그러나 수학이 스스로 설명하지 않는 가설들에 의해서만 시작된다는 것은 무슨 뜻입니까? 그것은 플라톤이 수학의 기원이 어떤 순수한 말하기라는 점을 완벽하게 알고 있음을 뜻합니다. 플라톤은 그 점을 알고 있으며, 그 점을 놓치지 않았습니다. 실제로 그는 수학적 운동이 오직 어떤 말하기에 의해서만 보증된다고 선언합니다. 현대적인 용어로 말하자면 이를 수학의 공리적 차원이라 부릅니다. 즉 어떤 것이 우선 말해지고, 이러한 최초의 구성적인 말하기에 충실한 추론의 연쇄가 이어집니다. 말해진 것은 본질적으로 어떤 말하기에서 유래합니다.

그러나 여러분은 저에게 이렇게 말할 것입니다. 플라톤이 수학을 비판하는 것이 바로 그 점이라고 말입니다. 플라톤은 우리가 최초의 말하기가 갖는 결과의 내부까지만 거슬러 올라가서는 안 되며, 인식 가능성 내부에 있는 원리까지 거슬러 올라가야 한다고 말합니다. 그것은 사실입니다. 다만 플라톤이 수학에 반론을 제기한다고 말하는 것과 플라톤이 수학의 본질을 놓쳤다고 말하는 것은 별개의 문제입니다. 사실 비록 그가 수학에 반론을 제기한다 하더라도, 저는 플라톤이, 정확히 수학에는 말하기의 우선성에서 유래하는 의미의 부재가 있다는 사실에 대해 매우 확실한 직관을 갖고 있었음을 깊이 확신합니다. 그는 수학적 사유의 한계를 비판하지만, 라캉이 수학적 사유에서 식별하는 본성에 결코 '막혀' 있지 않습니다.

(누군가 이렇게 질문한다.) "그렇다면 이런 조건에서 《파르메니데스》에서의 일자와 다자의 긴 역설을 어떻게 이해해야 할까요?"

지금으로서는 그 역설을 제쳐둡시다. 왜냐하면 그것은 수학을 원용하거나 거론하지 않기 때문입니다.

(질문자는 이렇게 주장한다.) "네, 그렇지만 그 담론은 어떤 논리를 뒤따릅니다."

주의하세요! 논리와 수학은 결코 같은 것이 아닙니다. 비록 오늘날 논리가 수학의 체계와 유사한 체계로 형식화된다고 하더라도 말입니다. 게다가 지금 우리가 검토하는 것은 텍스트 자체와 관련됩니다. 그것이 철학과 반철학 간의 갈등에서 증상이 되는 한에서 말입니다. 우리의 주제는 매우 명확합니다. 그것은 텍스트에 대한 축어逐語적 분석에 근거해서, 철학적 담론은 수학을 의미로 오염시키려 하기 때문에 수학에 막혀 있다는 라캉의 테제에 근거가 있는지를 살펴보는 것입니다. 여기서는 이렇게 말씀드리겠습니다. 그렇습니다. 어떤 점에서 그러한 반론을 승인하는 텍스트가 있습니다. 그러나 반대 방향을 말하는 텍스트도 있습니다. 수학이 순수한 말하기에 근거한다는 사실을 플라톤은 완벽하게 이해하고 있으며, 이것을 통해 플라톤은 철학과 수학 간의 차이를 정립할 것입니다. 그것이 본질적인 점입니다. 플라톤의 테제는 수학을 수학 바깥에 있는 것을 통해, 의미의 해석학을 통해 재흡수하는 것이 아닙니다. 플라톤은 이렇게 말합니다. 수학은 훌륭한 것이며, 적어도 10년간 연구되어야 한다고, 그러나 우리 변증법자들은 다른 목표, 다른 야망, 다른 의도를 갖고 있으며, 그것은 의미 없는 말하기의 엄밀한 결과물을 원리에 대한 사유의 힘으로 대체한다고 말입니다. 플라톤에게는 변증법과 수학 간의 구분이 있으며, 이러한 구분이 바로 의미의 변증법과 말하기의 규정이 됩니다. 수학은 말하기의 규정에 달려 있습니다. 플라톤에게 철학은 의견, 직접경험과의 간격을 배치함으로써 의미의 자기 토대를 추구합니다. 그리고 이러한 간격의 배치에서 수학은 하나의 모델이자 중대한 버팀대입니다. 수학이 의미의 변증법을 전개할 수 없음을 인정해야 한다는 말은, 결국 수학이 사실은 사유의 뼈와 같은 것, 즉 말하기를 근거로 해서 말해진 것을 갱신하기 위한 순수한 지지대가 되기 때문에 의미에 대한 적극적인 문제 제기를 개시하거나 전수할 수 없으며 '참된 삶이란 무엇인가'와 같은 질문에 답변할 수 없는 것이라는 점을 인정해야 한다는 말과 같습니다. 비록 참된 것의 몸통을 이해하기 위해서는 참된 것의 뼈를 매우 잘 인식해야 함에도 말입니다.

우리가 살펴봤듯, 데카르트와 관련해서 수학에 대한 방법적인 사용은 명백히 우리가 수학에서 형식적 배치를 채취한 뒤에 그것을 의미를 생산하는 작용 안에 투여한다는 것을 뜻합니다. 그러나 데카르트 사유의 운동 안에는 수학에 대해 전혀 다른 식별을 제안하는 지점이 적어도 하나 있습니다. 즉 수학적 진술은 데카르트에게 의심의 작용과 관련해 매우 특수한 위치를 갖습니다. 왜 그럴까요? 왜냐하면 사실 수학적 진술이란 그 무엇보다도 우리가 의심할 수 없는 것이기 때문입니다. 우리는 수학적 진술, 데카르트의 표현을 빌리자면 수학적 진리를 의심할 수 없습니다. 그것을 의심하기 위해 우리는 과장된 의심을, 주관적 의심이나 단순한 부정이 아니라 매우 비범한 조작자, 즉 교활한 악마나 속임수를 쓰는 신을 소환하는 과장된 의심을 행해야 합니다. 라캉이라면 그것이 악한 대타자의 가설, 즉 우리의 생각을 길 잃은 노리개로 삼을 대타자의 가설과 다르지 않다고 말할 것입니다. 이것은 물론 데카르트가 나중에 철회할 테제입니다. 그러나 결국 그것으로 충분합니다. 이는 수학적 진리란 일단 그것이 말해진 이상 주체를 강제한다는 것을 뜻합니다. 그런데 (사안의 미묘한 점이 여기에 있는데) 이것은 그 어떠한 현실 효과를 통해서가 아닙니다. 왜냐하면 사람들은 현실을 오래전부터 의심해왔기 때문입니다. 무언가가 존재한다는 사실, 외부 세계, 단적인 의미에서의 세계, 요컨대 현실의 모습을 띤 모든 것은 몇몇 수사학적 기법을 갖춘 통상적인 의심에 의해 정지될 수 있습니다. 그러나 수학적 진실에 대해서는 과장된 의심이 필요합니다. 여기서 수학은 의심과 과장된 의심의 격차 안에 있습니다. 그것은 과장입니다. 수학과 데카르트적 의미의 주체 사이에 현실을 경유하지 않는 독특한 매듭이 있다는 뜻에서 말입니다. 여기서 우리는 다음과 같이 주장할 수 있습니다. 말하기의 차원에 속한 수학적 진리는 어떠한 현실에도 근거하지 않기 때문에 현실에 대한 의심은 수학적 진리에 영향을 끼치지 못합니다.

그러므로 데카르트가 방법의 관점에서만 수학을 의식과 의미 안에 설정한다는 말이 전적으로 참인 것은 아닙니다. 그는 또한 수학을 어떤 예외의 위치에 설정하기도 하며, 그 위치는 현실을 덜어낸 형태로 수학을 주체에 매듭짓습니다. 동시에 이것은 (여기에 데카르트의 천재성이 있는데) 수학의 존재론적 우연성에 관한 아이디어와 양립 가능합니다. 왜냐하면 여러분이 알다시피 수학적 진리 자체는 신에 의해 창조되기 때문입니다. 따라서 수학적 진리는 그 존재 자체에 필연성을 갖지 않습니다. 데카르트는 진리에 대해 이렇게 놀라운, 그리고 사실상 매우 심오하게 라캉적인 형상을 창안했으며, 그 진리 — 그는 그것을 진리라고 부릅니다 — 는 필연성의 의미에서 어떠한 존재의 보증에도 근거하지 않습니다. 진리는 신의 순수한 자유에 달려 있지만, 주체에게는 구속력을 발휘합니다. 수학이 말하기의 사건에 속하기 때문에 사건적이고 우연적인 것으로 탐지되지만, 그러나 또 현실에 속하지 않기 때문에 절대적으로 필연적인 것으로 탐지된다는 사실은 데카르트가 이런 점에서 수학적 담론성의 특수한 체제를 정초했음을 뜻합니다.

따라서 방법이라는 아이디어가 재현하는 전유 작용에도 불구하고 저는 데카르트가 수학의 담론성의 진정한 정체성을 놓쳤다는 주장은 불가능하다고 생각합니다. 역으로 저는 데카르트가 수학적 진리에 관한 특별히 급진적인 사유를, 의미와 현실의 쌍으로부터 혹은 달리 말해 종교로부터 분리된 사유를 제안한다고 말씀드리겠습니다. 데카르트에게는 수학적 담론성에 대한 심오하게 비종교적인 사유가 있으며, 이는 바로 수학적 진리가 창조되기 때문입니다(데카르트의 용어를 사용하자면 신에 의해 창조된다고 말할 수 있는데, 여기서 이 점은 전혀 중요하지 않습니다).

끝으로 라캉이 염두에 두고 있었던 헤겔의 경우를 세 번째 사례로 살펴보겠습니다. 그것은 매우 흥미롭습니다. 제가 이미 말씀드렸듯, 라캉은 〈레투르디〉 9쪽 각주 1번에서 헤겔이 수학에 정통했음을 인정한 다음에(라캉은 **제가 '막혀 있다'고 말할 때 그것은 무지를 가리키는 것이 아니며, 알지 못함을 가리키는 것이 아닙니다**라고 씁니다) 헤겔이 러셀과 거의 같은 것을 말하고 있다고 씁니다. 이후 라캉은 비록 헤겔이 러셀과 같은 것을 말하고 있지만, 러셀은 수학에 막혀 있지 않은 반면, 헤겔은 수학에 막혀 있다고 씁니다.

라캉에게 수학을 모호하게 만드는 것은 헤겔이 철학적 담론의 전략과 작용 안에 있다는 사실입니다. 헤겔이 수학에 대해 말한 것과는 별개로 말입니다. 왜냐하면 헤겔이 수학에 말한 것이 러셀이 말한 것이며 또 러셀이 말하는 맥락 안에 있다면, 그것은 타당한 것이기 때문입니다. 그리고 러셀은 적절하게도 수학이 아무런 의미도 갖지 않는다고 말합니다. 이 점과 관련해서 저는 아까 여러분에게 이 문제를 어떻게 사유해야 하는지에 대해 말씀드렸습니다. 헤겔은 수학이 내재화에서 벗어나기 때문에 무한이라는 수학적 개념이 철학이 전개하는 것과 같은 무한 개념에 비해 열등한 개념으로 남아 있다는 점을 보여주려고 했습니다. 다만 여기서도 우리가 방금 플라톤과 데카르트의 경우에서 살펴본 복잡한 변증법적 배치에 빠질 것입니다. 그럼에도 불구하고, 헤겔은 무한과 관련해서 수학은 고려할 가치가 있는 최초의 말하기라고 말합니다. 이것은 최초의 비신학적인 말하기, 즉 헤겔이 말하는 바로 그 의미에서 최초의 합리적인 말하기를 뜻합니다. 여기서 우리는 무엇을 고려해야 할까요? 의미와 내재화의 변증법에 비해서 수학적 개념이 불충분하다는 사실일까요? 아니면 그 개념이, 말하기와 공리적인 것과 사유의 결단의 차원에서 절대적으로 새로운 무한의 형상에 관한 최초의 것이며, 그러한 형상을 최초로 개시한다는 사실일까요? 헤겔은 수학이 무한에 관한 참된 말하기의 역사적 출현임을 알고 있습니다. 이것은 어떤 점에서 플라톤이 이념의 질서에서 비역사적인 방식으로 말한 것, 즉 사유에 있어서 본질적인 어떤 것이 수학에서 어떤 말하기의 형태로 개시되었다고 말한 것의 역사적 등가물입니다. 게다가 (이것은 헤겔과 관련해서 종종 이해하기 매우 어려운 문제입니다만) 헤겔의 테제는 수학이 시작으로서 계속될 것이라는 점입니다. 수학은 영원히 무한에 관한 참된 말하기의 시작입니다. 수학은 개념의 사변적 생성 속으로 무너지지 않을 것입니다. 그것은 무한에 관한 최초의 형상으로 남을 것이며, 최초의 말하기인 자신을 정교화할 것입니다. 이 점이 오늘날까지도 무한에 관한 수학이 놀라운 것을 창안한다는 사실을 해명합니다. 수학은 물론 내재화가 없는 말하기이지만, 그럼에도 수학은 매우 활기 있고 창조적입니다. 따라서 헤겔에게 수학은 그 자체로 말하기의 관점을 통해서만 말해진 것을 갱신할 것이고, 결코 헤겔 자신이 말한 의미의 내재화에 굴복하지 않을 것입니다. 이는 헤겔로 하여금 수학을 예찬하고 수학을 자신의 창조적 생성 안에 있도록 내버려 두게 하는 동시에, 절대 이념 — 수학은 절대 이념 안에서 무한의 궤적을 계속해서 개시할 것인데 — 을 향해 나아가면서 수학에 대한 극복을 가능하게 합니다. 이것이 제가 헤겔이 수학에 막혀 있다는 주장이 매우 잘못된 것이라고 생각하는 이유입니다. 헤겔은 그저 수학이 무한의 문제에 관해 정의하는 시작점의 가치를 이해하고, 또 수학을 무시하면서도 수학이 그러한 가치가 되도록 내버려 둘 능력이 있는 사람이, 수학으로부터 분리되기를 주장할 뿐입니다. 이러한 분리는 매우 특수한 이상향 아래에 위치합니다. 이것은 궁극적으로 결코 유지될 수 없는 이상향이라고 할 수 있으며, 저는 바로 그렇게 말하고자 합니다. 그러나 저는 그 이상향이 곧 헤겔 테제의 핵심이라고 생각합니다. 헤겔은 철학의 역사를 사유했고, 철학이 점진적으로 자신의 조건 전체로부터 벗어나는 것을, 오직 그 자신의 전적인 독립을 쟁취하기 위해서만 자신의 조건을 통과하는 것을 철학의 목적으로 지정했습니다. 이제 순수한 사유의 영역에서 절대 이념에 도달한 철학은 더 이상 예술을, 수학을, 정치를 필요로 하지 않으며, 심지어 역사적 형식을 따르는 철학 자체를 필요로 하지 않습니다. 이것이 예술이 "과거의 것"이라는 말과 수학이 자기 자신의 말하기를 계속해서 완성시켜나간다는 말이 뜻하는 바입니다. 철학은 더 이상 정치를 필요로 하지 않으며, 이것이 역사의 종언이 뜻하는 바입니다. 따라서 철학은 자신의 조건 전부로부터 벗어나게 됩니다. 헤겔은 제가 순수하고 조건 지어지지 않은 철학이라고 부르는 것을 꿈꿨습니다. 우리는 자연히 순수한 철학의 이상향은 유지될 수 없는 것이라고 말할 수 있으며, 이것은 또한 정당한 말일 것입니다. 왜냐하면 결국 철학은 본질적으로 언제나 철학 자체의 외부에 있는 사건적인 조건 아래에 있기 때문입니다. 이것이 이 특수한 문제에 대한 저의 생각이며, 여기서 저는 헤겔주의자가 아닙니다. 그러나 헤겔이 무한에 대한 참된 말하기를 통한 개시로서의 수학이 갖는 본질적인 의미를 알지 못했다고 말할 수 없습니다. 그가 수학에 막혀 있었다고 말할 수 없습니다.

끝으로 라캉은 철학과 수학의 관계에 대한 철학의 **분열을 부정합니다**indivise. 그는 철학의 분열을 부정합니다. 달리 말해 그는 제가 보기에 철학의 본질적인 측면, 즉 철학이 언제나 자기 자신의 유혹, 일자의 유혹에 내재적으로 저항한다는 점을 알지 못합니다. 라캉은 철학의 유혹이 일자의 유혹임을 잘 알고 있습니다. 하이데거 자신은 이를 일자에 의한 존재의 틀 지우기(닦달하기)arraisonnement라고 지칭합니다. 그러나 철학은 자신의 내재적 유혹으로 환원될 수 없으며, 철학은 또한 이러한 유혹으로부터 분리되는 고유한 방식이기도 합니다. 그리고 수학과 관련해서 저는 우리가 실제로 다음과 같이 말할 수 있다고 생각합니다. 플라톤의 《메논》, 데카르트의 《정신지도를 위한 규칙들*Régles pour la direction de l'esprit*》, 헤겔의 《논리학》에는 두 가지 측면이 있습니다. 물론 수학에 대한 철학의 우월성이 단언되는 특수한 방식, 즉 의미의 유혹이 조직되는 특수한 방식이 있습니다. 플라톤에게 그것은 공리를 원리로 대체하는 것으로 불릴 것입니다. 데카르트트에게 그것은 형이상학을 방법적으로 조직하는 것으로 불릴 것입니다. 그리고 헤겔에게 그것은 무한의 수학적 개념을 극복하거나 포섭하는 것으로 불릴 것입니다. 이런 측면이 있다는 것은 사실이며, 이것은 곧장 라캉의 혹평을 받게 됩니다. 그러나 또한 모든 위대한 철학은 이러한 측면에 대한 저항을 내재적으로 조직합니다. 플라톤에게 그것은 수학을 말하기의 법칙 아래에 있는 것으로 식별하는 것, 즉 수학의 구속력과 수학의 우연성을 동시에 인식하는 것이라 불릴 것입니다. 데카르트에게 그것은 수학적 진리를 과장의 차원 안에 설정하는 것이라 불릴 것입니다. 그리고 헤겔에게 그것은 무한의 문제에 관해 수학은 최초의 것이며 또 최초의 것으로 남아 있다고 말해질 것입니다.

저는 다음과 같은 사안을 말씀드리고자 합니다. 철학의 구성적인 분열을 무시함으로써, 철학의 본성적인 방황에 대해 단일한 판단 — 다소 하이데거적인 — 에 굴함으로써 약간, 아주 약간 철학에 막혀 있는 것으로 드러나는 것은 라캉 자신입니다.

한편으로 라캉 반철학은 이 특정한 사안에 대한 철학의 분열을 부정합니다. 실제로는 그러한 분열에 의지하면서도 말입니다. 이것은 본질적인 도식입니다. 그리고 들뢰즈식으로 말해 우리가 그 도식의 개념적 인물personnage conceptuel을 설정하자면, 관건은 소크라테스에 대한 라캉의 관계입니다. 라캉 반철학에 있어서 소크라테스에 대한, 그리고 소크라테스/플라톤에 대한 관계는 분리 불가능한 방식으로(우리는 철학의 기원에 대해 말하고 있습니다) 해임의 과정인 동시에 식별의 과정입니다. 소크라테스는 최초의 철학자이지만, 또한 최초의 분석가이기도 합니다. 왜 그럴까요? 그것은 바로 철학이 분열되어 있지 않은 것인 동시에 분열을 사용하거나 투자할 가능성으로 여기기 때문입니다. 이것이 라캉이 철학에 약간 막혀 있는 이유입니다. 아주 약간만 말입니다. 플라톤을 깎아내리기 위해 플라톤의 소크라테스를 식별하면서 그는 자기 방식대로 유혹과 유혹에 대한 저항—이것은 철학의 기원에서부터 철학을 사로잡았습니다—을 복합적으로 경험합니다.

그렇다면 정치의 구멍을 막는 철학이란 무엇일까요? 첫 번째 문제는 분명 다음과 같습니다. 어떤 점에서 정치는 하나의 구멍인가? 여기서 보로메우스 매듭을 원용해서 정치의 구멍이라는 문제는 상상계, 실재, 상징계를 통해 공식화된다고 말할 수 있습니다.

먼저 정치의 구멍을 상상적 구멍으로 간주해봅시다. 그것은 가장 잘 알려져 있고 가장 뚜렷한 측면입니다. 즉 정치가 하나의 구멍인 것은 그것이 집단의 상상계에 부인할 수 없는 방식으로 연결되어 있기 때문입니다. 우리는 매우 명확히 이렇게 말할 수 있습니다. 정치가 집단의 상상계에 있는 한에서 그것은 자본의 실재 안에 있는 상상적 구멍입니다. 자본의 실재는 보편적 확산, 유통, 절대적 원자화의 실재입니다. 더욱이 그것은 주이상스의 어떤 체제, 따라서 실재의 어떤 체제입니다. 그렇다면 이러한 실재의 분산된 밀도에서 정치는 일종의 접착제de colles—학파d'Écolles—를 만드는 것이며, 접착제는 실제로 일관성이 구멍 나 있거나 다공적인 뼈와 같은 시간입니다. 관건은 자본과 잉여가치plus-value의 실재적이고 분산된 일관성 안에 상상적인 구멍을 위치시키는 것입니다. 정치가 의미에 접착되는collée 것은 바로 이런 식으로입니다. 그리고 정치가 의미에 접착되는 한에서 그것은 자본의 실재 안에 상상적인, 말하자면, 종교적인 구멍을 만듭니다. 이러한 것이 교회의 효과로서의 정치입니다. 라캉에게 그것은 여러 가지 이름을 갖고 있습니다. 접착 효과(그것은 그룹을 접착시킵니다), 교회 효과, 의미 효과 말입니다. 그러나 재차 보다 기술적인 용어를 쓰자면, 그것은 실재 안의 상상적 구멍입니다.

라캉이 1980년 학파를 해산하던 순간, 모든 이가 해산의 행위를 정치적 행위로 경험하던 때에, 다음과 같이 쓴다는 점을 상기합시다.

> 제 학파가, 그것이 프로이트적일 때 경험으로부터 예상되는 담론 효과를 희생시킨 채, 강화된 그룹 효과를 지닌 하나의 제도에 해당하는 것이 그들의 행동으로부터가 아니라는 점을 행위를 통해 보여주는 것[여기서 다시 행위가 나옵니다! 이 행위는 해산의 행위입니다. 그리고 저는 여러분에게 해산의 행위와 다른 종류의 행위가 있을 수 있는지의 문제가 우리의 마지막 문제 중 하나일 것이라는 점을 알려드립니다]. 프로이트가 정신분석 그룹이 담론을 능가하고 교회가 되는 것을 허용함으로써 어떤 대가를 지불했는지를 우리는 알고 있습니다. 국제정신분석학회[국제정신분석학회란 시카고 사람들 아닙니까?]가 그 교회의 이름이기에, 국제정신분석학회는 프로이트가 그에 관해 예상했던 것의 증상에 다름 아닙니다. 그러나 무게가 나가는 것은 그것이 아닙니다. 마르크스주의를 지탱하는 것은 교회, 진정한 교회입니다. 마르크스주의가 교회에

> 새로운 피를 (…) 갱신된 의미를 재차 부여하는 한에서 말입니다. 정신분석이라고 해서 왜 해당되지 않겠습니까? 정신분석이 의미를 향할 때 말입니다. 쓸모없이 빈정대면서 드리는 말씀이 아닙니다. 종교의 안정성은 의미가 언제나 종교적이라는 사실에서 유래합니다. 이로부터 제 수학소의 길 안에서의 제 완강함이 나옵니다.

정치가 구멍인 것은 정치가 모든 담론 효과를 그룹 효과로, **담론 효과를 희생시킨 채, 강화된 그룹 효과**로 쓸어버리는 한에서입니다. 프로이트에 관해 말하자면 그는 **정신분석 그룹이 담론을 능가하는** 것을 허용했습니다. 그러므로 정치의 관점에서 관건이 되는 것 — 그룹 자체 — 은 구멍이 됩니다. 그것이 접착제 혹은 학파를 만들 때, 즉 정확히 그룹이 담론을 능가할 때 말입니다. **그룹이 담론을 능가할 때 정치가 구멍이 된다**는 경구는 매우 중요합니다. 왜 그럴까요? 왜냐하면 그로부터 우리는 어떻게 철학이 구멍을 막을 수 있는지를 이해하기 때문입니다. 철학은 그룹이 담론을 능가한다는 사실을 담론으로 만들면서 구멍을 막을 것입니다. 이것이 정치에 대한 철학의 관계에서 철학에 부여될 내용입니다. 즉, 그룹이 담론을 능가할 때, 자본의 실재 안에 일종의 상상적 틈이 있고, 이것이 우리가 가진 전부입니다. 이런 점에서 우리는 정치철학 혹은 정치에 개입하는 철학이 결여된 무언가를 막을 뿐이라고 생각해서는 안 됩니다. 그것은 훨씬 더 복잡한 작용입니다. 실제로 담론이 그룹을 능가할 때, 철학은 배후에서 (언제나 철학은 배후에서 등장하지 않았습니까?) 그룹이 담론을 능가한다는 점의 합법성을 담론 안에 재설정하기 위해 등장합니다. 그리고 철학은 그것을 '정치'라 부를 것입니다. 철학이 그룹이 담론을 능가한다는 사실을 정치라고 부를 때, 그리고 철학이 그러한 사실을 담론으로 만들 때, 철학은 정치의 구멍을 막는 역할을 합니다. 오히려 철학이 정치의 구멍을 개방해서 우리가 구멍을 통해 그룹이 담론을 능가한다는 점을 볼 수 있도록, 그래서 그것이 순수한 접착 효과의 상상적 틈 혹은 붕괴라는 점을 볼 수 있도록 하는 편이 나은 반면에 말입니다.

이 점과 관련해서 마르크스에 대한 라캉의 관계를 언급해봅시다. 라캉이 철학에 반란을 일으키는 텍스트 〈A선생〉으로 다시 돌아갑시다. 거기서 그는 이렇게 말합니다.

> 저는 증상의 창시자로서의 마르크스에게 경의를 표했습니다[그는 단지 증상의 창시자로서의 마르크스에게 경의를 표한 것이 아닙니다. 하지만 여기서 라캉이 고려하는 것은 증상의 창시자로서의 마르크스일 뿐이며, 여러분도 아시다시피 라캉은 잉여향유plus-de-jouir의 창시자, 따라서 실재에 직접적으로 닿아 있는 어떤 것의 창시자인 마르크스에게도 경의를 표했습니다]. 그러나 마르크스는 질서를 복원한 자입니다. 순전히 그가 프롤레타리아 안으로 의미의 말해진 차원dit-mension✦을 다시 불어넣기 때문에 말입니다. 이를 위해서는 마르크스가 프롤레타리아에 대해 말하는 것으로 충분했습니다. 교회는 여기에서 교훈을 이끌어냈는데, 그것이 바로 제가

여러분에게 1월 5일에 말씀드린 내용입니다[조금 뒤에 라캉은 이 점으로 되돌아갑니다]. 여러분이 상상할 수 없는 방식으로 종교적 의미의 붐이 일어날 것임을 명심하십시오[실제로 이후에 이런 일은 많이 일어났습니다]. 왜냐하면 종교는 의미의 최초의 소굴이기 때문입니다.

면밀히 살펴보면 여기서 마르크스가 비판받는 점은 그가 철학자였다는 것입니다. 그는 프롤레타리아 안에 의미를 다시 불어넣은 철학자였습니다. 프롤레타리아가 실재적인 구멍이었던 반면에 말입니다. 프롤레타리아란 그런 것이었습니다. 실재적인 구멍 말입니다. 그리고 마르크스가 의미를 다시 불어넣음으로써 메운 것이 바로 이 구멍입니다. 그 결과 마르크스는 그룹으로서의 프롤레타리아가 담론의 모든 가능성을 능가하도록 만들었습니다. 여기서 라캉이 보기에 마르크스는 질서를 복원한 자라고 일컬어질 수 있습니다. 왜냐하면 그는 프롤레타리아를 침묵하게 만들었기 때문입니다. 이것은 매우 흥미로운 테제입니다. 왜냐하면 마르크스는 대개 프롤레타리아에게 말을, 정치적 말을 부여했던 자로 여겨지기 때문입니다. 라캉에 따르면 마르크스는 프롤레타리아를 침묵하게 만들었습니다. 마르크스화되면서부터 프롤레타리아가 그룹과 다르지 않았던 바로 그 시점에 말입니다. 이것이 당의 입장입니다. 프롤레타리아는 그룹 혹은 당이었고, 실제로 당이 담론보다 우위에 있었습니다. 그리고 일종의 사후작용을 통해 마르크스는 사전에 구멍을 막았던 철학자로 드러납니다. 담론의 차원에서 그룹이 담론을 능가한다는 점을 정당화함으로써, 《공산당 선언*Manifest der Kommunistischen Partei*》을 내어놓음으로써, 즉 그룹이 담론의 조건이었음을 알려줌으로써 말입니다. 그러나 담론이 그룹의 조건이 아니라 그룹이 담론의 조건이라는 점이 제기될 때, 거기에는 실재적 구멍을 막는 효과가 있습니다. 만약 어떤 불연속성이, 말하자면 그룹을 승인하는 프롤레타리아적인 담론적 불연속성이 있었다면 실재적인 무언가가 있었을 것입니다. 라캉은 끝없이 그룹을 만들었습니다. 따라서 요점은 그룹이 있다는 것 혹은 없다는 것이 아닙니다. 요점은, 가능하다면, 그룹이 담론을 승인하는 것을 금지해야 한다는 것입니다.

라캉의 테제는 매우 흥미롭습니다. 실제로 이 점과 관련해서 라캉의 꿈은 무엇이었습니까? 꿈이 아니라 기획이라고 말합시다! 제가 방금 읽어드린 텍스트에서 라캉은 그 기획을 제시합니다. 우리는 기필코 **경험이 희생된 채로 강화된 담론 효과**의 존재를 막아야 합니다. 프로이트적 경험으로부터 예상되는 담론 효과가 그룹을 능가해야 합니다. 그러나 만약 그룹이 담론을 능가하면, 필연적으로 구멍의 (실재적) 효과와 구멍 마개의 (철학적) 효과가 동시에 발생합니다.

그러나 우리는 이 모든 것이 사실상 무엇을 의미하는지 물을 수 있습니다. 게다가 모든 이가 이 점에 대해 끊임없이 묻고 있습니다!

✦ 'dit'(말해진 것)와 'mension'을 결합해 라캉이 만든 신조어로, 'mension'이 'mensonge'(거짓말)에 연결될 수 있다는 점에서 이 신조어는 말해진 것에 진실과 거짓이 뒤얽혀 있음을 시사한다.

라캉이 이 점에 대해 말할 때, 그는 다음과 같이 인정합니다. "저는 실패했습니다, 저는 실패했습니다." 그리고 물론 이 점과 관련하여 양보하지 않는 사람으로서 라캉은 즉각 다시 시작합니다. 그러나 그는 이렇게 말합니다. "저는 실패했습니다." 무엇에 실패했다는 것일까요? "저는 분석 담론이 그룹을 능가하게 만드는 데 실패했습니다. 저는 마르크스 같았고, 마르크스가 했던 것처럼 했습니다. 저는 마르크스처럼 많은 것을 창안했지만, 결국 질서를 복원했습니다. 그리고 제가 질서를 복원했음을 깨달았기 때문에 학파를 해산합니다. 마르크스가 1871년 제1인터내셔널을 해산한 것처럼 말입니다." 라캉은 계속해서 마르크스처럼 행동했습니다. 그는 담론을 창시함으로써만 마르크스처럼 행동한 것이 아니라 정치적으로도 마르크스처럼 행동했습니다. 즉 그는 담론의 조건이 되고자 하는 그룹을 해산시켰습니다.

이것은 우리를 해산의 개념으로 이끕니다. 유적인 의미에서 해산이란 우리가 구멍으로서의 정치가 철학에 의해 막히지 않도록 시도하는 시점입니다. 해산이란 정확히 그런 것입니다. 그것은 우리가 비록 찰나의 순간이라 하더라도 담론과 그룹의 격차를 파악할 가능성이 있을 수 있는 시점입니다. 실제로 마르크스는 분명 프롤레타리아 담론을 그룹과의 격차 속에서, 그룹에 비견되는 담론의 창조적인 발견 속에서, 그룹 자체의 해산이 지각할 수 있도록 해주는 발견[découvert] — 돌파(막힌 구멍 뚫기)[dé-bouché] — 속에서 식별할 가능성에 대한 희망을 품고 제1인터내셔널을 해산했습니다.

그러나 그룹이 해산되어 소멸되는 시점에 담론과 그룹 간의 격차를 사유할 가능성이란, 어떤 순수한 담론의 실존에 관한 테제가 아닙니까? 여기서 '순수한 담론'이란 그룹과의 엄밀한 격차 안에서, 즉 그룹의 분산 안에서 지각 가능하고 사유 가능한 담론을, 그 결과 철학에서 벗어난 담론을 뜻하지 않습니까? 만약 우리가 철학이란 언제나 담론에 대한 그룹의 지배를 정치적으로 합법화하러 오는 것임을 받아들인다면 말입니다. 제 용어를 사용하자면 이것은 철학이란 언제나 국가를 합법화하러 온다는 것을 뜻할 것입니다. 정치철학이란 오직 국가철학에 다름 아닐 것입니다. 불행하게도 이런 일은 너무나 자주 일어났습니다. 그러나 라캉의 용어를 사용하자면, 정치철학이 국가철학이라는 점은 정치철학이 담론에 대한 그룹의 우위를 합법화하는 철학임을 뜻합니다. 만약 우리가 해산이 담론과 그룹 간의 생산적인 관계를 복원하는 작용임을 받아들인다면, 이것은 단순히 그룹이 잘 작동되지 않기 때문이 아닙니다. 근본적으로 해산이란 그룹을 용해하고 주변화함으로써 담론을 발견하는 작용입니다. 그러므로 이것은 또한 그 작용이 철학을 향한다는 것을 뜻하며, 철학의 주제는 라캉과 많은 다른 이들에게 정치적으로 담론에 대한 그룹의 우위를 긍정하는 것으로 가정됩니다. 현실적으로 이것은 국가의 권위를 뜻합니다.

해산으로 인해 우리는 반철학적 작용의 가장 명백한 부분을 마주합니다. 자신의 정신분석 그룹이 해산되는 시점에 라캉이 **저는 철학에 반란을 일으킵니다**라고 외친 것은 우연이 아닙니다. 그것은 필연적인 상관관계입니다. "저는 철학이 언제나 담론에 대한 그룹의 우위를 합법화하는 작용이기 때문에 철학에 반란을 일으키며, 이것이 철학이 정치의 구멍을 막는 이유입니다. 그리고 저, 라캉은, 구멍이 보이길 원합니다. 적어도 우리는 구멍을 볼 수 있어야 합니다. 그러나 철학은 담론보다 그룹을 우위에 놓는 담론으로서, 국가의 담론으로서, 구멍을 보는 것을 불가능하게 만듭니다. 우리는 더 이상 구멍을 볼 수 없고, 구멍은 막혀 있습니다. 만약 제가 구멍을 보기를 원한다면, 구멍 안에서 제가 보기를 원하는 것은 무엇일까요? 구멍이란 담론을, 궁극적으로 분석 담론을 뜻합니다."

(누군가 질문을 제기한다.) "우리는 라캉이 철학을 이데올로기로 다룬다고 말할 수 있을까요?"

그 말은 정확하지 않습니다. 만약 철학이 국가의 담론이라면(다시 말씀드리자면 저에게 이것은 철학이 마주한 유혹이지, 결코 철학의 본질이 아닙니다), 철학의 실재는 이데올로기의 상상적 기능의 실재를 추월합니다. 해산 안에는 그룹의 국가적인 우위에 대항해서 담론을 발견하는 행위가 있습니다. 그것은 극히 어려운 일입니다. 왜냐하면 담론을 발견하는 작용은 하나의 정치적 작용이기 때문이며, 단순히 이데올로기에 대항해서 참된 (혹은 과학적인) 담론을 실행하는 것이 아니기 때문입니다. 그것은 마르크스, 레닌, 마오쩌둥이 지속적으로 직면했던 매우 특수한 작용입니다. 게다가 좀 더 면밀히 살펴보면 혁명적인 활동이란 대체로 늘 담론을 발견하는 정치적 작용입니다. 그리고 아마도 그것은 본질적으로 해산의 작용일 것입니다. 이 작용은 정치의 구멍을 철학의 구멍 막기에서 벗어나게 하는 반철학과 담론을 발견하는 행위로서의 그룹에 대한 해산적인 개념화 간의 상관관계 때문에 극도의 긴장을 일으킵니다.

해산의 문제는 마르크스 이래로 혁명적 정치를 사로잡아왔습니다. 제1인터내셔널의 해산을 시작으로, 1917년 2월과 10월 사이의 이행기 중에 언제든 당을 해산하려는 레닌의 위협을 거쳐서 말입니다. 이 점은 잘 알려져 있습니다. 그에 관한 텍스트가 있기 때문입니다. 가령 《위기는 무르익었다*La crise est mûre*》를 보십시오. 거기서 레닌은 끝없이 이렇게 말합니다. **만약 그런 식이라면 나는 그만둘 것이다. 당은 아무것도 아니다. 나는 그만두고, 당을 해산할 것이다.** 그리고 어떤 점에서 중국의 문화혁명은 당을 해산하는 거대한 작용이라고 할 수 있습니다. 해산은 지속적으로 혁명 행위의 형상을 사로잡습니다. 왜냐하면 언제나 담론에 대한 정치적 발견이 문제이기 때문입니다. 라캉은 이 점을 절대적으로 계승합니다. 그가 마르크스에 대한 자신의 관계에서 스스로를 레닌에 비유한 것은 매우 합당한 일이었습니다. 그러나 그것은 극도의 긴장을 개방합니다. 왜냐하면 이 테제는 우리가 정치를 철학의 지배 — 반철학이 보는 것과 같은 — 로부터 빼낼 수 있는 것은 오직 해산의 관점 혹은 해산에 유사한 어떤 것의 관점을 통해서임을 알려주기 때문입니다.

그룹이 참된 담론에 대한 자신의 지배를, 접착 효과를 보증하는 상상적 구멍으로서의 정치의 구멍에 대해서는 여기까지 살펴보도록 합시다.

저는 또한 정치가 하나의 상징적 구멍이라고 생각합니다. 저는 여러분에게 이렇게 말씀드린 바 있습니다. 정치는 자본의 실재 안의 상상적 구멍이라고 말입니다. 그러나 정치는 또한 담론의 상상적 응집성 안의 상징적 구멍이기도 합니다. 여러분은 정치가 또한 궁극적으로 상징계 안의 실재적 구멍일 것이라는 점을 예상하실 수 있을 겁니다.

이 점에 대해 간략하게 살펴봅시다. 라캉의 개념적 배치를 포함해서, 충격적인 무언가가 있다면 그것은 바로 라캉에게 정치가 담론이 아니라는 점입니다. 과학 담론, 분석가 담론, 히스테리 담론, 대학 담론이 있지만, 정치 담론은 없습니다. 그러나 단순한 사실 확인으로만 보일 수 있는 이 점이 제가 보기에는 본질적인 문제입니다. 다음번 세미나가 시작되기 전까지 여러분이 이 문제를 직접 해결해보길 바랍니다. 어떻게 라캉에게 정치는 담론이 아닌 걸까요?

라캉과 들뢰즈를 연결시키는 것은 어려운 일입니다. 그러나 이 점에 대해서 우리는 그렇게 할 수 있습니다. 들뢰즈에게는 왜 정치가 사유가 아닐까요? 우리가 담론이 아니라고 할 수 없는 것은 담론이 들뢰즈의 용어가 아니며, 《철학이란 무엇인가?*Qu'est-ce que la philosophie?*》에서 여러분은 과학이 사유이고, 예술이 사유이고, 철학이 사유이지만, 정치는 사유가 아니라는 대목을 읽을 수 있기 때문입니다. 우리는 들뢰즈가 보기에 왜 정신분석이 사유가 아닌지를 매우 잘 알고 있습니다. 들뢰즈는 이 점에 대해 《안티 오이디푸스*L'Anti-Œdipe*》에서 길게 설명한 바 있습니다. 그런데 왜 정치는 예술, 과학, 철학으로 이어지는 목록에 부가될 수 없을까요? 오늘 밤 저는 그저 다음과 같은 사실 확인에 그치고자 합니다. 들뢰즈에게 정치는 사유의 배치가 아닙니다. 철학의 내재성의 면, 과학의 지시의 면, 혹은 카오스에 대비되는, 예술의 구성의 면이라는 뜻에서의 정치적인 면과 같은 것은 없습니다. 이를 라캉에게 대응시켜보면, 엄밀하게 말해 정치 담론이란 없습니다. 그리고 정치 담론이 없기 때문에 실제로 정치는 늘 담론 안에 구멍을 만듭니다. 더 정확히 말해 이 담론 안에서 상상적인 응집성에 근거하는 것, 즉 상블랑에 근거하는 것 안에 구멍을 만듭니다.

정치는 상블랑 안의 상징적 구멍이라고 말해둡시다.

5강

1995년 1월 18일

초봄까지 이어질 휴가가 다가오는 이 시점에서, 우리는 이제 우리가 관여했던 규약에 대해 결론을 내려야 합니다. 그 규약은 다음의 질문에 근거하여 구조화됩니다. 라캉 반철학은 어떻게 철학을 식별하는가? 저는 이 질문에 대해 세 가지 매개를 전제로 답변했음을 보여드렸습니다. 철학과 수학의 관계, 철학과 정치의 관계, 철학과 사랑의 관계가 그것입니다.

수학과 관련해서 결과는 분열되어 있습니다. 제가 플라톤, 데카르트, 헤겔의 사례를 통해 보여드렸던 것처럼 말입니다. 저는 플라톤, 데카르트, 헤겔에서 각각 상기, 방법, 변증법적 지양이 수학소 안에 있는 말하기와 말해진 것의 관계를 의미가 지배하는 의식과 현실의 이항으로 추방시키는 것에 대한 라캉의 테제를 예시한다면, 역으로 공리적인 것, 과장된 의심, 무한의 사유에 대한 최초의 도래 — 혹은 좀 더 정확히 말해 공리적인 것의 가설적 성격, 의심의 과장된 성격, 환원 불가능하게 창조적인 최초의 도래 — 는 바로 수학의 정체성을 말하기의 순수한 권위로 재현한다고 결론 내렸습니다. 비록 그러한 정체성의 식별이 장차 불충분하다고 선언된다 하더라도 말입니다.

저는 라캉과 거리를 둔 채로, 라캉에 대해 위대한 철학적 전통에는 본질적으로 분열된 성격이 있다는 입장을 취합니다. 정확히 철학이 수학의 조건에 있을 때 말입니다. 왜냐하면 수학은 철학을 분열시키기 때문입니다. 철학이 수학에 의해 조건 지어지는 고유한 방식은 철학의 불가피한 분열에 있습니다. 한편으로는 철학을 무의미의 시험에 빠뜨리는 어떤 식별과, 다른 한편으로는 의미의 회상에 대한 어떤 유혹, 어떤 봉합의 작용 사이에서 말입니다. 사실 이는 제가 하이데거에게 강하게 반대하는 일반적인 논점의 또 다른 판본입니다. 즉, 저에게 철학의 역사적 통일성이란 없습니다. 철학은 분열된 과정입니다. 철학의 분열은 일자의 형이상학적 유혹과 일자로부터 떨어지고 해방되는 경향 사이에서 일어납니다. 철학이 끊임없이 견뎌야 할 시험, 수학의 시험 안에는 의미의 회상에 관한 유혹, 과학적 지향성에 관한 해석학적 유혹이 있습니다. 그러나 또한 수학은 해석에 저항하는 것으로, 심지어 참된 것을 의미에 이질적인 것으로 여기는 사유를 향한 것으로 식별되기도 합니다. 여기서 수학은 철학자에게 모든 진리란 무의미함을 가르쳐줍니다. 위대한 철학은 늘 분열된 과정을 설립합니다. 이는 철학이 체계적이지 않다는 말이 아니라, 철학은 분열 그 자체의 체계라는 말입니다. 그리고 그것은 변증법적 분열, 어떤 종합을 전개하는 데 열려 있는 분열이 아닙니다. 이러한 분열의 과정 혹은 분열의 교육이 철학적 사유 자체입니다. 다만 이러한 분열의 교육에서 수학이 특히 민감한 문제인 것입니다.

좀 더 단순하게 말해봅시다. 철학이란 종교적인 것으로부터 분리되는 규약이고, 따라서 여러분은 종교적인 것이 철학에 있는 일은 언제나 가능하다고 말할 수 있습니다. 즉, 분리의 대상이 되는 것은 분리 행위 안에 전제되는 것입니다. 이것이 실증주의적, 과학주의적, 반反형이상학 비판 등이 지적하는 것입니다. 좋습니다. 여기서 '종교적인 것'이란 가장 일반적인 의미로, 진리가 의미의 공간 안으로 재흡수되는 어떤 공간의 설정이라는 의미로 쓰이고 있습니다. 그러나 철학은 그저 종교적인 것이 아닙니다. 종교적인 것이 사실상 언제나 거기에 현존하고 있더라도 말입니다. 왜냐하면 철학은 종교적인 것의 현존과의 분리이기 때문입니다. 이것이 철학이 동일한 제스처의, 역사적으로 정의된 반복이 아니라 어떤 살아 있는 작용인 까닭입니다. 철학은 언제나 다시 시작하는 것이고, 끊임없이 변화하는 진리들의 조건에 있으며, 종교적인 것으로부터의 분리입니다. 사실 언제나 철학은, 심지어 신학적인 철학까지도, 신이 없다면, 신이 죽는다면 인간이 무엇을 사유하고 무엇이 되어야 하는지의 문제를 제기합니다. 우리는 종교적인 것은 구조에 속한다는 점에 대해 라캉에게 동의할 수 있지만, 철학은 종교적인 심급으로부터의 분리가 다시 시작되는 장소 중 하나라는 점을 덧붙여야 합니다. 따라서 여러분은 종교적인 것이 철학에 내속한다고 말할 수 있지만, 이는 오직 철학이 구성적으로 이러한 내속과 단절하는 어떤 체제라는 점을 첨언하는 한에서입니다.

그다음에 저는 철학 혹은 형이상학을 '정치의 구멍을 막는' 것으로 식별하는 문제를 살펴보았습니다. 저는 어떤 점에서 정치가 하나의 구멍으로 식별될 수 있는지 말씀드렸습니다. 저는 이 점과 관련해서 RSI(실재réel, 상징계symbolique, 상상계imaginaire)의 도식에 관련되는 구조를 제안했습니다. 그 구조의 구성물은 다음과 같습니다. 1) 정치는 실재 안의 상상적인 구멍으로 고려될 수 있다. 2) 정치는 상상계 안의 상징적인 구멍으로 고려될 수 있다. 3) 정치는 상징계 안의 실재적인 구멍으로 고려될 수 있다. 그리고 철학은 이 세 가지 구멍을 단번에 막을 것입니다.

첫 번째 점은 실재 안의 상상적 구멍으로서의 정치에 관련됩니다. 자본이 조직하는 절대적 분산의 실재적 시험에 직면하여 정치는 집단이나 그룹을 상상적인 접착제로서 유지합니다. 이것이 라캉이 교회 효과, 학파 효과라고 부른 것이며, 그는 또한 그것을 접착 효과라고 부르기도 합니다. 저는 이 점으로 되돌아가지는 않을 것입니다. 지난 시간에 그것을 상세히 다룬 바 있습니다.

그러므로 두 번째 점에서 시작해봅시다. 담론의 상상적인 응집성 안의 상징적 구멍으로서의 정치 말입니다. 엄밀히 말해 정치는 담론이 아닙니다. 그것은 어떤 사이-담론entre-discours, 어떤 실천이며, 어떤 정치적 존재가 있어서 정치가 작동된다면, 그것은 오직 정치의 작용이 결코 그 어떠한 담론적·상상적 응집성과도 일치하지 않는다는 뜻에서입니다. 정치가 존재할 때, 정치는 담론적으로 현시 가능한 상상적 유착으로 환원할 수 없는 작용입니다. 마르크스주의는 이것을 자기 자신의 용어를 통해 혁명 정치 이론, 코뮤니즘 이론이 지배적인 이데올로기에 구멍을 낸다고 말합니다. 라캉은 끝내 이렇게(저는 실제로 이것이 구멍을 상징적 구멍으로, 상상적인 담론적 입장의 접착과는 달리 탈중심적이고 자율적인 방식으로 우리를 움직이게 하는 구멍으로 제시하는 경구라고 생각합니다), 끝내 이렇게 말할 것입니다. **저는 사람에게서 아무것도 기대하지 않지만, 작용으로부터는 무언가를 기대합니다.** 이것이 정치에 관한 라캉의 마지막 발언입니다. 따라서 '작용fonctionnement'이란 그룹의 담론적 상상계를 통해 요약될 수 없는 효과를 생산합니다. 이 효과에 비해 사람, 인격은 아무것도 아닌 것으로 되돌려집니다.

이것은 흥미로운 테제입니다. 사실상 라캉에게 정치란, 그것의 가장 일반적인 의미에서, 홀로 작동하는 상징적 승인에 연결됩니다. 그러한 작용을 일으키기 위해 특정 인물들을 필요한 행위자의 위치에서 결합하는 일 없이도 말입니다. 그리고 이러한 작용으로부터 우리는 어떤 것을 기대할 수 있습니다. 그것은 무엇일까요? 우리는 결국 이 점으로 되돌아와야 합니다. 기대할 수 있는 것은 지식입니다. 상상적인 담론성과 그것이 내포하는 주체적 입장 안에 상징적 구멍을 만든다는 뜻에서, 라캉에게 정치는 지식의 작용입니다. 여기서 지식이란 지식 자체가 아니라 지식을 사용하는 이들의 특수성에 대한 일종의 무관심 속에서 지식이 작용할 가능성을 말합니다. 이것은 어떤 점에서 정치가 적어도 직접적으로는 진리에 닿지 못한다는 것을 뜻합니다. 정치란 기껏해야 지식의 측면에서 우리가 어떤 작용으로부터 기대할 수 있는 것입니다.

끝으로 정치는 상징계 혹은 법 안의 실재적 구멍일 수 있습니다. 순전히 정치가 삶 혹은 죽음을 결정하는 위치에 있을 수 있기 때문에 말입니다. 정치는 죽음을 결정할 수 있습니다. 정치가 죽음을 결정할 때 우리는 늘 법 안에 구멍이 난다는 점을 알고 있습니다. 카를 슈미트와 함께 우리는 이를 다음과 같이 재공식화할 수 있습니다. 실재적 정치의 사명은 법 바깥에 예외 상태[état d'exception]를 설정하는 것입니다.

이 모든 것은 매우 명확한 구조적 묘사에 속합니다. 여기서 라캉은 이렇게 말할 것입니다. 이러한 세 개의 구멍은 철학에 의해 다방면으로 파악되고 또 은폐됩니다. 그리고 이 경우에 라캉은 철학을 형이상학이라 부릅니다. 형이상학은 어떻게 이 구멍을 막는 것일까요? 형이상학은 구멍이 없다고 가정되는 담으로 구멍을 막습니다. 그리고 철학이라고 하는, 구멍이 없다고 가정되는 이 담론은 이상적인 정치, 좋은 정치, 혹은 개념적으로 근거 지워진 정치에 관한 담론입니다. 실제로 우리는 이상적이고, 좋은, 혹은 근거 지워진 정치에 관한 담론이 기원적으로 철학적이라는 것을 알고 있습니다. 여기에는 어떠한 의심의 여지도 없을 겁니다. 그것이 분명 플라톤의 동기였음을 살펴보는 것으로 충분합니다. 흔히 플라톤은 마치 그의 사유에서는 모든 것이 정치에 관한 구멍 없는 담론, 모든 것이 제자리에 있는 담론을 파악할 가능성에 종속되는 것처럼 독해됩니다. 그리고 사람들은《국가》에서의 '코뮤니즘적' 국가 건설이 그러한 구멍 없는 정치적 담론의 이상향을 따른다고 말할 수 있었습니다.

라캉은《국가》를 그다지 좋아하지 않았습니다. 라캉은 그것이 정성 들여 사육한 말과 같다고 했습니다. 그러나 결코 여기에서 플라톤이 도리에서 벗어났다거나 전체주의적이라는 결론을 끌어내지 않았습니다! 그는 이로부터 대화편의 처음부터 끝까지 플라톤이 우리를 우롱하고 있다는 결론을 끌어냈습니다. 달리 말해 플라톤처럼 위대한 사람 — 라캉에게 플라톤은 아무나가 아니기 때문에 — 이 그토록 끔찍하고 고약한 것을 믿을 수 있었다는 것은 결코 상상할 수 없는 일입니다. 따라서 라캉은 《국가》가 근본적으로 아이러니한 대화편이라고 생각했습니다. 이것은 흥미로운 가설입니다. 왜냐하면 실제로 각자가 수수께끼같이 제자리에 있는 위대한 구성물은 사실상 정치가 하나의 구멍이라는 점을 아이러니하게 보여줄 것이기 때문입니다. 이렇게 라캉에 의해 다시 읽힌 플라톤이 그 점에 대해 제공하는 최상의 증거는 다음과 같습니다. 만약 여러분이 구멍을 막으려고 한다면, 여러분은 즉각 정성들여 사육한 말의 슬픈 형상과 마주할 것입니다. 이것은 최상의 아이러니입니다! 그러나 이것이 라캉으로 하여금 다른 곳에서 철학자들이 하는 일이란 바로 정치의 구멍을 막는 것이라고 주장하는 것을 막지는 못했습니다. 비록 그가 지나가는 김에 플라톤에게 어떤 아이러니를 귀속시키기는 하지만 말입니다. 더욱이 그 아이러니는 역사적으로 기념비적인 아이러니, 말하자면 문자 그대로 기념비의 형상을 띤 아이러니일 것입니다.

그러나 철학은 그 정도로 눈이 멀었을까요? 여기서 근본적인 질문이 되돌아옵니다. 철학은 자기 자신의 기획에 대한 반론에 눈이 멀었을까요? 저는 그렇게 생각하지 않습니다. 플라톤의 《국가》라는 극단적인 경우를 사례로 들더라도 말입니다. 물론 플라톤에게는 국가에 관한 위대한 구축이 있습니다. 장소의 배치, 자신들의 일에 일의적으로 연결된 장인과 농부, 그리고 이해관계에서 벗어나 있고, 금욕적이고, 최상층에 자리하며 국가를 수호하는 철학자가 있는 것입니다.

만약 여러분이 정치의 구멍을 막고자 한다면, 여러분이 할 수 있는 최소한은 여러분 스스로 구멍 마개 안에 자리 잡는 것입니다. 따라서 최상층에서 구멍을 막는 것이 바로 철학, 보다 정확히 말해 변증법이라는 점은 이치에 맞습니다. 이것이 바로 플라톤이 말하는 것입니다. 즉, 만약 우리가 이념에 걸맞은 정치를 원한다면, 철학자가 권력을 잡아야 한다는 것입니다. 그러나 대화편에서 소크라테스의 대화 상대가 즉각 이렇게 말하면서 냉소한다는 점에 주목하십시오. "그런 일이 일어날 리가 없지!" 그리고 이런 반론은 대화편 내내 고집스럽게 계속해서 되돌아옵니다. 따라서 정치의 실재의 지점에 대해, 일어나는 것의 지점에 대해 플라톤은 결코 단계적 해소 혹은 몰지각의 차원에 있지 않습니다. 그는 위험한 간극이 있다는 점을 알고 있습니다.

이러한 위험한 간극은 세 가지 특징을 갖고 있습니다. 이 세 가지 모두 《국가》의 정치적 구축을 인식하는 데 본질적입니다. 첫째, 복수성에 대한 인정이 있습니다. 플라톤의 체계는 **다수의** 정치적 형식이 있다고 말하는 데 있습니다. 그것이 바로 실재입니다. 참주정tyrannies, 민주정démocraties, 과두정oligarchies이 있습니다. 이런 것들이 존재합니다. 그러므로 플라톤에게는 결코 정치가 있다는 사실에 대한 몰지각이 없습니다. '(정치가) 있다'는 것은 환원 불가능한 복수성이 있다는 것입니다. 둘째, 플라톤은 자기 구축물의 한가운데에서 정치의 놀라운 불확실성을 인정합니다. '불확실성'이란 바로 어떤 것이 결코 메워지지 않음을, 어떤 구멍도 영원히 막히지 않음을 가리킵니다. 셋째, 그는 자기 구축물의 위험한 성격을 인정합니다.

정치의 불확실성은 세 가지 의미를 갖습니다.

우선 모든 정치적 형식은 다른 형식으로 변형되지 않을 수 없습니다. 복수의 정치 형식 중 그 어떤 실재적 정치 형식도 안정적이지 않으며, 자기 스스로에 대한 탈동일시[désidentification] 과정을 거치고, 다른 정치적 형식으로 변형됩니다. 플라톤이 보기에 이것의 고전적인 사례는 민주정이 참주정으로 변화하는 것의 불가피한 성격입니다. 그러나 이것만이 유일한 사례는 아닙니다. 현실적으로 어떠한 실재적인 정치 형식도 구성적인 불안정성에 사로잡힙니다.

이러한 불확실성의 보다 심오한 의미로, 두 번째 의미는 플라톤이 제안한 '이상적인' 체계가 그 자체로 불확실하다는 점입니다. 플라톤은 실재적 정치 형식의 불확실성을 모든 불확실성에서 해방된 어떤 정치 형식으로 대체할 것을 주장하지 않습니다. 정녕 매우 기이하지만 상징적으로 매우 충격적인 한 논평에서 플라톤은 국가에 대한 자신의 계획이 현실화되리라고 가정하는 것 자체가 불확실하고 결국 퇴화할 것이라고 지적합니다. 그것은 불가피하게 금권정[timocratie]으로 변형될 것입니다. 이에 대해 플라톤이 제공하는 이유는 (이것은 정신분석가들이 관심을 기울일 만한 것입니다만) 매우 놀랍습니다. 어떤 주어진 시점에 억압, 부인, 망각이 있을 것입니다. 어떤 수의 망각이 말입니다. 체계가 작동하려면 지도자들의 정신에 수가 명확하게 존재해야 합니다. 왜냐하면 이상적인 정치적 구축물의 코드화는 각자가 미리 코드화된 비율, 분배, 배치에 따라 조화롭고 수적인 방식으로 제자리에 있을 것을 전제로 하기 때문입니다. 따라서 이러한 구축물을 지배하는 근본적인 수적 네트워크가 있습니다. 그러나 플라톤이 우리에게 설명하는 것은 기억이 실패할 것이라는 점입니다. 언젠가 가장 중요한 수 중 하나가 망각, 상실될 것입니다. 그리고 여기서 우리는 매우 분명하게 정치의 구멍을 볼 수 있습니다. 이것이 프로이트적 의미의 억압입니다. 수는 지도자들의 무의식에서 사라질 것입니다. 수가 바로 시민적 질서의 상징 자체인데 말입니다. 그리고 다소 주변적이지만 놀라운 것은, 이러한 망각이 갖는 부패 효과입니다. 망각의 경험적 효과, 망각의 파악 가능한 효과는 교육 프로그램에서 체육이 음악을 능가하는 데서 드러날 것입니다. 직접적으로 군사적인 교육에 속한 어떤 것이 지적이고 영적인 교육에 속한 유적인 것을 능가합니다. 이 모든 것은 다음을 의미합니다. 플라톤은 정치의 모든 정체성이 자신의 불확실성을 환원 불가능한 요소로 포함할 수밖에 없다는 점을 완벽히 알고 있었습니다. 심지어 이상적인 정치, 재차 라캉의 표현을 사용하자면 정치의 구멍을 막을 것으로 가정되는 정치 역시, 망각의 사후작용으로 이루어지는 도래할 간극 안에서는 주체 통일성의 단절입니다. 왜냐하면 음악에 대해 체육의 우위가 갖는 역사는 주체 - 시민의 내밀한 조직화에 속한 어떤 것의 해체를 뜻하기 때문입니다. 달리기, 검술, 경마의 지배가 예비하는 군사독재에 유리하도록 말입니다.

마지막으로 본질적인 점은 정치의 간극이 환원 불가능하다는 것입니다. 플라톤은 자기 기획의 성공이 결국 우연의 문제임을 인정합니다. 이상적인 구축물은 오직 위험하고 있을 법하지 않은 조건, 나아가 무無장소적이고 탈중심화된 조건에서만 실재적입니다. 가령 플라톤은 다음과 같은 사실을 강조합니다. 잘 조건 지어진 정치를 잘 알고 있는 이가 경우에 따라 그 전부 혹은 일부를 실현하는 것은, 분명 플라톤 자신의 국가에서가 아닙니다. 그것은 다른 곳에서 실현될 것입니다. 그의 장소가 아닌 어떤 알려지지 않은 장소에서 말입니다. 그리고 소크라테스의 대화 상대는 그에게 이렇게 말합니다. **당신 철학자들은 결코 권력을 잡지 못할 것이오.** 소크라테스/플라톤은 이에 대해 이렇게 대답합니다. **그런 일이 일어날 수도 있습니다, 그런 일이 일어날 수도 있습니다.** 그러나 이것이 우리가 아는 전부입니다. 진실을 말하자면, 그런 일이 일어날 어떠한 이유도 없지만, 그런 일이 일어나지 않을 절대적인 이유 또한 없습니다. 실재적 구멍은 언제나 거기에 있습니다. 그것은 막히지 않습니다. 다만 구축물의 내부에서 구멍은 일련의 다른 이름들로 명명됩니다. 우리가 방금 살펴본 것처럼, 정치의 구멍은 플라톤에 의해 완전히 식별되어 세 가지 다른 방식으로 명명됩니다. 다수성, 불확실성, 우연성이 그것입니다.

그러므로 철학과 정치의 관계에 관해, 저는 제가 철학과 수학의 관계에 대해 주장한 것과 거의 똑같은 방식으로 결론을 내리고자 합니다. 철학은 토대를 정초하려는 의지의 절정에서조차(플라톤의 국가가 틀림없이 그런 경우입니다) 정치 안에서 무언가를 식별합니다. 봉합될 수 없지만, 토대를 정초하는 사유조차도 제거할 수 없는 일종의 우연한 간극에 종속된 채로 남아 있는 무언가를 말입니다. 토대를 정초하는 사유에서는 다수성, 불확실성, 우연성이 실재이기 때문입니다. 그 나머지는 담론입니다. 그러나 실재는 담론의 난관입니다. 플라톤은 분명 자기 자신의 정치적 형식화의 난관에 대해 완벽히 인식하고 있습니다. 그리고 그러한 인식은 불확실성, 다수성, 우연성이라는 세 가지 이름에 의해 입증됩니다.

이 지점에서 우리는 라캉을 향해 이렇게 말할 수 있습니다. "그래요! 철학은 정치의 구멍을 막습니다." (우리는 실제로는 그렇게 생각하지 않지만, 그렇게 생각한다고 해봅시다.) 구멍을 막지 않는 것이란 무엇일까요? 반철학의 정치적 입장이란 무엇일까요? 반철학적 정치, 혹은 본질적으로 정치의 구멍을 막지 않는 정치가 있을까요? 그런 것이 존재할까요? 사실을 말하자면, 이 점과 관련해서 라캉의 학설은 급진적인 동시에 포착하거나 파악하기 어렵습니다. 제가 보기에 그것은 은유적으로만 제시됩니다. 사람들이 여전히 라캉의 '정치적' 가르침에 대해 논쟁을 벌이는 것은 이러한 이유 때문입니다. 즉 그것은 근본적으로 은유적인 방식으로 전달되고 있습니다.

그룹의 문제를 살펴봅시다. 어떤 조건에서 그룹은 상상적 응집의 체제에 있지 않을까요? 라캉은 1980년 자기 학파의 해산을 선언한 문서에서 상상적인 효과에서 벗어나야 한다고 단호하게 말합니다. 그는 자신이 거기서 창안한 것은 그룹의 효과에서 벗어나야 한다고 말합니다. 라캉의 말을 인용해보겠습니다. **프로이트대의학파**École de la Cause freudienne✦**는 제가 규탄하는 그룹 효과에서 벗어나야 합니다.** 이런 말을 할 수는 있습니다. 그런데 어떻게 그룹 효과에서 벗어날 수 있을까요? 우리는 이 점에 관한 라캉의 명제가 실망스럽다는 점을 인정하지 않을 수 없습니다. 왜냐하면 그것은 한편으로는 이미 잘 알려져 있으며, 다른 한편으로는 합리적이라기보다는 비유적이기 때문입니다. 그것은 무엇으로 이루어질까요? 그것은 교체, 비위계적인 안정화, 모든 것의 불안정성과 운동성, 그룹의 지속으로서의 일관성의 해지에 대한 명제로 이루어집니다. 1980년 3월 11일 라캉은 이렇게 선언합니다.

> 프로이트대의는 학파가 아니라 장Champ입니다[이것은 하나의 은유입니다…… 장은 불안정성, 교체, 불안정성에 의해 식별될 것입니다. 그리고 그가 창조한 것과 관련해서 다음과 같은 감탄할 만한 공식이 등장합니다]. 이로부터 그것[하나의 장에 해당할 학파]은 오직 일시적으로만 존속할 것이라는 점으로 귀결됩니다.

끝으로 추상적인 원리가 나오는데, 여기서 우리는 본질적으로 고도의 민주주의적 유토피아와 같은 것을 인식할 수 있습니다.

> (…) 실제로 우리가 이루려는 목적은 바로 프로이트대의에서 누구든지 다른 누군가와 함께 협력하는 것입니다[이번에는 소용돌이의 은유가 나옵니다]. 그러나 결국 그것은 마치 소용돌이처럼 돌아가야 합니다.

이 모든 것이 괜찮게 들리지만, 사실을 말하자면, 중요한 것은, 진정한 경구는 해산입니다. 프로이트대의학파는 오직 일시적으로만 존속할 것입니다. 그런데 일시적인 조정이 해산을 지속시키는 어

✦ 라캉이 파리 프로이트학파를 해산한 이후 그의 몇몇 제자는 1980년 프로이트대의학파를 설립했다.

떤 연속적인 재출현이 아니라면 달리 무엇이겠습니까? 해산은 이제부터 그것이 지속되어야 한다는 뜻에서 하나의 행위입니다. 사실상 이것이 유토피아적 민주주의의 오래된 모체 그 자체 아닙니까? 제가 유토피아적 민주주의라는 말로 뜻하는 것은 특수하고, 원자적인 혹은 양자적인 평등주의입니다. 있는 것은 오직 소용돌이밖에, 누구나 다른 누군가와 함께 잠정적인 조정을 이루는 소용돌이 운동 속에서 응결되는 것밖에 없습니다. 그리고 잠정적인 조정은 이후에 해체됩니다. 이것은 루크레티우스의 세계를 닮았습니다. 원자의 충돌은 잠정적인 형상을 이루고, 이 형상은 그 내재적인 불확실성 때문에 해체되기 마련입니다. 그 결과, 이 경우는 오직 구멍만 있는 상황은 아닌지 질문할 수 있습니다. 그것은 급진적인 탈전체화[détotalisation]의 상황입니다. 그것이 하나의 정치를 이루는 것일까요? 저는 라캉이 정치철학으로 식별하는 것과 정치에 대한 그의 최종적인 명제 사이에서 대칭성을 볼 수 있습니다. 실제로 한편으로 우리는 구멍을 막을 수 있으며 모든 것은 제자리에 있습니다. 그러나 다른 한편으로는 더 이상 장소와 같은 것은 없다는 암묵적인 규범이 있습니다. 이것이 바로 장, 소용돌이입니다. 즉, 그것은 장소 없는 공간입니다. 본질적으로 구멍난[troué] 공간, 구멍들[trous]로 이루어진 공간 말입니다.

문제는 정치의 본질이 장소의 전치[dé-placement]란 무엇인가에 관한 가변적인 원리에서 바라본 장소[places]의 문제와 관련이 있다는 것입니다. 장소 배치[placement]의 영원성을 정초하기를 주장하는 입장(전통적으로 플라톤적인 입장)은 확실히 모든 실재적 정치 바깥에 있습니다. 그러나 해체된 장소의 소용돌이밖에 없음을, 편재하는 구멍밖에 없음을 주장하는 입장 역시 마찬가지입니다. 만약 우리가 모든 정치가 장소의 전치를 제안한다는 점을 받아들인다면, 라캉은 우리에게 정치에 관해 아무것도 말하고 있지 않거나, 아니면 여하튼 무정부주의적 좌익주의의 그럴듯한 여러 판본에서 이미 말해진 것만을 말하고 있습니다. 그의 가장 급진적인 명제들은 해산의 명제들이고, 그것들은 현실적으로 라캉의 진정한 정치적 비전을 표현하고 있습니다. 저는 그것을 전제적 무정부주의라 부르고자 합니다.

여기서 '전제적tyrannique'이라는 용어에는 어떤 가치판단도 포함되어 있지 않습니다. 네, 거기에 아무런 가치판단이 없는 이유는 제가 이 점에 대해 플라톤주의자가 아니기 때문입니다. 물론 플라톤은 전제군주를 좋아하지 않았습니다. 그런데 다른 장소 및 시간에서 자주 그러하듯, 그것은 고대 그리스에서 전제군주가 귀족들에게 적대적인 인민의 힘을 대변하는 자였기 때문입니다. 이것이 바로 플라톤이 전제군주를 좋아하지 않았던 이유입니다. 플라톤은 전제군주들을 좋아하지 않는 척 했습니다. 왜냐하면 그들은 사악했고 그들의 욕망만을 생각했기 때문입니다. 현실적으로 그가 전제군주들을 좋아하지 않았던 이유가 고대 그리스 사회에서 전제군주들의 움직임이 몇몇 세습 귀족 가문의 통치에서보다 더욱 열린 공간에서 헌정 개혁을 유발한 요인이었기 때문임을 우리는 잘 알고 있습니다. 따라서 저는 '전제적'이라는 용어를 행위의 의미에서, 집단의 공간 안에서 자기 뜻대로 행동하는 능력이라는 의미에서 사용하고 있습니다. 이것이 바로 라캉이 〈학파 해산에 관한 편지〉에서 움직이는 방식이며, 거기서 그는 완벽하게 전제적인 입장을 취하고 있습니다. 그는 그것을

엄격한(인내하는) 아버지père-sévère의 입장이라 부릅니다. 라캉은 전제적인 입장을 취합니다. 그 자신이 물러서는 가운데 모든 것을 해체하고, 모든 것을 해체할 권력을 가진 유일한 자인 한에서 말입니다. 게다가 그는 무정부주의적인데(그것도 심오한 방식으로), 왜냐하면 해산의 전제적 제스처를 포함한 모든 것은 장소 없는 소용돌이라는 이 상향에서 일어나기 때문입니다. 결국 라캉 자신의 장소를 제외하면 말입니다. 그 장소는 고독한 장소이기에 파괴될 수 없습니다. **정신분석의 대의와 저의 관계에서 저는 언제나 그랬던 것처럼 홀로입니다.** 여러분이 홀로일 때, 여러분은 여러분의 장소를 떠날 수 없습니다. 고독의 장소란 모든 다른 장소의 플러스 원plus-un입니다. 그런데 모든 다른 것의 플러스 원은 전제적 무정부주의의 입장입니다. 그리고 이 입장은 고전적이며, 우리는 그것을 정치사와 정치철학사에서 발견하고 식별할 수 있습니다. 그것은 결코 분석 담론에 고유한 어떤 새로운 입장이 아닙니다.

이 점에 대해 적어도 잠정적이나마 결론을 내리기 위해 저는 다음과 같이 말씀드리고자 합니다. 라캉은 한편으로 정치철학이 정치적 실재를 자신의 정초적인 입장의 난관으로 식별한다는 점을 알지 못했고, (이에 대칭적으로) 다른 한편으로 그 자신의 정치적 제스처는 정치에 대한 철학적 식별에서 벗어나지 못하고 있으며 그것은 철학적 관점 자체에 의해 식별 가능합니다. 이런 점에서 정신분석은 정치에 관해 아무 말 없이 남아 있습니다. 라캉적인 정치적 창안과 같은 것은 없었으며, 라캉적인 정치적 창시 혹은 창설과 같은 것은 없었습니다. 그러나 이것이 결국 하나의 반론에 해당하지는 않을 것입니다. 만약 라캉 자신이 철학에 대해 철학이 정치의 구멍을 막는다는 반론을 하지 않는다면 말입니다.

재차 말씀드리자면 오직 해산밖에 없었습니다. 따라서 분석가들은 해산했고, 해산된 채로 남아 있습니다! 이것이 라캉 정신분석의 상황입니다. 분석가들은 해산하기를 계속합니다. 왜냐하면 그것이 바로 그들이 물려받은 명령이기 때문입니다. **해산하시오!** 그런데 이 명령은 많은 다른 명령보다 낫습니다. 그것은 **모여!** 혹은 **네 이웃을 너 자신과 같이 사랑하라!**보다는 틀림없이 낫습니다.

이러한 것이 라캉이 정치적으로 추구한 길이었습니다. 즉, 해산은 계속되고 또 계속될 것입니다. 왜냐하면 무언가 새로운 것이 창설되려면 해산밖에 방법이 없기 때문입니다. 그리고 각자는 해산이 자신에게 적용되지 않는다고 믿으며, 해산하면서 무언가를 다시 창설합니다. 각각의 분석가는 정치의 구멍을 막는 것입니다! 이것은 아마도 철학이 할 수 있는 것보다 훨씬 치밀한 구멍 막기일 것입니다. 정치의 구멍을 막는 것에 관한 한 거기에 관여하는 분석가들은 누구에게도 뒤지지 않는다는 점을 인정해야 합니다.

제가 강조하고 싶은 마지막 문제는 다음과 같습니다. 라캉이 보기에 마르크스는 철학이 정치의 구멍을 막는 데 복무했다는 점을 이미 알고 있었습니다. 이것은 마르크스의 포이어바흐에 관한 마지막 테제에 대한 라캉적 해석이라 할 수 있습니다.

철학자들은 지금까지 세계를 해석해왔을 뿐이다. 중요한 것은 세계를 변혁시키는 것이다.

이것은 다음과 같이 이해될 수 있습니다. 철학자들은 해석을 가지고 정치의 구멍을 막았습니다. 관건은 막힌 것을 뚫는 것, 막힌 것을 다시 개방하는 것입니다. 〈라디오포니〉에서 라캉은 마르크스적이고 반철학적인 훌륭한 구절을 통해 이 점을 표현합니다.

질문 5 그것[무의식의 발견이 두 번째 코페르니쿠스적 혁명에 도달한다는 점]이 가져오는 결과는 무엇입니까? a) 과학, b) 철학, c) 보다 특수하게는 마르크스주의, 심지어 코뮤니즘과 관련해서 말입니다.

라캉의 답변 마르크스주의가 그 실질적인 혁명으로 보여준 다음과 같은 사안에 의해 기세가 꺾이지 않는 존재 혹은 무의 함성은 없습니다[존재 혹은 무의 함성을 말하는 이들은 철학자들입니다. 사르트르와 모든 다른 철학자들 말입니다!]. 어떤 진보도 진리나 안락에서 예상되지 않고, 그저 상상적인 무능력함이 불가능성으로 전환될 뿐이며, 불가능성은 오직 논리를 통해서만 정초될 수 있는 실재로 드러납니다. 그리고 저는 무의식이 논리에 위치한다고 주장하는데, 이는 그러한 전환의 논리가 행위를 재촉해서는 안 된다는 점을 말하기 위해서가 아닙니다.

요컨대 라캉에게 마르크스는 좋은 국가 혹은 좋은 사회에 대한 철학적 공상 대신에 실재의 지점에서 자본의 논리가 규명되어야 한다는 점을 보여주었습니다. 마르크스의 실질적인 혁명이란 철학에 대한 청산입니다. 우리는 마르크스가 철학적인 상상계를 어떤 과학, 어떤 지식으로 대체했다고 말해야 할까요? 라캉은 그렇지 않다고 말합니다. 왜냐하면 우리는 **이러한 전환의 논리**가 **행위를 재촉**해야 한다고 상정해야 하기 때문입니다.

여러분은 정치의 구멍을 막는 것으로서의 철학 혹은 형이상학에 대한 반철학의 비판이 사실상 다음을 뜻한다는 점을 알 수 있습니다. 정치에는 막을 수 없는 구멍이 있고, 마르크스는 이미 그 점을 잘 알고 있었습니다. 관건은 결코 좋은 것, 즉 좋은 국가나 좋은 정치를 말하는 것, 그리고 어떤 것에서든 간에 진보를 이루어내는 것이 아닙니다. 이 모든 것은 상상적인 무능력함입니다. 있는 것은 실재를 포착하고 경우에 따라 행위의 서두름을 요청하는 어떤 논리입니다. 라캉이 보기에 마르크스는 증상을 창안한 이, 주이상스의 이론을 창안한 이입니다. 마르크스야말로 정치에 대한 철학적 비전과 급진적인 방식으로 단절한 이입니다. 라캉에게 마르크스는 논리와 행위의 상관관계입니다. 그것이 라캉에게 마르크스에 대한 자신의 관계에서 가장 강력한 주체화의 지점입니다. 논리와 행위의 상관관계이지, 결코 앎connaissance과 기획의 상관관계가 아닙니다.

제가 보기에 그것은 여전히 매우 적절한 구분입니다. 정치에 대한 '고전적인' 비전은 정치를 현재의 상황을 아는 것과 정당한 기획을 실행하는 것 간의 결합물로 정의합니다. 그러나 이러한 이미지는 라캉이 식별하는 대로의 마르크스에 의해 배제됩니다. 즉, 정치는 앎과 기획이 아니라 논리, 따라서 행위를 요청하는 실재의 출현입니다. 만약 정치가 앎과 진보라면, 정치는 의미의 체제 아래 있고, 의미를 분배합니다. 만약 정치가 논리와 행위라면, 정치는 의미에서 벗어나 있으며, 이는 정치가 모든 형식의 진보에서 벗어나 있음을, 진보를 재현하는 아이디어 자체에서 벗어나 있음을 뜻합니다.

실재 안의 상상적 구멍으로서의 정치, 담론의 상상적 응집성 안의 상징적 구멍으로서의 정치, 상징계 혹은 법 안의 실재적 구멍으로서의 정치에 대해서는 여기까지 다루도록 하겠습니다.

이제 마지막 문제로 넘어갑시다. 저는 이 문제를 매우 빠르게 다루겠습니다. 왜 라캉은 철학적 담론의 핵심에 사랑이 있다고 말할까요? 무엇보다, 그것은 어떤 사랑일까요?

이것은 라캉의 저작에서 집요하게 되풀이되는 문제입니다. 플라톤의 《향연*Symposion*》과 소크라테스와 알키비아데스의 관계에 대한 분석에서 그 최초의 형태가 나오며, 그것은 주인을 향한 사랑과 전이애l'amour de transfert를 통한 해명이라는 문제에 초점을 맞춥니다. 이 점을 곧바로 다루지는 않겠습니다만, 여기서 핵심은, 라캉에게 지식에 대한 사랑은 있을 수 있지만, 결코 지식에 대한 욕망은 있을 수 없다는 것입니다. 이것이 〈《에크리》 독역본 서문l'introduction à l'édition allemande des *Écrits*〉에서 라캉이 말하는 내용입니다.

저는 다음과 같은 점을 강조하겠습니다. 지식에 관련되는 것은

> 사랑이지, 욕망이 아닙니다. 왜냐하면 설령 프로이트가 그것을 검인했다 하더라도, 앎에 대한 충동Wisstrieb에 관한 한 우리는 그런 것이 결코 없음을 되돌아가서 살펴볼 수 있기 때문입니다. 이는 말하는 존재l'etre parlant의 주요 정념이 바로 거기에 토대를 두고 있다는 점에서 더욱 그러합니다. 즉 사랑도, 무지도 아닌, 증오에 말입니다. (《실리세》 5호, 16쪽)

여러분은 라캉에게 인간 존재의 세 가지 주요 정념은 사랑, 증오, 무지임을 알고 있을 겁니다. 그러나 궁극적으로 핵심적인 정념은 무지입니다. 핵심적인 정념이 무지인 까닭은 지식에 대한 욕망 같은 것이 존재하지 않기 때문입니다. 매우 급진적인 이러한 테제는 아마도 충분한 주목을 받지 못했던 것 같습니다. 사랑의 핵심적인 위치는 현실적으로 사랑이 주체가 지식에 대해 갖는 진정한 상관관계라는 점에서 나옵니다. 사랑 외에 다른 상관관계는 없습니다. 지식에 대한 사랑은 있을 수 있지만, 이 사랑은 어떠한 욕망에도 근거하지 않습니다.

이 테제는 심연을 개방합니다. 나아가 그것을 이해하기란 그리 쉬운 일이 아닙니다. 그러나 지금으로서는 그것을 그저 문자 그대로 취해봅시다. 지식에 대한 욕망이란 없습니다. 경우에 따라, 지식을 향한 사랑이 존재합니다. 욕망에 관해서 인간 존재의 절대적인 정념은 무지입니다. 모든 욕망은 지식에서 벗어나기에, 말하자면, 무지가 욕망이 지식에서 벗어난 뒤에 남은 빈자리를 정념으로 메웁니다. 그러나 지식에 대한 사랑은 있을 수 있습니다. 그리고 철학이 — 라캉에 따르면 — 지식을 향한 사랑에 접목하는 것이 바로 진리에 대한 사랑이라는 환영입니다. 라캉이 보기에 철학의 거대한 가정은 단순히 진리에 대한 사랑이 있다는 것이 아니라 진리에 대한 사랑이 있어야 한다는 것입니다. 철학의 명령 — 사랑이 철학적 담론의 핵심에 있는 것은 이 때문입니다 — 은 다음과 같을 것입니다. "당신은 진리를 사랑해야 합니다!" 그리고 어쩌면 이것보다 더 강력한 것, 다음과 같은 것일지도 모릅니다. "당신 자신보다 진리를 더욱더 사랑하시오."

재차 질문하자면, 라캉은 왜 반철학적인 고발을 행하는 것일까요? 이것은 진리에 대한 사랑이라는 문제보다는 진리에 대한 사랑에서 사랑받는 것이 무엇인지의 문제에 직접적으로 의존해 있습니다. 이 점에 관한 많은 텍스트가 있지만, 저는 《세미나 17권: 정신분석의 이면*Séminaire XVII, l'Envers de la Psychanalyse*》에서 라캉이 다음과 같이 질문하는 구절을 살펴보겠습니다. 진리에 대한 사랑이란 무엇인가? 그가 분석가 담론이라 부르는 것 안에 스스로를 위치시키면서 라캉은 이렇게 답변할 것입니다.

> 진리에 대한 사랑이란, 우리가 그 베일을 걷어낸 약함에 대한 사랑입니다. 그것은 진리가 숨기고 있는 것, 거세라 불리는 것에 대한 사랑입니다[그는 이렇게 덧붙입니다]. 이 점을 상기시켜드릴 필요가 없어야 합니다. 그것은 어떤 점에서 너무나 이론적입니다[그다음에 그는 습관적으로 자신의 반인물인 분석가들을 헐뜯습니다]. 특히 분석가들이야말로 그들의 담론을 더럽히고 있는 몇몇 금기어 때문에 결코 진리가 무엇인지를, 즉

무능력함이 무엇인지를 이해하지 못하는 것처럼 보입니다.

라캉의 웃음거리인 분석가들이 결코 이해하지 못하는 것이 있습니다. 그것은 진리에 대한 사랑이 약함에 대한 사랑, 진리가 숨기는 것에 대한 사랑, 즉 결국 거세에 대한 사랑이라는 점입니다. 이것은 또한 다음과 같이 말해질 것입니다. 진리에 대한 사랑은 어떤 무능력함에 대한 사랑입니다. 결국 우리는 이것이 무엇을 뜻하는지 잘 알고 있습니다. 분명 라캉에게 진리에 대한 사랑은 오직 전체에 관해 무능력한 것에 대한 사랑으로서만 있을 수 있습니다. 진리에 대한 사랑은 진리를 전부 말하는 것이 불가능하다는 사실, 진리는 늘 절반만 말해진다는 사실에 대한 사랑입니다. 철학자에게 사랑의 대상을 이루는 것이 바로 전체에 관한 이러한 약함, 이러한 무능력입니다.

나아가 거세가 상징계에 대한 접근의 형상으로서 후면에 위치한다는 점, 그리고 사실상 이러한 조건에서만 진리 효과가 있을 뿐이라는 점은 명백합니다. 진리에 대한 사랑은 이러한 조건 자체에 대한 사랑이어야 하며, 따라서 그것은 또한 빗금, 절단, 한계를 이루는 것에 대한 사랑이어야 합니다. 그리고 우리가 그것을 어떤 측면에서 접근하든지 간에 다음과 같은 사실을 잘 이해할 수 있습니다. 만약 진리에 대한 사랑이 있다면, 그것은 어떤 약함, 무능력함, 빗금, 한계, 절반의 말하기 등에 대한 사랑입니다.

라캉은 이로부터 여러 가지 결론을 끌어낼 것입니다. 분석가 쪽에서는 진리를 사랑하지 않는 편이 낫습니다. 여러분이 분석가라면 진리를 사랑할 필요가 없습니다. 반면에 지식은 사랑할 필요가 있습니다. 여러분은 제가 처음부터 말씀드렸던 이러한 모티프가 어떻게 중단 없이 계속되는지를 알 수 있을 겁니다. 여러분은 지식의 문제가 유발한 자력磁力 주변에서 행위의 문제가 작동되는 과정을 보게 될 겁니다. 반면에 진리는 부분적으로 그늘 안에 남아 있을 것입니다. 이것이 반철학의 테제입니다. 반대로 진리에 대한 사랑은 철학적 담론의 핵심에 있습니다. 그러나 (바로 여기에 철학에 대해 라캉의 고발이 제기하는 주된 논변이 있는데) 철학자는 힘으로서의 진리를 사랑하기를 주장합니다. 무력함으로서의 진리가 아니라 말입니다. 따라서 우리는 라캉 반철학의 진술이 지식에 대한 사랑의 반대편에 위치한 진리에 대한 사랑의 문제에 직접적으로 관련되지 않는다고 말해야 할 것입니다. 비록 거기에 본질적인 불만이 있기는 하지만 말입니다. 그것은 철학이 힘으로서의 진리에 대한 사랑을 지도하고 주체화하기를 주장한다는 사실에 관련됩니다. 그리고 철학적 담론의 핵심에 있는 것이 바로 이러한 해로운 환영 — 어떠한 대가를 치러서라도 분석가가 경계해야 하는 — 입니다.

오늘은 여기까지 하도록 하겠습니다. 이렇게만 말해둡시다. 라캉의 진정한 테제는 다음과 같습니다. 만약 우리가 힘으로서의 진리를 사랑하기를 주장한다면, 만약 우리가 진리에 대한 모든 진정한 사랑은 어떤 무능력함 혹은 약함에 대한 사랑임을 삭제한다면, 만약 우리가 약함으로서의 진리가 아니라 힘으로서의 진리를 사랑하기를 주장한다면, 그때 우리는 무지 앞에서 무능력해질 것입니다. 이것은 매우 강력한 변증법입니다. 즉 주체화의 측면에서 우리는 인간 존재의 정상적인 상태인 무지의 정념을 저지할 수 있으며, 진리의 측면에서 그것은 오직 우리가 진리에서 사랑하는 것이 어떤 약함인 한에서 가능합니다. 이것은 하나의 역설로 보일 수 있지만, 결코 그렇지 않습니다. 진리에 대한 사랑의 힘은, 무지에 대해 맞설 때 그것이 지닌 힘을 포함해서, 정확히 어떤 약함에 대한 사랑, 어떤 무능력함에 대한 사랑입니다. 궁극적으로 진리에 대한 사랑은 오직 그것이 어떠한 무능력함에 대한 사랑일 때에만 강력합니다. 그게 아니라면 우리는 지식에, 실재적인 힘을 보유하고 있는 지식에 대한 사랑에 의거해야 합니다. 만약 우리가 둘 다 원하지 않는다면, 진리-약함에 대한 사랑도, 지식-힘에 대한 사랑도 원하지 않는다면, 무지의 정념에로의 길이 열립니다. 라캉이 우리에게 가르쳐주는 것은, 실재의 지점에서 무지의 정념은 오직 힘으로서의 지식에 대한 사랑이나 무능력함으로서의 진리에 대한 사랑에 의해서만 저지될 수 있다는 점입니다. 만약 여러분이 약함으로서의 힘이 아니라 힘으로서의 힘을 원한다면, 철학이 아니라 지식을 향해 돌아서십시오.

저는 이 "돌아서시오!"를 여러분에게 남겨드리겠습니다.

6강

1995년 3월 15일

반철학은 세 가지 형식적 특징을 갖는다는 점을 상기합시다. 1) 반철학은 이론적인 자만에 빠진 철학을 해임하는데, 이러한 해임은 주로 혹은 대체로 반박의 형식이 아니라 언제나 권위를 실추시키는 형식을 갖습니다. 2) 반철학은 철학적 작용의 진정한 본성을 파악합니다. 철학으로 가정된 이론적 자만이 실추되는 것의 배후에서 철학 고유의 제스처가 반철학 자체에 의해 식별되어야 하는데, 이는 그 제스처가 대체로 철학으로 은폐되어 모호하거나 눈에 잘 띄지 않기 때문입니다. 3) 이렇게 재구성된 철학적 행위에 대해 반철학은 새로운 유형의 행위를, 철학의 해임을 완수하는 전혀 다른 행위를 대비시킵니다.

이러한 일반적인 특징들은 모든 유명한 반철학에서 유적으로 발견됩니다. 라캉에게서 그 특징들은 어떤 의미에서 혹은 어떤 형식으로 발견될까요? 이것이 세미나에 대한 최초의 요약에서 다룰 내용입니다.

우선 철학의 이론적 자만에 대한 해임은 좀 더 특징적으로는 다음을 뜻합니다. 그것은 실재에 대한 이론—여기서 가정된 실재가 어떤 것이든 간에—을 자임하는 철학에 대한 해임입니다. 사실 라캉이 보기에 철학은 실재에 대한 이론을 생산할 수 없습니다. 그리고 이것은 바로 다음의 네 가지 이유 때문입니다.

첫 번째 이유로, 철학은 주인 담론의 형상에 사로잡혀 있습니다. 이 점을 좀 더 면밀히 살펴보면 오히려 이렇게 말해야 할 것입니다. 철학은 자신이 담론의 회전에서 벗어나 있다고 주장합니다. 가장 중요한 점은, 철학이 주인 담론의 관점에서 발화된다는 것이 아니라 철학의 본질적이고 구성적인 이론적 자만이 담론의 회전을 중지할 것을 주장하는 데 있다는 것입니다. 여러분은 라캉에게 네 가지 담론적 입장이 있음을 알고 있을 겁니다. 히스테리 담론, 주인 담론, 대학 담론, 분석가 담론입니다. 여러분은 이 모든 것을 《세미나 17권: 정신분석의 이면》에서 볼 수 있습니다. 이 이론은 역동적입니다. 그것은 분류의 이론이 아닙니다. 담론적 입장들은 우리가 각각의 입장을 서로의 관계를 통해 이동시키는 4분의 1 회전을 이해할 때에만 진정으로 인식될 수 있습니다. 그러나 철학은 담론 배치 일반의 정지점이 되기를 주장합니다. 이것이 라캉의 체계 내부에서 철학이 토대가 되기를 주장한다는 것을 말하는 또 다른 방식입니다. 실제로 스스로를 정초하리라 생각되는 담론, 철학이 언제나 그랬던 것처럼 자기 정초적으로 여겨지는 담론은 담론 배치의 불가피한 회전 운동을 중단시키는 담론일 것입니다. 이런 점에서 철학의 최초의 무능력은 그 담론을 자기 충족적으로 만드는 어떤 정지점에 대한 창설을 자임하는 데 있다고 말할 수 있습니다.

이 점을 전혀 다른 방식으로 말할 수 있습니다. 라캉에게서 자주 그러하듯 말입니다. 그것을 다음과 같이 말할 수 있습니다. 철학은 메타언어métalangage가 있다고 주장합니다. 이 지점에서 라캉은 비트겐슈타인에게 암묵적으로 동조하며, 여기서 두 반철학적인 인물 간의 교차가 일어납니다. 네 가지 담론의 회전 위로 불쑥 솟아 있다고 여겨지는 메타언어의 구성에 관해, 철학이 지킬 수 없는 주장을 한다면서 비판했던 비트겐슈타인의 입장을 공식적으로 확인함으로써 말입니다. 이러한 주장을 지칭하기 위해 라캉이 사용한 표현은 철학의 상스러움canaillerie philosophique입니다. 특히 상스러운 것은 메타언어가 있다고 가정하는 것입니다.

한 가지 여담을 말하자면, 모든 상스러움이 메타언어가 존재한다는 가정하에 있는가 하는 것은 흥미로운 질문입니다. 그럴 가능성이 있으며, 그것이 또한 모든 상스러움이 철학적임을 말하는 또 다른 방식임에 주목하십시오. 그것은 철학이 단순히 상스럽다고 말하는 것보다 강력한 발언입니다.

두 번째 이유로, 철학은 실재가 궁극적으로 성관계의 탈-의미ab-sens임을 구성적으로 알지 못합니다. 철학은 이 점에 대한 배제에 근거한다고 말할 수 있습니다. 이는 논리적 혹은 형식적 관점에서 다음을 뜻합니다. 철학에는 언제나 비관계에 관계가 강제되는 시점이 있습니다. 철학은 어떤 담론적 규율이며, 그 규율 내부에서 우리는 비관계가 강제로 관계 앞으로 소환된다는 점을 식별할 수 있습니다. 이것을 또한 다음과 같이 말할 수 있습니다. 철학은 엄밀하게 탈-의미에 해당하는 것을 의미에 강제합니다. 이 점은 무의미의 철학, 부조리함의 철학 등이 있다는 사실과 완벽하게 양립 가능합니다. 무의미를 긍정하는 철학의 고유한 양태는 탈-의미를 의미에 강제하는 것으로 남아 있고, 탈-의미는 제가 반복해서 말씀드렸듯, 무의미와 전혀 다른 것입니다. 무의미라는 철학적 범주는 완강하게 탈-의미를 의미에 강제하는 작용이 됩니다. 전체성의 환상이 유래하는 곳이 바로 여기입니다. 라캉에게 있어서 전체성 혹은 체계에 관한 철학적 환상에 대한 전통적인 비판은 원인으로서가 아니라 효과로 인식되어야 합니다. 진정한 원인은 비관계를 관계로 강제하는 것, 탈-의미를 의미로 강제하는 것, 의미에 대한 관계를 일반화함으로써 모든 것을 전체화하는 것입니다.

세 번째 이유로, 철학은 주이상스에 대해, 따라서 라캉적 의미의 사물에 대해서도 아무것도 알기를 원하지 않습니다. 철학은 주이상스의 사물을 혐오합니다. 나아가 이것 — 저는 라캉에게 현존하는지 아닌지 확실하지 않은 주장을 덧붙이고 있습니다만(우리는 결코 라캉이 말한 것을 알지 못합니다. 아무도 라캉이 말한 것 전부를 알지 못합니다!) — 이, 말하자면 사물 자체로의 회귀를 강박적으로 규정하는 철학자들이 있는 이유입니다. 여러분은 후설의 모토, 즉 사물 자체로의 회귀를 잘 알고 있을 겁니다. 그리고 만약 우리가 라캉적 관점에서 이러한 회귀의 강박을 해명한다면, 우리는 철학이 이러한 강박에 사로잡힌 것은 오직 철학이 사물에 대해 아무것도 알기를 원하지 않기 때문이라고 말할 것입니다. 이러한 '아무것도 알고 싶지 않다'가 철학으로 하여금 사물 자체로 회귀하라는 명령을 강박적으로 선언하게 만드는 것입니다.

마지막, 네 번째 이유로, 파르메니데스 이래로 철학은 **존재가 사유한다**는 잘못된 공리를 받아들여왔습니다. 반면에 라캉이 보기에 중요한 점은 존재의 국지적인 결여가 있는 곳에만 사유가 있다는 것입니다. **'그것'이 사유하는**ça pense✦ 것은 오직 존재가 결여된 곳에서입니다. 그리고 여기서 문제는 **존재가 사유한다**를 **주체가 사유한다**에 대비시키는 것이 아닙니다. 왜냐하면 비록 어떤 주체에 대해 가정된 존재가 관건이라 하더라도, **'그것'이 사유하는** 것은 오직 이 존재가 결여된 지점에서이기 때문입니다. 라캉의 공식은 다음과 같습니다. **'그것'이 사유하는 곳에서 나는 존재하지 않으며, 내가 존재하는 곳에서 나는 사유하지 않는다.** 이것이 라캉이 데카르트의 코기토를 해체하는 주된 동기입니다. 라캉이 보기에 데카르트의 구성에서 받아들일 수 없는 것은 (그 구성이 탈중심화되어야 할 만큼 탈중심화되지 않았다는 점뿐만 아니라) 코기토에서 사유하는 실체res cogitans로의 이행입니다. 라캉이 보기에 **내가 사유한다**라는 진술이 있다는 사실로부터 사유의 장소가 실체, 사물의 형상이라는 점이 추론될 수 없습니다. 그리고 여기서도 철학은 사유의 장소에 대해 길을 잃자마자 자신의 목적 혹은 초점을 실제로 놓치고 맙니다. 결국 '그것'이 사유하는 장소 자체는 사유가 있는 곳에 존재가 있다는 잘못된 공리 아래에, 존

✦ 라캉은 데카르트의 유명한 선언인 "나는 사유한다, 그러므로 존재한다"를 "그것이 사유한다"로 재공식화한다. 사유하는 것은 자아가 아니라 무의식의 주체이며, 무의식의 주체는 '나'라기보다는 오히려 '그것'(독일어의 Es, 불어의 ça, 영어판 프로이트 전집의 id의 번역어)이라고 불릴 수 있다.

재와 사유는 같은 것이라는 파르메니데스의 공리 아래에 절대적으로 숨겨져 있습니다. 이 공리는 철학을 사유의 장소에 대한 실명 상태에 결정적으로 빠뜨립니다.

이상이 반철학의 첫 번째 형식적 특징이 라캉 반철학에서 드러나는 양상에 대한 요약입니다. 첫 번째 특징은 실재의 이론이기를 자임하는 철학에 대한 해임입니다. 철학은 주인 담론의 입장에 사로잡혀 있고, 비관계를 관계에 강제하고, 주이상스와 사물에 대해 아무것도 알고 싶어 하지 않으며, 사유의 장소에 관해 길을 잃습니다.

두 번째 특징을 살펴봅시다. 그것은 철학의 담론적 외양이, 재구성되어야 할 어떤 특수한 행위를 이루는 구성적인 작용을 은폐한다고 말하는 데 있습니다. 철학 자체는 이러한 작용을 보지 못합니다. 그 작용들이 철학 고유의 행위를 이루는 반면에 말입니다. 서로 매듭지어지고 연결된 채로 철학을 구성하는 세 가지 작용이 있습니다. 상기해봅시다. 그것들은 수학의 해임, 정치의 구멍 막기, 사랑에 대한 우회적인 촉진입니다. 우리는 이미 이 점들을 자세히 논의했습니다.

라캉 반철학의 세 번째 형식적 특징에 대해 말하자면, 그것은 우리에게 결정적인 특징으로서, 철학의 형식적 작용에 대항해서 어떤 전례 없는 행위를 내세우는 데 있습니다. 저는 이 행위의 실존이 프로이트 저작의 출현으로 입증되며, 분석 행위로 불린다는 점을 상기시켜드린 바 있습니다. 수수께끼 같은 이러한 문제틀을 다루기 전에, 우리는 분석 행위 — 이것의 급격한 출현은 철학의 작용을 호되게 몰아

붙였는데—가 철학에 급진적으로 대비되고 쉽게 식별 가능한 뚜렷한 특징들을 지닌다고 말할 수 있습니다. 그중 몇 가지를 언급해보겠습니다.

철학적 작용은 자신이 궁극적으로 어떤 만족, 심지어 어떤 지복至福을 건네준다고 주장합니다. 이것은 심지어 회의주의적이거나 허무주의적인 철학자에게도 해당하는, 그리고 아마도 특히 그러한 철학자들에게 해당하는 말입니다. 이것은 철학자가 행복한지, 가령 군주보다 더 행복한지의 문제에 대한 플라톤의 논의가 부수적인 것이 아니라 결정적인 중요성을 갖는 이유입니다. 철학 고유의 생산물이 지적인 지복 및 그러한 지복의 가치를 검토하는 데 있다고 말하는 것은 철학적 활동의 본질입니다. 철학적 주체는 자기 행위의 측면에서 잠재적으로 만족한 주체로 나타난다고 말할 수 있습니다. 여러분은 우리가 여전히 구멍 마개의 은유를 이어가고 있음을 알 수 있을 겁니다. 즉, 철학자는 만족시키고(구멍을 메우고)comble 또 스스로 만족합니다(구멍이 메워집니다)comblé. 이 점은 결코 변하지 않으며, 철학의 음조와 무관합니다. 그것은 철학의 음조가 부정적이거나 비판적일 때를 포함해, 또 어쩌면 특히 부정적이거나 비판적일 때에도 사실입니다. 실제로 관건은 언제나 만족한 주체의 조건을 설정하는 것입니다.

반대로 분석 행위는 정신분석가 그 자신에게 오직 불안함과 불편함만을 유발합니다. 그것은 운명적인 일입니다. 1980년 1월 24일 한 텍스트에서 라캉은 갑작스럽게 하나의 공리로 여겨질 수 있는 것을 말합니다. **네, 정신분석가는 자신의 행위에 대해 질색을 합니다.** 우리를 이 발언을 강한 의미로 새겨야 합니다. 달리 말해, 만약 정신분석가가 자신의 행위에 대해 질색하지 않는다면, 그것은 아마도 그의 행위가 효과가 없기 때문일 것입니다. 자신의 행위에 대해 만족스러워하는 정신분석가는 철학자에 의해 갉아먹힌 정신분석가입니다. 그는 자신이 분석 행위 안에 있다고 믿지만, 철학적 행위 안에 있습니다. 그는 만족하고, 자신을 만족시킨 것입니다.

이는 또한 우리에게 행위의 입장 차를 보여줍니다. 즉, 제가 말씀드렸듯이 만족한 주체를 잠재적으로 전면에 내세우는 작용들의 상호 매듭지어진 체계 안에서, 철학적 행위는 담론의 생산으로 드러납니다. 담론이란 끝없이 개조되지만 절대적으로 지속되는 지복의 형상 속에서 만족한 주체를 담론 고유의 효과나 담론의 가능한 생산물로 갖는 것입니다. 반대로 분석 행위는 엄밀히 말해서 담론 생산이 아닙니다. 비록 그것이 어떤 점에서 확실히 이러한 긴장 속에 있기는 하지만 말입니다. 분석 행위는 어떤 발화 행위이지만, 그것은 또한 발화 행위의 전환, 단절, 찌꺼기이기도 합니다. 저는 찌꺼기[déchet]라는 본질적인 범주로 되돌아올 것입니다. 그러나 그 결과 행위에 대한 관계 — 행위에 대한 관계라는 관념에 어떠한 의미라도 있다면, 적어도 결국 행위에 질색을 하는 행위의 주체-지지체가 행위에 대해 갖는 관계가 있다면 — 는 행위의 생산이 아니라 행위에 마주하는 것이라고 라캉은 말할 것입니다. 정신분석가는 자신의 행위를 마주 보고 있으며, 행위에 대한 이러한 마주 봄은 철학적 개념과는 절대적으로 이질적인 상태입니다. 반철학자가 말하듯, 만족한 주체와 지복의 형상을 자기 고유의 결과물이나 생산물로 갖는 철학적 개념과는 말입니다. 1980년 1월 24일의 같은 텍스트에서 라캉은 자기 자신의 목적을 이렇게 요약합니다. **행위에 대해 말하자면, 저는 그들에게 행위에 마주할 기회를 줍니다.** 여기서 그들이란 누구일까요? 그것은 딱한 정신분석가들, 라캉이 늘 말을 건네는 정신분석가들입니다. 왜냐하면 그들은 철학자라는 인물에 대한 투쟁에서 라캉의 반인물이기 때문입니다. "저는 그들에게 행위에 마주할 기회를 줍니다." 이것이 결국 분석 담론, 말하자면 분석 담론 고유의 기능입니다. 분석 담론은 분석 행위에 마주하고, 행위에 대한 혐오감을 받아들이고, 더 정확하게는 아마도 행위에 대한 혐오감을 부담하고 견딜 가능성을 제공하는 것입니다. 이것이 분석 이론이 기회를 제공하는 그 무엇입니다. 만약 분석 이론이 행위에 마주하는 데에 관해 제공된 기회가 아니라면, 그것은 잡담에 불과할 것입니다. 그것은 사실상 위조된 철학입니다. 분명히 행위에 대한 마주함이라는 아이디어는 담론 — 전달의 담론, 가르침의 담론, 교육의 담론, 그밖에 어떤 것의 담론이라 부르든지 간에 — 에 대한 유일한 합법화로서, 전형적으로 반철학적인 아이디어입니다. 우리는 모든 반철학이(여타 반철학이 분석 행위가 아닌 어떤 다른 행위에 관여한다는 점만 제외한다면) 다음의 테제를 받아들인다고 말할 수 있을 겁니다. 이론적인 담론 —그러니까 모든 반철학자가 글을 쓰고, 가르치고, 기관을 운영하는 한에서 그들이 하는 일 — 은 오직 그것이 행위에 마주할 기회를 제공하는 한에서만 가치를 갖습니다. 가령 니체는 궁극적으로 모든 계보학적 이론, 작용과 반작용의 배치에 관한 모든 분석적인 섬세함, 사유와 담론의 유적 형상에 대한 모든 유형학, 이 모든 것이 오직 행위에 마주할 수 있게 하는 것을 겨냥할 뿐이며, 그것은 **세계사를 두 조각내는 것**, 즉 디오니소스적 긍정의 행위라고 말할 것입니다. 중요한 것은 오직 이것뿐입니다. 담론은 행위의 이러한 절대적인 강도에 비하면 크게 중요하지 않습니다. 비트겐슈타인 역시 제가 작년에 상세하게 논평했던 텍스트에서 궁극적으로 중요한 것은 어떤 짐을 감당할 때처럼 윤리적 행위를 감당하는 것이라고 설명합니다. 여기서 우리는 혐오감에 마주한다는 관념을 다시 발견합니다. 왜냐하면 윤리적 행위는 결코 우스운 것이 아니기 때문입니다. 비트겐슈타인이 오스트리아의 더러운 마을로 가서 교사가 되기로 결단할 때 그는 완전히 자기 행위의 혐오감 안에 있는 것입니다. 그리고 그가 자기 주변의 모든 이에게 조언하듯이, 그러한 혐오감을 하나의 짐처럼 부담하는 것은 비트겐슈타인에게 어떤 담론적 구성물이 그 종류에 무관하게 갖는 진정한 목적지입니다. 담론이 마주할 수 있게 해주는 혐오스러운 분석 행위와, 철학이 (반철학자에 따르면) 자기 담론의 생산물일 수 있다고 가정하는 만족한 주체의 지복 간에는 분명 충격적인 이율배반이 존재합니다.

분석 행위와 철학적 작용의 급진적인 대비의 두 번째 사례는 다음과 같습니다. 철학적 작용은 스스로가 진리와 외연이 같다고 주장합니다. 철학은 스스로를 거의 유적인 방식으로, 즉 진리에 대한 탐색으로 일컫습니다. 그러나 분석 행위가 결코 진리에 대한 탐색이 아니라는 점은 명백합니다. 그것은 진리에 대한 탐색도 아니고, 그러한 탐색의 영역 안에서 가정될 수 있는 것도 아닙니다. 우리는 분석 행위가 가정된 지식과 수학소라는 전달 가능한 지식의 간극이라고 생각할 수 있지만, 분석 행위가 진리를 탐색하는 실질적인 계기라고 생각할 수는 없습니다. 아마도 사실상 단순화에 해당하겠지만, 우리는 다음과 같이 말할 수 있을 것입니다. 분석 행위와 철학적 활동 간의 격차는 진리, 지식, 실재라는 삼항의 자리 이동이라고 말입니다. 그 삼항은 철학과 정신분석에서 발견됩니다. 우리가 둘 간의 경계를 끊임없이 다시 그려야 하는 것은 바로 이 때문입니다. 우리는 철학이 실재에 대한 진리를 지식으로 배열하기를 주장한다고 말할 수 있습니다. 그것이 바로 진리에 대한 탐색이 뜻하는 바입니다. 즉 진리에 대한 탐색이란 실재에 대한 어떤 진리를 전달 가능한 지식으로 배열할 가능성입니다. 역으로 라캉에게 분석에 관한 그의 개념화는 이런 형식으로 말해질 수 없습니다. 라캉은 삼항의 자리를 이동시킵니다.

〈라디오포니〉의 한 구절을 봅시다.

질문 6 어떤 점에서 지식과 진리가 양립 불가능한가요?

라캉이 제공하는 다음과 같은 답변은 삼항에 대해 명확히 설명합니다.

> 왜냐하면 진리는 실재의 어떤 측면이 지식 안에서 기능을 맡고 있고 지식이 거기에[실재에] 부가된다고 가정함으로써 설정되기 때문입니다.

우리가 살펴보듯 라캉에게 진리 효과는 실재가 지식에서 기능을 맡고 있고, 기능을 한다는 사실과 관련됩니다. 진리라는 주제는 실재가 지식 안에서 기능을 맡고 있기를 요구합니다. 이것이 정신분석을 결코 진리에 대한 탐색으로 이해할 수 없는 이유입니다. 정신분석은 실재가 지식 안에서 기능을 맡는 한에서 진리 효과를 작동시키는 것일 수 있습니다. 그러나 그것은 결코 진리의 탐색이 아닙니다. 이런 점에서 정신분석의 행위는 우리가 철학적 행위의 야심임에 틀림없다고 — 전통적 입장 및 반철학 둘 다에 따를 때 — 말했던 것으로 환원 불가능합니다.

이것은 기본적이지만 또 매우 중요한 결과를 갖습니다. 정신분석에 대한 한 가지 통속적인 공식화 — 통속적이지만 극히 완강한, 그리고 정신분석을 제시함에 있어서 영원한 내재적 유혹일 정도로 완강한 공식화 — 는 무의식이 의식의 진리를 내어준다는 것입니다. 라캉주의 교육을 받은 여기 있는 여러분들은 이렇게 말하며 격렬하게 항의할 것입니다. "그건 명백히 틀렸습니다!" 그러나 상황은 그렇게 명백하지 않습니다. 제가 보기에 무의식이 의식의 진리를 내어준다는 주장이 틀렸다는 것이 라캉 가르침의 핵심 중 하나입니다. 궁극적으로 무의식이 의식의 진리를 내어준다는 공식이 바로 정신분석에 대한 철학의 전유입니다. 그 공식과 그것의 수많은 기만적인 판본은 정신분석의 철학화를 실현하며, 이것이 라캉 반철학의 핵심이 그 공식에 대한 반박인 이유입니다.

제가 라캉의 마지막 텍스트 중 하나를 인용했다는 사실을 상기하십시오. 거기서 라캉은 이렇게 말합니다. "저는 철학에 반란을 일으킵니다." 철학의 가치를 이론적으로 실추시키고, 철학의 행위를 식별하고, 철학적 행위에 대항해서 전혀 이질적인 행위를 내세운 뒤에, 정신분석가가 철학에 반란을 일으킨 것은 어떤 필요에 의해서일까요? 왜 이렇게 극도로 난폭한 발언을 하는 것이며, 왜 라캉은 말년에도 여전히 자신이 철학에 반란을 일으킨다고 발언해야 할 필요가 있는 것일까요? 왜냐하면 철학이 언제나 정신분석을 전유하고자 시도하기 때문에, 그리고 이러한 전유가, 말하자면 진리라는 단어에서 작동하기 때문입니다. 여기서 제가 말씀드리고자 하는 것은 만약 우리가 무의식이 의식의 진리의 장소라고 가정한다면, 정신분석은 결코 철학을 난처하게 만드는 것이 아니며, 그 반대로 정신분석은 철학을 거들어주거나 철학을 부양시켜줍니다. 진리의 지점에서 철학적 전유에 굴복하는 것에 관련된 이러한 내재적 유혹을 정신분석에서 제거하는 데에는 어떤 반철학적 결정이 필요합니다. 그리고 강조하건대, 반철학적 결정, 반철학적 반란은 정신분석에 내재적인 어떤 위협을 가리키며, 여기서 위협이란 정신분석의 행위에 대한 즉각적인 전복입니다. 자신의 행위에 질색하기보다는 만족스러워한다는 사실에 의해 즉각 드러나는 전복 말입니다. 궁극적으로 모든 만족한 인간은 자기 자신도 모르는 사이에 철학자가 되는 것입니다.

> (누군가 이렇게 논평한다.) "그러한 격차는 프로이트의 저작과 관련해서 발전될 수 있는 인류학을 고려하지 않습니다. 프로이트는 사회적 역학의 핵심이 성적 억압에 연결되어 있다고 주장했으며, 이 점에서 그는 프로이트적 주체의 어떤 인류학화라는 위험을 무릅씁니다. 그러므로 그는 이미

정신분석에 대한 인류학화라는 위험을 감행했던 것이며, 이 위험은 당신이 말하는 철학적 전유의 유혹에 관련됩니다."

그럼요. 그 유혹이 이미 프로이트의 저작 안에 있는가 하는 질문에 대해 우리는 긍정적으로 답변할 것입니다. 왜냐하면 만약 프로이트의 저작이 하나의 진정한 토대라면, 그것 역시 내재적인 철학적 유혹에 노출될 수밖에 없기 때문입니다. 그런데 그것은 라캉의 저작 안에도 있는 유혹이며, 우리는 그것으로 되돌아갈 기회가 있을 겁니다. 여기서 문제는 어떻게 반철학이 자신을 부추기는 철학적 유혹에 그 어떤 측면에서도 실제로 사로잡히지 않게 되는가의 문제이며, 이것은 라캉이 인류학화의 위험 아래에서가 아니라 오히려 논리학화의 위험 아래에서 제기할 문제이기도 합니다. 그러나 인류학화이든 논리학화이든 간에 프로이트와 라캉에게 철학이 제기하는 위협은 라캉에게 명백히 존재합니다. 두 경우에 관건은 행위가 전복될 가능성입니다. 지금으로서는 저는 그저 라캉이 말하는 반철학적 반란의 필요성에 관해 근거를 제시하고자 할 뿐입니다. 진리, 지식, 실재라는 삼항의 자리가 약간 이동되자마자 라캉이 보기에 정신분석의 철학적 타락에 해당하는 것이 설정된다는 점을 보여드림으로써 말입니다.

무의식과 진리라는 문제에 관해 저는 명료하고 본질적인 두 구절을 상기시켜 드리고자 합니다. 하나는 〈라디오포니〉에 나오고, 다른 하나는 《세미나 19권: ……혹은 더 나쁘게》에 나옵니다. 두 구절은 중요합니다. 왜냐하면 그것들은 무의식에 대한 모든 철학적 전유 — 무의식이 의식의 진리라는 형식을 취하는 전유 — 에 대항하는 것이 관건이라는 점을 보여주기 때문입니다. 〈라디오포니〉에서 라캉은 다음과 같이 말합니다.

> 우리가 알다시피 무의식이란 스스로를 불가능한 것으로 현시함으로써만 유지되는, 그래서 그 결과 실재적인 것으로 확증되는 지식을 지칭하기 위한 은유적인 용어와도 같습니다.

이렇게 무의식이란 스스로를 불가능한 것으로 드러내기 때문에 실재의 형식에 있는 지식을 지칭합니다. 무의식에 관한 하나의 정의에 해당하는 이 공식에서 진리가 언급되지 않는다는 점에 주목하십시오. 우리는 진리가 결코 여기서 관건이 되는 지식과 동일하지 않다는 것을 이해해야 합니다. 하물며 자연스럽게 그 지식에 대한 지식은 말할 필요도 없습니다. 그렇다면 분석에서 진리는 무의식과 관련해서 어디에 위치할까요? 그것은 다음과 같은 가정 안에 위치합니다. 만약 어떤 지식이 불가능한 것으로 드러나면, 이 지식에 관련된 실재의 기능이 있습니다. 무의식에 관해 말하자면, 일단 어떤 지식이 불가능한 것으로 드러나면 진리가 설정될 수 있습니다. 우리는 정신분석의 전유를 피하려는 모든 반철학적 노력이 진리를 지식 안의 실재의 기능으로서만 설정함으로써 진리에 대해 거리를 취하는 데 있음을 명확히 알 수 있습니다. 《세미나 19권: ……혹은 더 나쁘게》 출판본에는 다음과 같은 매우 특징적인 공식이 나옵니다. **지식으로 드러나는 한에서의 무의식.** 무의식은 지식의 형식으로 자기 고유의 진리에 도달합니다. 그러나 어떤 경우에도 우리는 무의식이 진리라고 주장할 수 없을 것입니다. 이를 근거로 우리는 분석 행위의 조건과 철학적 활동의 조건 간의 격차, 실제로 거대하고 명백히 뛰어넘을 수 없는 격차를 재구성할 수 있습니다. 우리는 라캉에게 실재, 진리, 지식이라는 삼항이 세 가지 부정을 중심으로 조직된다고 주장할 것입니다. 첫째, 실재에 대한 진리는 없습니다. 철학이 실재에 대한 어떤 진리에 관한 지식으로 정의될 수 있는 반면에 말입니다. 진리가 있는 것은 오직 지식 안에 실재의 기능이 있는 한에서입니다. 엄밀히 말해 '실재에 대한 진리'는 말해질 수 없습니다. 둘째, 실재에 대한 지식 또한 없습니다. 있는 것은 진리를 설정할 수 있게 해주는, 지식 안 실재의 기능입니다. 셋째, 물론 진리에 대한 지식 또한 없습니다. 기껏해야 우리는 다소 은유적으로 이렇게 말할 수 있을 것입니다. 어떤 실재가 지식에서 기능을 맡는 것, 기능하는 것에 비례해서 지식의 진리가 있습니다. 그러므로 실재에 대한 진리도, 실재에 관한 지식도, 진리에 관한 지식도 없습니다. 결국 여러분이 분할할 수 없고 부분들로 분배할 수 없는 진리, 지식, 실재라는 삼항이 있습니다. 오직 삼항만 있는 것입니다. 따라서 진리는 실재의 기능이 지식 안에서 식별될 수 있거나 실재의 기능이 지식에 할당될 수 있는 한에서만 설정 가능합니다. 궁극적으로 철학은 삼항을 둘씩 짝짓는 것입니다. 왜냐하면 그것은 실재에 대한 진리가 있다고, 그리고 이러한 진리에 대한 어떤 지식이 있을 수 있다고 가정할 것이기 때문입니다. 짝짓기^mise au pair^, 짝^le pair^, 아버지^le père^. 그것은 끔찍한 짝짓기(아버지에게 데려가기)^la mise au père terrible^입니다. 그것은 삼항을 가능한 모든 조합으로 짝짓는 것입니다. 즉 실재에 대한 진리,

실재에 대한 지식, 진리에 대한 지식 등이 있을 것입니다. 역으로 라캉 반철학에 관한 가능한 공식화 중 하나는 다음과 같습니다. 진리, 지식, 실재라는 삼항에 대한 어떠한 짝짓기도 유효하지 않습니다. 무의식이란 짝짓기(아버지에게 데려가기)의 궁극적인 불가능성입니다.

결국 라캉에게 철학이란 삼항에 대한 불법적인 해체이거나 둘을 통한 셋의 전복입니다. 철학은 삼항을 더 이상 유지하지 않는 것입니다. 여기서 오늘 제가 여러분에게 보여드리지는 않을 다음과 같은 정리定理의 효과가 나옵니다. 즉 여러분이 둘을 통해 셋을 전복한다면, 여러분은 일자에 관해 잘못된 사유를 하게 됩니다. 잘못된 (철학적인) 사유는 이렇게 말해집니다. "일자는 존재한다l'Un est." 반면 일자에 관한 참된 사유는 이렇게 말해집니다. 라캉이 말하듯, 일자 같은 것이 존재한다il y a de l'Un, **일자 같은 것이 있다**y'a d'l'Un고 말입니다. 저는 여러분에게 라캉에 관련된 또 다른 연습문제를 남겨드리고자 합니다. 다음을 증명해보십시오. 만약 우리가 제가 방금 그 정확한 실례를 제공해드렸던 것과 같은 의미에서 둘을 통해 셋을 전복한다면(진리, 지식, 실재라는 삼항에 대한 철학적인 짝짓기), 이것은 다음과 같은 유형의 일자에 관한 학설을 가정하고 요구합니다. 일자는 존재합니다. 라캉의 용어를 사용하자면 이는 재차 철학적 행위와 분석 행위를 대비시키는 방식일 것입니다. 분석 행위가 **일자 같은 것이 있다**라는 정리에 근거하는 반면, 철학적 활동은 일자가 존재한다고 상정되기를 요구합니다.

다른 방향에서 바라보면 이렇게 말할 수 있다는 점에 주목하십시오. 철학이 실재에 대한 어떤 진리를 가정한다면, 철학은 이 진리에 대한 어떤 지식입니다. 따라서 철학이 삼항에 대한 짝짓기라면, 라캉의 발언은 철학을 완전히 탈구시킵니다. 왜냐하면 실재에 대한 진리도, 엄밀히 말해서 실재에 대한 지식도, 하물며 진리에 대한 지식도 존재하지 않기 때문입니다. 그러므로 철학 자체를 구성하는 언술의 급진적인 탈구, 분해가 있습니다. 여기서 제가 여러분에게 진정한 반철학에 관해 늘 말씀드렸던 것이 이루어집니다. 즉 반철학의 궁극적인 목표는 철학을 **파괴하는** 것입니다. 그것은 단순히 어떤 비판이 아닙니다. 만약 분석 행위가 실존한다면, 그리고 분석 행위가 실존하는 한에서, 철학은 탈구됩니다. 다만 분석 행위가 실존해야 하고, 그 행위의 혐오감을 견뎌야 하기는 하지만 말입니다. 그리고 혐오감을 견디거나 혐오감에 마주하기 위해서는 분석 담론 전부가 필요합니다. 궁극적으로 분석 행위의 조건들에 관한 매우 복잡하고 매우 우발적일 수 있는 체계는 철학의 탈구를 유발하고, 철학은 이러한 탈구로부터 끊임없이 되살아납니다. 마치 티탄들에 의해 찢긴 디오니소스의 육체가 통합되는 것처럼 말입니다.

이러한 경로를 통해 분석 행위에 대한 묘사는 조금씩 명료해질 것입니다. 라캉 반철학의 핵심으로 여겨지는 분석 행위 말입니다.

다음 문제를 살펴봅시다. 실재는 그에 관해 어떤 진리가 있는 것이 아니며, 우리가 알 수 있는 것도 아닙니다. 사실 여러분이 실재가 알 수 있는 것이라고 가정한다면, 혹은 실재가 그에 관해 어떤 진리가 있는 것이라고 가정한다면, 여러분은 삼항을 짝짓는 것입니다. 만약 실재가 오직 진리 - 지식 - 실재라는 삼항 안에만 설정될 수 있다면, 실재와 행위 간에 어떤 상관관계가 있어야 합니다. 이 점을 보다 단순하게 달리 말하자면, 실재에 대한 라캉적 개념화에서 실재는 결코 우리가 아는 어떤 것이 아닙니다. 진리의 의미에서도, 지식의 의미에서도 말입니다. 여기서 앎connaissance이라는 용어가 앎connaissance과 지식savoir이라는 두 용어를 무차별적으로 포섭하는 하나의 용어로 여겨짐을 받아들인다면 말입니다.✦ 그러나 그것은 우리가 알지 못하는 어떤 것도 아닙니다. 이것이 우리가 되돌아가야 할 필요가 있는 미묘한 점입니다. 왜냐하면 실재를 알지 못한다고 말하는 쪽으로 쉽게 이끌리기 때문입니다. 그러나 라캉에게 실재는, (세 가지 지표를 제공하자면) 실재에 관한 구성적인 알 수 없음이나 실재의 말할 수 없는 성격에 관한 학설에서처럼, 칸트의 물자체나 비트겐슈타인의 신비로운 요소, 회의주의자의 진리에서처럼 우리가 아는 것으로부터 명확히 벗어나는 것이 아닙니다.

따라서 우리의 질문은 다음과 같습니다. 실재와 관련해서, 앎에 반대되는 것은 무엇입니까? 만약 실재가 알려지는 것 혹은 우리가 아는 것이 아니라면, 실재에 대한 접근이란 도대체 어떤 것일까요? 어떻게 사유는 실재에 이르는 것일까요? 그것은 어떤 방식으로 이루어질까요? 이 방식이 물론 인지적인 것이 아니라고 할 때 말입니다. 여

✦ 라캉에게 자아 및 의식에 근거해 있는 상상적인 앎(connaissance)과 무의식의 구조에 근거한 상징적인 지식(savoir)은 구분된다.

기서 라캉은 철학과 반철학 사이의 좁은 길을 따라갈 것입니다. 그는 실재가 말할 수 없는 것이나 알 수 없는 것이라는 학설로 빠져들지 않으면서도 실재를 앎에서 벗어나게 해야 합니다. 그러므로 그는 실재가 알 수 있는 것도, 알 수 없는 것도 아니라고 말해야 할 것입니다. 여기서 우리는 라캉 반철학의 중심에 있습니다. 〈라디오포니〉의 다음 구절을 봅시다.

> 이렇듯 실재[le réel]는 현실[la réalité]과 구분됩니다. 이는 우리가 실재를 알 수 없다는 말이 아니라 문제는 실재를 아는 것이 아니라 실재를 증명하는 것이라는 말입니다.

이 경구를 면밀히 살펴봅시다. 다음과 같은 가장 단순한 점에서 시작해봅시다. 알 수 있는 것을 현실이라 부릅시다. 그러므로 '앎'이란 '현실'에 할당될 것이며, 따라서 강하게 상상적인 색조에 할당될 것입니다. 이 지점에서 라캉은 어떤 점에서 칸트주의에 노출됩니다. 현실이 현상에 해당한다고 해봅시다. 즉, 현실은 알 수 있는 것이며, 실재는 알 수 없는 것입니다. 이것은 칸트적입니다. 칸트는 반철학의 철학적 경계입니다. 이 경계는 비판철학으로 불려왔습니다. 그리고 라캉은 하고자 하는 것이 바로 이러한 칸트적 해법을 피하는 것입니다. 라캉은 비판가가 아닙니다. 물론 실재는 현실과 구분되고, 현실은 자신의 영역을 앎에 고정시킵니다. 그러나 라캉은 즉각 이렇게 말합니다. "저는 실재가 알 수 없는 것이라고 말하고자 하는 것이 아닙니다. 저는 칸트주의자가 아닙니다. 저는 알 수 없는 실재를 알 수 있는 현실에 대조시키지 않습니다. 따라서 실재는 알 수 없는 것이 아니며, **문제는 실재를 아는 것이 아니라 실재를 증명하는 것**입니다." 비록 현실과 구분되는 것으로서의 실재가, 현실의 본질에 해당하는 알 수 있는 것에서 벗어나지만, 그럼에도 불구하고 실재는 절대적으로 알 수 없는 것이 되지 않고 증명되는 것에 노출됩니다.

수수께끼 같은 이 **증명**을 살펴보기 전에 저는 우리를 행위와 실재로 인도할 사안을 강조하고 싶습니다. 라캉적 의미의 실재가 앎에 대한 급진적인 바깥에, 앎의 특수한 형식으로서의 '알지 못함'까지 포함한 급진적인 바깥에 있다는 점을 이해하는 것이 중요합니다. 알 수 없는 것은 그저 알 수 있는 것의 범주이며, 알 수 있는 것의 양상일 뿐입니다. 그것은 알 수 있는 것의 반대이지만, 둘은 같은 영역에 속합니다. 나아가 이는 마치, 우리가 살펴본 것처럼, 무의미가 의미의 (철학적) 범주인 것과 같습니다. 그렇지만 탈-의미의 경우에는 그렇지 않습니다. 실재가 알 수 없는 것이라고 말하는 것은 사실 실재가 현실과 같은 영역에 있다는 선언과 같을 것입니다. 왜냐하면 알 수 없는 것마저도 앎의 문제에 노출되어 있기 때문입니다. 따라서 '실재'는 앎에 이질적인 지점에 있는 것을 지칭하기에, 그것은 알 수 없는 것으로도 사유될 수 없습니다. 실재, 실재적인 것이 앎과 알지 못함 모두의 바깥에 있다는 이와 같은 테마는 반철학에서 결정적이고, 유적이며, 중심적인 테마입니다. 진정으로 실재적인 것은 앎에 무관하며, 앎의 부정을 통해서도 말해지거나, 지정되거나, 상징화될 수 없습니다. 달리 말해 실재는 알지 못함을 포함하는 앎 그 자체와 무관합니다.

여전히 우리는 알 수 있는 것과 알 수 없는 것이 실존하는 것의 장 전부를 망라하지 않는다는 점을 증명해야 합니다. 왜냐하면 실재는 정확히 알 수 있는 것과 알 수 없는 것에서 부재한 것이지만 그럼에도 실존에 부과되기 때문입니다. 그러므로 분석적인 의미에서의 전부, 즉 A와 A 아닌 것 혹은 존재와 비-존재 혹은 알 수 있는 것과 알 수 없는 것에 대해 명백히 정원 외적인surnuméraire, 실재에 대한 접근 장소를 발견해야 할 것입니다. 요컨대 실재에 대해 반철학적 테제는 다음과 같습니다. 알 수 없는 것의 장치에 부가된 앎의 장치가 모든 것을 망라하지 않습니다. 실재란 알 수 있는 것과 알 수 없는 것의 분리의 잔여물입니다. 여기서 우리는 모든 반철학의 반反변증법적 차원을 측정할 수 있습니다. 즉 실재에 대한 접근 장소는 부정적으로 도달될 수 없습니다. 알 수 있는 현실과는 달리, 어떠한 부정의 규약도 실재에 대한 접근을 제공하지 않습니다. 부정과는 전혀 다른 것이 있어야 할 것입니다. 모든 반철학에서 작동하는 이러한 반변증법적 사안과 관련해서, 저는 여러분에게 반철학의 역사 안에 있는 몇몇 지표를 제공해드리고자 합니다. 우리가 라캉 해법의 독창성에 이를 수 있도록 말입니다. 왜냐하면 제가 보기에는 반철학의 기존 조처에 비해, 실재가 알 수 있는 것과 알 수 없는 것 모두에서 부재하는 특정한 방식에 관한 라캉의 해법이 독특하기 때문입니다.

제가 제공할 레퍼런스들은 서로 상이한 비중을 갖고 있으며, 이것은 라캉에 대한 논의를 예비하기 위해서입니다. 저는 파스칼과 루소보다 키르케고르를 특히 강조할 것입니다.

파스칼에게 모든 합리주의 철학의 신은, 우리가 무신론이라는 결론에 도달하든지 아니면 우리가 신의 실존을 '증명'하든지 간에, 신적인 실재에서 물러난 채로 남아있으며, 신적인 실재는 알 수 있는 것과 알 수 없는 것에 관한 합리주의적 대조에서 벗어나 있습니다. 이는 파스칼의 변증론에서 모든 문제는, 어떤 것이, 신이라는 이름으로(실재라는 이름으로), 설령 우리가 알지 못하는 것의 형식하에서일지라도, 앎의 체제에서 절대적으로 벗어나야 한다는 점을 이해하는 것이기 때문입니다. 분명 이것이 이삭과 야곱의 신, 마음으로 느낄 수 있는 신과, 파스칼이 "철학자와 학자의 신"으로 부르는 것 간의 대비가 갖는 진정한 의미입니다. 철학자의 신은 앎에 노출된 신, 실존의 증명에 노출된 신입니다. 비록 이것이 우리가 신을 알지 못하거나 신이 실존하지 않는다고 선언하기 위함이라 하더라도 말입니다. 이러한 신이 신의 실존을 증명한 데카르트의 신이며, 모든 사변적 무신론의 신과 동일한 신이라는 사실은 별로 중요하지 않습니다. 두 경우에 실재적 신은 결여되어 있고 부재합니다. 우리는 어떤 독특한 길을 통해서만 신의 현존에 도달할 수 있는데, 그 길은 알 수 있는 것과 알 수 없는 것 간의 대조에서 벗어납니다.

루소에게서 이러한 태도는 어떻게 드러날까요? 여기서 저는 여러분에게 레퍼런스만을 제공해드리겠습니다. 여러분 스스로 텍스트를 다시 읽어보십시오. 《에밀 또는 교육론*Émile ou De l'éducation*》 4권에서 완벽히 반철학적 선언이 개진되는데, 그것은 이성과 정념의 나이(15세에서 20세까지)에 관련됩니다. 특히 종교 교육에 관련되는 4장의 유명한 '사부아 보좌신부의 신앙고백profession de foi du vicaire savoyard'을 보십시오. 우리가 이 레퍼런스들을 종교에 관한 논고에서 발견하는 것은 결코 우연이 아닙니다. 여기에서 루소는 정확히 반철학적 교육일 수 있는 것을 제안하고 있습니다. 여러분은 여기서 재차 앎과 무지가 실재에 의해 보충되는 것으로 이어지는 세 가지 결정적인 특징을 재발견할 겁니다. 우선 철학자들의 합리적 앎에 대한 가치 절하는 파스칼과 라캉에게서 반복되는 진정한 반철학적 테마입니다. '사부아 보좌신부의 신앙고백'의 다음 구절을 봅시다.

> 일반적이고 추상적인 관념은 인간의 가장 큰 오류의 원천이다[이것은 여전히 철학에 대한 형사소송입니다. 철학은 단순히 거짓된 것이 아니라 해로운 것입니다]. 형이상학의 은어는 결코 우리로 하여금 단 하나의 진리조차 발견하지 못하게 만들었고, 과장된 말이 벗겨지자마자 우리를 수치스럽게 하는 부조리로 철학을 가득 채웠다.

재차 형이상학이라는 이름으로 등장하는 체계적인 철학은 해로운(가장 큰 오류) 동시에 무력합니다. 사변적 사유의 공으로 돌릴 수 있는 것은 단 하나도, 아무 것도 없습니다. 이것은 우리가 어떤 진리에 도달하게 되는 행위의 장소가 이성이 아니라 루소가 양심이라 부르는 것이기 때문입니다.

> 너무나 자주 이성은 우리를 속인다. 우리는 이성을 거부하기 위한 권리를 너무나 많이 갖게 되었지만[이것은 상상력이 우리를 속인다고 말하는 전통적인 태도에 대조적입니다. 여기서 우리는

이성에 대한 해임에 호소해야 합니다], 양심은 결코 우리를

속이지 않는다.

'양심[conscience]'이라는 이름 아래 우리는 앎과 이성에 대한 예외로서 실재에 대해 의심의 여지가 없는 접근을 제공하는 것을 갖고 있습니다. **양심은 결코 우리를 속이지 않는다.** 이 '결코'가 중요합니다. 실제로 우리는 '우리는 무엇을 알고 또 알지 못하는가?'라는 질문에 관계될 모든 아이디어에서 매우 멀리 떨어져 있습니다. 앎과 무지의 대조는 적절하지 않습니다. 우리를 속이는 것은 이성이며, 우리를 결코 속이지 않는 것은 양심입니다. 마지막으로 행위에 대한 다음과 같은 규정이 나옵니다. **양심의 행위는 판단이 아니라 감정이다.**

일반적이고 추상적인 앎이라는 테마 아래에 있는 철학에 대한 해임이 있고, 알 수 있는 것과 알 수 없는 것의 대비에 정원 외적인 장소로서의 양심에 대한 규정이 있습니다. 여기서 마침내 우리는 실재에 대한 접근을 개방하는 행위에 대한 규정에 도달합니다. 그리고 이 행위는 판단의 형상이 아니라 감정의 형상으로 드러납니다. 결국 루소식으로 말해 감정과 판단의 대비는 라캉에게서 부분적으로 존재하는 실재와 진리의 대비에 대한 접근을 제공할 것입니다. 비록 그것이 그의 용어가 아니라 하더라도 말입니다. 양심의 행위로서의 감정과 결코 속이지 않는 장소로서의 양심은 실재 자체의 지점이며, 이성의 인지적 체제와는 전적으로 이질적입니다. 그리고 물론 이성은 우리를 현실에 일치시키지만, 결국 상블랑에 속하는 오류에 빠집니다.

제가 이러한 사안을 말씀드리는 것은 여러분에게 파스칼과 루

소 모두에게 있어서, 말하자면, 고전적인 반철학 안에는 늘 실재의 장소에 대한 이름이 있음을 확인시켜 드리기 위해서입니다. 여기서 '실재의 장소'란 알 수 있는 것과 알 수 없는 것의 대비에 대해 정원 외적인 장소를 뜻합니다. 또한 언제나 행위에 대한 이름이 있을 것입니다. 이 행위는 그 장소에서 실재에 대한 접근을 개방합니다. 루소의 경우, 장소는 양심이고, 이 장소에 있는 행위는 감정으로 드러납니다. 반철학의 도처에서 발견되는 테마가 바로 여기에 있습니다. 그것은 우리를 결코 속이지 않는 주체적 경험이 있다는 것입니다. 실재가 알 수 있는 것과 알 수 없는 것의 대비에서 벗어남에 따라, 정동의 등록부에 있는 어떤 것은 결코 우리를 속이지 않습니다. 파스칼은 그것을 마음으로 느낄 수 있는 신이라 부를 것입니다. 루소는 그것을 판단이 아니라 감정이라고 부릅니다. 끝으로 라캉이라면 그것을 불안이라고 부를 것입니다. 반철학에서 우리를 결코 속이지 않는 것은 이성이 아니라 어떤 다른 것이며, 이것은 여러 이름을 지닙니다.

마지막으로 키르케고르를 살펴봅시다. 그는 라캉에게 매우 중요한 원천입니다. 특히 반복의 문제와 관련해서, 그러나 또한 반복의 문제를 넘어서서 말입니다. 키르케고르에게서 우리는 제가 방금 루소에게서 다루었던 세 가지를 재발견할 수 있습니다. 첫째, 앎의 체제의 가치를 떨어뜨리는 풍자적인 움직임이 있습니다. 철학, 특히 헤겔의 철학이 창시하기를 자임하는 앎의 체제 말입니다. 둘째, 실재가 알 수 있는 것과 다른 것으로 드러나는 어떤 장소에 대한 식별이 있습니다. 셋째, 이 장소를 식별하는 어떤 행위가 있습니다. 철학과 관련해서는 그저 《이것이냐 저것이냐*Enten-Eller*》의 처음에 나오는 〈디아프살마타[Diapsalmata]〉에 나온 구절을 인용해보겠습니다. 이것은 제가 아주 좋아하는 이야기입니다.

> 철학자들이 현실에 관해 하는 말[우리는 여전히 동일한 반철학적인 어휘 안에 있습니다]은 고물상에서 볼 수 있는 전단지만큼이나 우리를 기만합니다. "다림질합니다." 우리가 다림질하려고 옷을 가지고 가면 우리는 속게 됩니다. 왜냐하면 우리가 발견하는 것은 그저 판매 광고판일 뿐이기 때문입니다.

철학은 하나의 고물상이고, 거기에서 여러분은 여러 물건 중에 '여기에 세상살이 방법이 있습니다'라고 말하는 것을 발견합니다. 그리고 만약 여러분이 여러분의 삶을 거기로 데려가면, 여러분은 속게 됩니다. 왜냐하면 여러분이 발견하는 것은 여타 모든 물건과 다를 바 없는 일종의 판매용 담론이기 때문입니다. 이것은 키르케고르가 철학에 대해 느낀 바를 잘 말해주는 매우 좋은 이야기입니다. 참된 삶에 대해 키르케고르를 이렇게 첨언합니다. **중요한 것은 반성이 아니라 의지의 세례이다.** 우리는 반철학자에게 철학적인 의미에서의 앎이란 어떤 의지 —그 의지가 무엇이든지 간에 — 에 세례를 줄 수 없는 상태에 있는 것이라고 말할 수 있을 것입니다.

저는 여기서 키르케고르의 개념이 갖는 매우 정교한 세부 사항으로 들어가고 싶지는 않습니다. 그렇지만 우리는 순간적인 주체화 혹은 주체 자체에 대한 급작스러운 소환은 실존과 앎을 육중하게 대비시킨다는 점을 이해할 필요가 있습니다. 주체의 급작스러운 소환에서 스스로 실존하는 가운데 '앎'과 '앎 아닌 것'의 대비에서 벗어나는 것은 바로 실존입니다. 그리고 키르케고르는 이를 윤리의 장소라 부를 것이며, 윤리의 장소는 모든 인식의 장소와 대비됩니다. 이 주제에 관해 여러분의 기억을 환기시키기 위해서는《철학적 단편에 대한 결론으로서의 비학문적 후서*Post-scriptum aux Miettes philosophiques*》에 나온 내용을 참고하십시오.《철학적 단편*Miettes philosophiques*》은 짧은 책이지만,《후서*Post-scriptum*》는 대작입니다. '현실적 주체성, 윤리적 주체성, 주체적 사유가'라는 제목이 붙은, 책 두 번째 부분에서 2부의 3장 전체는 여러분에게 앎과 앎 아닌 것의 대비에서 벗어나 있는 실재의 장소에 대한 꼼꼼한 구성과 관련하여 필요한 것 모두를, 그리고 담론에 대한 판매 약정과는 다른 것 모두를 제공할 것입니다.

저는 여러분에게 제가 하나의 경구로 요약할 세 가지 발췌문을 읽어드리겠습니다. 여러분이 여기서 라캉에 대한 논의를 예비할 수 있는 것에 대해 감을 잡으실 수 있도록 말입니다. 키르케고르의 근본적인 테제는 다음과 같습니다. 현실에 대한 앎은, 직접적으로 또 순전히, 실재가 아닌 가능성에 대한 앎입니다. 이것이 실재가 문제되고 있지 않다는 것을 말하는 키르케고르의 방식입니다. 인식의 양상 아래에서 이루어지는 현실에 대한 관계의 모든 형상은, 언제나, 또한, 그리고 단순히, 가능성에 대한 파악입니다.

> [첫 번째 발췌문] 현실에 관한 모든 지식은 가능성이다. 실존하는 이가 추상적인 앎 이상의 것을 갖는 유일한 현실은 그 존재 자신의 현실, 그의 실존이다. 이러한 현실이 그의 절대적인

> 관심을 이룬다. 추상화가 그에게 요구하는 것은 그가 무언가를 알 수 있도록 이해관심에서 벗어나는 것이다. 윤리가 그에게 요구하는 것은 그가 무한히 실존에 관심을 갖는 것이다.

이로부터 조금 뒤에, 여러분이 유념해두면 좋을 만한 경구가 나옵니다.

> [두 번째 발췌문] 진정한 주체성은 앎의 주체성이 아니다. 왜냐하면 우리는 앎을 통해 가능성의 차원에 있기 때문이다. 진정한 주체성은 윤리와 실존의 주체성이다. 추상적인 사유는 물론 실존한다. 그러나 그의 실존은 오히려 그 자신에 대한 풍자에 해당한다. 그가 자신이 사유한다는 사실을 통해 자신의 실존을 증명한다는 것은 기이한 모순이다. 그가 추상적으로 사유하는 만큼 그는 자신이 실존한다는 사실을 그저 추상화하기 때문이다.

반反 데카르트적인 풍자에 주목하십시오. 이러한 트집을 면밀히 살펴보면 여러분은 그것이 코기토cogito에 대한 라캉의 탈중심화에 긴밀히 연결된다는 점을 알 수 있을 겁니다. 다음의 구절을 다시 읽어드리겠습니다. **자신이 사유한다는 사실을 통해 자신의 실존을 증명한다는 것은 기이한 모순이다. 그가 추상적으로 하는 만큼 그는 자신이 실존한다는 사실을 그저 추상화하기 때문이다.** 우리가 여기서 보는 것은 '내가 추상적으로 사유하는 곳에서 나는 존재하지 않는다'라는 단언입니다. 키르케고르는 그것을 실존이라 부릅니다. 그리고 조금 뒤에 그는 데카르트의 코기토에 대한 자신의 비판으로부터 다음과 같은 결론을 끌어냅니다.

> [세 번째 발췌문] 그렇다면 사유로부터 실존이라는 결론에 이르는 것은 모순이다. 왜냐하면 반대로 사유는 실존을 현실에서 빼내고, 실존을 폐지하고 실존을 가능성으로 전치시킴으로써 실존을 사유하기 때문이다.

키르케고르에게 앎의 근본적인 조건은 실존을 현실에서 덜어내는 것입니다. 실존을 현실에서 덜어냄으로써 우리는 현실을 가능성으로 전치 혹은 변모시킵니다. 앎에 상관적인 것으로서의 현실은 하나의 가능성에 불과합니다. 이것이 우리가 라캉에게 발견하는 것, 즉 실재에 대비되는 현실의 상상적 성격에 대한 키르케고르적 대응물입니다. 키르케고르에게 있어 라캉이 상상계에 부여한 입장을 갖는 것이 가능성입니다. 그 결과 만약 우리가 실재를 복구하고자 한다면, 우리는 앎에서 벗어나야 합니다. 왜냐하면 앎의 작용 자체는 오직 가능성만을, 따라서 상블랑만을 상관물로 갖기 때문입니다.

오직 가능성에만 관련될 뿐인 알 수 있는 것과 알 수 없는 것에서 나를 벗어나게 해주는 행위는 무엇이 될까요? 실존하는 이가 자기 고유의 실재를 스스로에게 주는 행위가 될 것입니다. 일단 장소가 윤리적 장소임이 상정되면, 이 행위는 키르케고르에 의해 선택이라 불릴 것이며, 선택이란 실존을 결단하는 것을 뜻합니다. 나중에 저는 키르케고르의 '실존을 결단하는 것'과 라캉의 '실재를 증명하는 것' 간의 극도의 근접성을 강조할 것입니다. 어쨌든 실재의 출현으로 나타나는 것은 행위의 장소에서 실존에 대한 결단의 형식으로 드러나며, 실존에 대한 결단이란 선택으로서 이 선택의 본질은 결코 이것 혹은 저것에 대한 선택이 아니라 바로 선택을 선택하는 것이라는 점이 — 이 점은 라캉과 관련해서 재검토될 필요가 있습니다만 — 즉각 드러날 것입니다. 저는 여러분에게 핵심적인 레퍼런스로 《이것이냐 저것이냐》(종종 《대안*L'Alternative*》으로 번역되기도 하는)의 두 번째 부분 중 "인격 발달에 있어서의 미학적인 것과 윤리적인 것 간의 균형"이라는 제목이 붙은 장 전체를 소개해드리겠습니다. 미학적인 것과 윤리적인 것 간의 불균형에 전적으로 할애된 이 장은 행위에 대한 학설입니다. 그것은 아마도 행위에 대한 반철학적 학설이 무엇일 수 있는가와 관련해서 가장 완전히 전개되어 있으며 가장 의미심장한 텍스트 중 하나일 것입니다.

여기서 키르케고르가 놀라울 정도로 긴장된 방식으로 말하고자 하는 것에 대해 잠시 강조하고 싶습니다. 그것은 그 어떤 것에도 관한 행위가 아닌 어떤 행위가 있을 때 앎과 앎 아닌 것의 이율배반에서 해방된 실재 혹은 실존이 있다는 것입니다. 키르케고르는 이것을 절대적인 선택, 선택에 대한 선택이라고 부릅니다. 가령 그는 다음과 같이 말할 것입니다.

> 나의 "이것이냐 저것이냐"는 선과 악 사이의 선택을 뜻하지 않는다. 그것은 선과 악을 선택하게 하는 선택을 뜻한다. 여기서

> 관건은 어떤 규정 아래에서 우리가 모든 실존을 바라보고 또 자기 자신으로 살아가기를 원하는지의 문제다.

우리가 우리 자신을 결코 속이지 않는 것을 발견하게 되는 것은 바로 이 지점에서입니다. 만약 우리가 거기에 도달할 수 있다면, 그것은 결코 우리를 속이지 않습니다. 키르케고르는 이를 다음과 같이 말할 것입니다.

> 만약 우리가 어떤 사람을, 선택하는 것 외에 또 다른 출구가 없는 어떤 갈림길로 데려갈 수 있다면, 그는 올바른 선택을 할 것이다.

만약 여러분이 선택에 대한 선택의 지점에 있다면, 그것은 결코 속이지 않습니다. 어휘와 사유를 약간 비틀어 말하는 대가를 지불한다면, 우리는 분석 치료가 어떤 사람을 그와 같은 갈림길로, 선택하는 것 외에 어떠한 출구도 없는 지점으로 데리고 가는 것으로 이루어진다고 생각할 수 있을까요? 여러분은 저에게 이렇게 말할 것입니다. 무엇에 관한 선택인가요? 그것은 중요하지 않습니다. 아니요, 그것은 중요하지 않습니다! 중요한 것은 선택하는 것 말고는 어떠한 출구도 없다는 것이며, 그게 전부입니다. 여러분은 이렇게 말할 것입니다. 그렇다면 우리는 선택하도록 강제되는 건가요? 아닙니다. 선택하는 것 외에 어떠한 출구도 없다는 것은 우리가 선택하기를 선택해야 할 지점에 있다는 것을 뜻합니다. 이것이 곧 행위입니다. 즉, 선택할 가능성밖에 없는 지점에 있는 것 말입니다. 그리고 이것은 속이지 않습니다. 그렇다면 라캉과 관련해서는 실재와 행위의 상관관계 안에 있는 어떤 것이 그와 같은 차원에 있는 걸까요? 이것은 두 가지 질문을 전제합니다. 첫째, 행위는 '어떤 지점으로 데리고 가는 것'을 전제할까요? 행위의 지점이 있는 것으로 전제되는 걸까요? 키르케고르에게서 이 점은 명백합니다. 그러나 라캉에게는 어떨까요? 치료 과정은, 또 궁극적으로 분석 행위는 '주체를 어떤 지점으로 데리고 가는 것'이란 의미를 가질까요? 둘째, 속이지 않는 어떤 것이 있을까요? 키르케고르, 루소, 파스칼, 그리고 궁극적으로 모든 반철학자가 주장하는 뜻에서, 즉 행위의 지점에 도달하면 우리는 우리 자신을 속일 수도 없고 속을 수도 없다는 뜻에서 말입니다.

〈라디오포니〉에서 행위에 대해 말하면서 라캉은 **올바른 상징화의 찌꺼기로 생산되는 행위의 효과**라고 말합니다. 올바른 상징화—올바른 상징화란 무엇일까요?—는 선택하는 것 외에 또 다른 출구가 없는 지점으로 인도하는 것으로 여겨질 수 있을까요? 비록 여기서 선택이 맞는 용어가 아니지만 말입니다. 여기서 선택은, 사후적으로 올바른 상징화를, 선택을 생산하는 것이 아니라 선택의 지점에 있기 위해 필요한 것으로, 선택하는 것 외에 또 다른 출구가 없도록 하기 위해 필요한 것으로 만듭니다. 이를 통해 분석 행위 자체는 언제나 찌꺼기, 이러한 상징화에 의해 산재해 있는 것, 이러한 상징화로부터 떨어지는 것이 될 수 있을 것입니다. 이 지점에서 올바른 상징화의 찌꺼기가 진정 결코 속이지 않는 것인지 질문하는 일이 남아 있습니다. 그러나 명백한 한 가지 조건이 있음에 주목하십시오. 즉 상징화가 올바른 것이어야 한다는 조건 말입니다. 행위가 속이지 않는 것은 상징화가 올바른 한에서, 상징화가 올바르다는 가정에서입니다.

다음 시간에 우리는 이런 문제들을 살펴보겠습니다.

7강

1995년 4월 5일

라캉 반철학의 틀이 갖는 극도의 복잡함으로 돌아가봅시다. 지난 시간에 저는 여러분에게 이렇게 요약해서 말씀드린 바 있습니다. 철학의 해체는 라캉의 장치를 구성하는 일부에 해당하며, 그것은 세 가지 부정적인 진술에서 유래합니다. 실재에 대한 진리는 없다. 엄밀히 말해, 실재에 대한 지식도 없다. 진리에 대한 지식은 없다. 그러나 라캉은 철학의 작용이, 문제가 되는 철학의 방향이 어떠한 것이든 간에, 실재의 진리에 관한 지식이 있을 수 있다는 테제에 의존한다고 주장합니다. 철학자의 주체적 형상, 주인 담론, 상스러움, 메타언어 너머에서 철학은 라캉에게 실재의 진리에 관한 지식의 가능성에 대한 테제에 의존하는 것처럼 보입니다. 이러한 테제는 제가 방금 언급한 세 가지 부정적인 진술에 의해 해체됩니다.

라캉은 지식, 진리, 실재로 이루어진 삼항을 전혀 다르게 조합할 것입니다. 그가 다음과 같이 말한다는 점을 상기합시다.

왜냐하면 진리는 실재의 어떤 측면이 지식 안에서 기능을 맡고 있고, 지식이 거기에[실재에] 부가된다고 가정함으로써 설정되기 때문입니다.

삼항을 다시 연결하는 것이 바로 이 경구입니다.

이러한 과정의 두 번째 고정점은 지식 안에서 실재의 기능이 발견되는 방식이 분석 행위에 의존해 있다는 것이고, 이에 대해 두 가지 본질적인 특징을 말씀드렸습니다. 첫째, 분석 행위는 정신분석가 자신이 질색을 하는 행위입니다. 이것은 그것을 참거나 견디는 것이 그 자체로 그 행위에 중대한 문제가 된다는 뜻입니다. 둘째, 그 결과, 그 무엇보다 중요한 것은 라캉이 분석 행위와 "마주하는 것"이라 부르는 것입니다. 제 생각에 이것 외에 다른 종착점은 없습니다만, 라캉의 가르침 전부가 갖는 궁극적 종착점은 바로 라캉이 앞으로 말할 것처럼, 분석가들에게 자신들의 행위와 마주하게 할 기회를 제공하는 데 있습니다.

모든 이론적 구축, 분석적 미묘함, 개념적 수정, 위상학, 분석 사례의 이론, 우리가 행위 자체에 대해 말할 수 있는 것, 이 모든 것은 실제로 오직 하나의 기능, 하나의 종착점만을 갖습니다. 그것은 행위와 마주할 기회, 행위와 마주할 조금 더 나은 기회를 제공하는 것입니다. 제가 보기에는 이것이, 분석 행위가 고려되지 않는다면, 라캉의 이론적 장치가 비일관적이라는 사실을 쉽게 보여줄 수 있는 이유입니다. 이 문제는 여러 차례 제시된 바 있지만, 그것은 그 문제에 대한 반철학적 접근이 아니라 철학적 접근에게만 중요할 따름입니다. 왜냐하면 라캉의 사유 공간에서 다음의 사안은 절대적으로 합법적이기 때문입니다. 궁극적인 관건은 오직 행위와 마주할 기회를 갖는 것이며, 모든 것은 거기에 달려 있습니다. 이를 근거로 해서 우리는 우리가 여기서 관심을 기울이는 과정을, 제가 분석 행위의 **성격 규정**이라 부르는 과정을 다룰 수 있습니다.

환원 불가능한 반철학적 행위로서의 분석 행위가 갖는 단독성은 무엇입니까? 저는 지식 안에서의 실재의 기능에 대한 발견은 분석 행위에 달려 있다고 말씀드렸습니다. 왜냐하면 지식 안의 실재의 기능은 그 지식에 대한 어떤 지식의 관점에서 발견될 수 있는 것이 아니며, 행위의 관점에서 발견되어야 하기 때문입니다.

처음부터 저는 또한 이러한 행위는 지식의 장치가 행위의 절단을 확인하는 한에서만 입증된다고 말씀드렸습니다. 따라서 행위가 입증되기 위해서는 전달 가능한 지식의 장치가 있어야 합니다. 실재의 기능의 발견이 행위에 달려 있다는 점에서도 말입니다.

끝으로, 온전히 전달 가능한 모든 지식은 수학소이기에 우리는 이렇게 말할 것입니다. 우리가 그 모든 복잡함 속에서 다룰 것이 바로 이 문제입니다만, 라캉 반철학에서 모든 것은 궁극적으로 행위와 수학소 간의 수수께끼 같은 상관관계에 달려 있습니다. 진리, 지식, 실재의 삼항이 반철학적 방식으로 합법적으로 재조합할 수 있고, 따라서 해석학적 유혹을 배제하고, 중요한 대화 상대방들(철학자들이 아닌 분석가들)이 그들의 행위에 마주할 작은 기회를 제공할 수 있는 것은 행위와 수학소 간의 수수께끼 같은 상관관계에 기인합니다.

여기서 약간 경험적인 여담을 하나 하겠습니다. 라캉이 죽은 이후에 그리고 살아 있을 동안에도 이루어진 라캉주의자들 간의 논쟁의 상당 부분은 임상과 학설 간의 관계 문제에 관련됩니다. 라캉주의의 어떤 계보는 논리주의 혹은 이론주의라고, 아니면 임상에서 너무 떨어져 있다고, 아니면 임상에 무지하다는 비판을 받았습니다. 그러나 정반대로 또 다른 계보는 임상적 경험주의라고, 아니면 이론적 장치의 결정적인 지점을 포기한다는 비판을 받았습니다. 결국 한편에 있는 '당신은 임상가가 아니야'와 다른 한편에 있는 '당신은 개념을 포기하고 있어'가 이러한 논쟁의 일반적인 배경입니다. 이런 점에서 그것은 이론과 실전 간의 관계 문제에 관한 혁명적 코뮤니즘 운동에 내부적인 잘 알려진 논쟁을 반복하고 있습니다.

이 점에 관해 우리가 생각해야 할 점은 단순합니다. 그것은 이러한 분리가 체계 전부를 무너뜨린다는 것입니다. 이러한 분리의 관점에서는 어떠한 방식으로도 라캉의 체계를 검토할 수 없을 겁니다. 제가 말씀드리고자 하는 것은 어떠한 종합 혹은 융합이 있다거나 이론의 임상적 적용이 있다거나 둘이 하나가 되는 장소 혹은 장소들이 있다는 것이 아닙니다. 그것은 이러한 분리를 사용하는 것 자체가 체계 전부를 무너뜨린다는 것입니다. 실제로 분석 행위가 임상의 핵심에서 입증된다고 가정할 때, 분석 행위가 생산적일 수 있는 것은 (절차와 전달의 이중적 의미에서) 오직 분석 행위가 수학소에 대한 욕망에 근거하는 한에서입니다. 행위와 수학소는 분리된 형식으로 파악될 수 없으며, 그러한 분리된 형식은 임상과 학설의 대비에 관련될 것입니다. 따라서 우리는 행위의 핵심에 수학소에 대한 욕망이 있고, 역으로 수학소 자체는 오직 행위의 관점에서만 인식 가능하다는 점을 이해해야 합니다.

앞으로의 논의를 내다보며 저는 이렇게 말씀드리겠습니다. 제가 수학소에 대한 욕망이라 부르는 것은 하나의 잠정적인 범주이며, 분석가는 수학소에 대한 욕망 없이는 자기 자신의 행위를 견딜 수 없습니다. 수학소가 없다면 그의 행위에 대한 혐오감이 우세하게 됩니다. 수학소가 없다면 분석가는 자신을 잔여물의 입장에 놓이게 만드는 실추[déchéance]를 견딜 수 없습니다. 그 결과 우리는 한쪽에 행위가 있고 다른 쪽에 수학소가 있다고, 하물며 한쪽에 임상이 있고 다른 쪽에 학설이 있다고 말해서는 안 될 것입니다. 정확히 수학소의 문제가 행위와 마주할 기회를 제공하는 것에 연루되어 있기 때문입니다.

우회해봅시다. 저는 키르케고르의 다음과 같은 구절을 상기시켜드린 바 있습니다.

> 만약 우리가 어떤 사람을, 선택하는 것 외에 또 다른 출구가 없는 어떤 갈림길로 데려갈 수 있다면, 그는 올바른 선택을 할 것이다.

여러분이 아시다시피 절대적인 선택이라 불리는 배치 안에서는 오직 행위의 형식으로만 실존하는 실재에 대한 접근이 결코 속일 수 없는 것이 됩니다. 모든 문제는 어떤 사람을 선택하는 것 외에 또 다른 출구가 없는 '갈림길'로 데려가는 것입니다.

이 문제에는 하나의 구속이 있으며, 그것은 자유의 엄격한 구속에 다름 아닙니다. 비록 키르케고르가 절대적인 선택을 말하고 있지만, 그 선택에는 방향이 있습니다. 즉, 선택하는 것 외에 또 다른 출구가 없는 곳으로 데려가진 사람은 올바른 선택을 할 것입니다. 그러므로 절대적인 선택으로서의 선택, 키르케고르가 선택에 대한 선택이라 부르는 이러한 선택은 다른 출구가 없기 때문에 구속되어 있는 한에서 속이지 않습니다. 주체성은 궁지에 몰려야 하고, 선택하는 것밖에 할 수 없어야 합니다. 여기서 절대적인 선택은 속이지 않습니다. 이러한 '갈림길로 데려가는 것'이 제가 구속의 장치라 부르는 것입니다.

달리 말해 여러분이 실재의 문제를 행위의 문제에 달려 있게 할 때(이것은 모든 반철학의 일반적인 경구인데), 모든 문제는 어떤 장치가 행위를 야기하는지, 어떤 구속의 형상에서 행위가 단절을 만들어내는지에 관련됩니다. 만약 행위가 장치의 구속적인 배치 안에서 단절을 만들어낸다면, 여기서 행위는 외적인 규범을 필요로 하지 않습니다. 그것이 속이지 않는다는 사실은 그것이 그 자체로 자기 자신의 규범임을, 그것이 자기규범적임을 뜻합니다. 이것이 반철학의 근본적인 테마입니다. 즉 어떤 자기규범적인 행위, 자신의 진리치에 관해 어떤 외적인 규범을 참조하지 않는 행위, 그러나 본질적으로 속이지 않는 행위가 실존한다는 것입니다. '속이지 않는다'라는 것이 행위가 그 절대성을 의심할 수 없는 어떤 구속의 체계에 놓여 있음을 전제하는 이상 말입니다.

이 모든 것은 라캉에게서 어떻게 나타날까요? 우리의 출발점은 제가 이미 강조했던 다음과 같은 구절의 두 번째 부분에 대한 논평이 될 것입니다.

이렇듯 실재[le réel]는 현실[la réalité]과 구분됩니다. 이는 우리가 실재를 알 수 없다는 말이 아닙니다. 문제는 실재를 아는 것이 아닌, 실재를 증명하는 것이라는 의미입니다.

실재에 관한 한, 문제는 오직 그것을 증명하는 것입니다. 여기서 증명한다는 것은 앎과 알지 못함의 쌍에 대비되는 것입니다. 관건은 아는 것이 아니며, 알 수 없는 것도 아닙니다. 관건은 증명하는 것[démontrer], 증명하는 것(보여주는 것에서 떼어내는 것)[dé-montrer]입니다. 그러나 증명(보여주는 것에서 떼어내기)[dé-monstration]이란 무엇일까요? 이 증명은 구속과 다른 출구의 부재를 동시에 포함할 것입니다. 무엇과 다른 출구일까요? 우리는 앞으로 이 점을 살펴볼 겁니다. 어쨌든 여기서는 이렇게 말해둡시다. 올바른 출구가 아닌 다른 출구의 부재라고 말입니다. 증명은 필연적으로 이 모든 것을 포함할 것이며, 그것은 또한 필연적으로 속임수의 불가능성을 포함할 것입니다. 바로 이 때문에 그것은 하나의 증명, 즉 어떠한 속임수도 가능하지 않음에 대한 입증을 허용하게 될 것입니다.

이는 우리에게 분석 치료에 대한 잠정적인 정의를 제공합니다. 분석 치료란 어떤 주체의 실재에 대한 증명입니다. 증명 안에서 증명과 동시에 행위가 실재적인 단절을 만들어내는 증명 말입니다. 어떤 다른 출구도 의미를 지닐 수 없는 구속이 있어야 하며, 그러나 동시에 행위는 이러한 구속으로 환원 불가능합니다. 행위는 그 안에서 단절을 만들어냅니다. 여러분은 어떤 이를 선택으로 데려갑니다. 그에게는 선택하는 것 외에 또 다른 출구가 없습니다. 그러나 이것은 다른 출구가 없다는 사실이 선택의 동기를 해명한다는 말이 아닙니다. 선택은 절대적인 선택으로 남아 있습니다. 키르케고르에서 라캉으로 이동하면서 우리는 치료란 실재가 증명되는 공간이라고 말할 수 있을 것입니다. 또 우리는 행위가 이러한 증명 자체 안에서 실재적인 단절을 만들어낸다고 첨언할 수 있을 것입니다. 치료라는 증명은 구속인 동시에 절단면입니다. 또한 우리는 치료가 구속력 있는 형식화이며, 여기서 행위는 실재적인 단절을 만들어낸다고 말할 수 있을 것입니다.

그렇지만 증명이란 정확히 무슨 뜻일까요? '증명'은 실재가 보여주는[montre] 것이 아니라 보여주는 것에서 떼어내는[dé-montre] 것이며, 따라서 보여주는 것의 추락[chute de la monstration]임을 뜻합니다. 이는 또한, 형식주의에 근접해서 말하자면, 증명되는 것으로서의 어떤 주체의 실재가 연결될 수 있는 것이 글쓰기임을 뜻합니다. 어떤 주체의 실재는 보여주는 것의 차원에 있지 않고, 그것은 보여주는 것에서 떼어내는 것이며, 보여주는 것에서 떼어내는 것이 그것을 글쓰기에 연결시킵니다. 오직 글쓰기 자체만이 보여주지 않고 보여주는 것에서 떼어냅니다(보여주지 않고 증명합니다)[dé-montre sans montrer]. 글쓰기는 실재에 대한 상징화일 수 없습니다. 왜냐하면 실재는 상징화가 불가능하기 때문이며, 이는 실재가 앎의 문제에서 벗어나 있다는 말과 같습니다. 증명에는 어떤 우회적인 보여주기가 있을 것이며, 형식화의 난관, 글쓰기의 가능한 연쇄의 난관으로 인해 보여주기에 대한 우회가 있을 것이며, 여기서 자연히 실재는 결코 보이는 것이 아니라 증명되는 것이 될 것입니다. 달리 말해, 실재는 결여, 난관, 키르케고르의 용어를 다시 사용하자면, 출구의 부재, 출구 없음이 될 것입니다. 요컨대 증명은 실재가 고집하는 공간 자체 안에 상징화의 난관이 있어야 함을, 그러나 이러한 상징화는 난관을 만들어내는 구속을 지녀야 함을 뜻합니다. 그렇지 않으면 증명은 아무런 쓸모가 없거나 무한정 계속될 것입니다. 그러므로 어떤 것이 구속의 조건 아래서 상징화에 도래해야 하며, 그 결과 상징화의 출구가 없는 경계에서 오직 실재만이, 그러나 이번에는 행위의 방식으로 출현할 수 있습니다.

우리가 이제부터 강조하는 구속 효과란 그것 없이는 치료로의 인도가 끝없는 해석학에 불과할 것이 되는 그러한 효과입니다. 그러나 만약 치료가 끝없는 해석학이 아니라면, 이는 바로 치료가 창설하는 상징화 체제가 출구 없음에 구속되어 있는 것이기 때문입니다. 그리고 구속의 효과는 상징화하기 불가능한 어떤 것을 증명을 통해 격상시키는 데 있을 것입니다. 라캉을 인용해보겠습니다.

> 정신분석에서 관건은 무능력함[무능력함을 해명하는 것이 형식화입니다]을 논리적인 불가능성[실재를 풀어주는 형식화의 난관]으로 격상시키는 것입니다.

제가 여러분에게 말씀드릴 것은 바로 다음과 같습니다. 무능력함을 불가능성으로 격상시키는 것은 키르케고르가 갈림길로 데려가는 것이라 부르는 것과 동등합니다. 그것은 행위 자체를 포함하지 않지만, 출구가 없는 상황이 발생되는 장치입니다.

한 가지 여담을 하겠습니다. 어떤 사람들은 단순히 우리가 출구가 없기 때문에, 그리고 출구를 하나 얻을 것이기 때문에 정신분석을 하게 된다고 생각합니다. 라캉은 **결코 그렇지 않다!**라고 말합니다. "여러분이 정신분석을 하게 되는 것은 여러분이 어떤 출구를 갖고 있기 때문이며, 저는 여러분으로부터 그것을 빼앗아서 그 내부로부터 출구가 없는 특수한 지점을 구축할 것이고, 그 지점에서 여러분의 실재와의 결합이 만들어질 것입니다." 이런 점에서 라캉은 키르케고르에게 완전히 동의합니다. 확실히 키르케고르는 사람들을 해방시키는 것이 요점이라고 말하지 않을 것입니다. 요점은 사람들을 선택이라는 궁지에 몰아넣는 것입니다. 그렇지만 그들을 선택이라는 궁지에 몰아넣기 위해서 여러분은 구속의 현상적인 체계를 조직해야 합니다. 그러나 라캉이 보기에 분석적 치료에서 구속의 과정은 정확히 다음과 같은 공식에 의해 정의됩니다. 그것은 환상을 설명하는 무능력함을, 실재를 구현하는 논리적 불가능성으로 격상시키는 것입니다. 달리 말해 행위를 향하는 모든 것 혹은 행위의 가능성의 가장자리를 구성하는 모든 것은 어떤 무능력함을 어떤 불가능성으로 변화시키는 것으로 요약됩니다. 여기서 좀 더 정확히 말해봅시다. 우리가 분석으로 들어가는 것은 우리가 그 용어의 모든 의미에서 이러저러한 방식으로 무능력하기 때문이며, 우리가 분석에서 나오는 것은 우리가 불가능성의 벽이라는 궁지에 몰렸기 때문이고, 거기서는 선택하는 것 외에 또 다른 출구가 없습니다.

이 공식을 자세히 살펴봅시다. 그렇지만 우리가 행위와 수학소간의 관계라는 맥락을 잃어버렸다고 생각하지 마십시오!

우선 무능력함이 설정되어야 합니다(이것이 분석 절차의 본질적인 작업입니다). 무능력함의 장소가 구성되어야 하고, 무능력함의 기표가 고립될 수 있어야 합니다. 무능력함의 기표를 고립시키고, 절단하고, 자르는 것이 가장 중요합니다. 주지하듯이 라캉 학설의 한 가지 논점은 무능력함이 상상적 기능으로서의 팔루스에 의해 구현된다는 것입니다. 그러므로 처음에 무능력함을 불가능성으로 격상시킬 수 있기 위해서는 무능력함을 설정하고 무능력함 자체에 대한 기표적인 위상학을 구성해야 합니다. 라캉은 이것이 상상적 함수로서의 팔루스에 의해 각인되고 구현된다고 말합니다. 이것이 과정의 시작점이 될 것입니다. 그다음에 일단 무능력함의 기표가 고립되고 나면(이는 환상을 드러내는 것과 같을 것인데), 그것은 불가능성으로 격상되어야 할 것입니다.

이러한 절차적 단계를 상세히 살펴보기 전에 행위의 출현에 관한 문제를 제기해봅시다. 키르케고르에게 '갈림길로 데려가는 것'이라고 말해지는 것이 여기서는 '무능력함을 불가능성으로 격상시키는 것'으로 말해진다고 해봅시다. 여러분이 불가능성의 벽이라는 궁지에 몰려 있을 때, 그것은 라틴어에 능한 마르크스가 "여기가 로도스다, 여기서 뛰어라hic Rhodus, hic salta"라고 즐겨 말했던 것과 같습니다. 즉 여기서 실재로 뛰어 들어야 하는 것입니다. 달리 말해 여러분을 주체로 입증할 수 있는 것은 오직 행위뿐입니다. 두 가지 단계가 있습니다. 일련의 해석 작용과 단절을 통해 무능력함의 기표를 고립시키고, 그다음에 이러한 무능력함을 논리적 불가능성의 지점까지 격상시키는 것입니다. 이 두 가지 단계가 출구 없음을 소환합니다. 이 지점에서 행위는 상징화 작용 전부의 찌꺼기로서의 실재를 드러낼 것입니다. 이것이 제가 이미 전해드린 인용문을 정당화합니다. 저는 그 인용문을 여러분에게 다시 알려드리겠습니다. **올바른 상징화의 찌꺼기로 생산되는 행위의 효과.**

따라서 라캉이 보기에 올바른 상징화에 대한 정의는 다음과 같습니다. 올바른 상징화란 무능력함을 불가능성으로 실질적으로 격상시키는 것과 같습니다. 행위의 효과가 올바른 상징화의 찌꺼기로 생산된다고 말하는 것은 정신분석에서 이 효과가 최후의 찌꺼기, 비천한 어떤 생산물, 올바른 상징화 전체의 비천한 생산물임을 뜻합니다. 그리고 올바른 상징화는 그 자체로 어떤 설정된 무능력함을 어떤 논리적인 불가능성으로 격상시키는 것으로 사유될 수 있습니다.

분석적 치료가 어떤 것이어야 하는지를 규정하는 이러한 과정은 다섯 가지 점으로 요약됩니다. 모든 철학으로 하여금 권위를 잃어버리게 하는 임상으로서의 분석적 치료 말입니다.

첫째, 실재에 대한 증명은 과정의 차원에 속하며, 그것은 실존하는 한에서의 치료 과정입니다. 분석적 치료가 일어나게 될 것은 오직 어떠한 실재가 증명되는 한에서입니다. 이 과정에는 규범이 있으며, 우리는 이 규범을 '치료를 이끌기 la conduite de la cure'라고 부를 수 있습니다. 나아가 저는, 이것은 라캉의 공식화는 아닙니다만, 분석가 쪽에서 이 과정은 오직 수학소에 대한 욕망에서만 일어난다고 주장하고자 합니다. 가령 자유 연상 l'association libre이나 부동 청취 l'écoute flottante는 수학소에 대한 욕망에서만 이해될 수 있습니다. 왜 그럴까요? 왜냐하면 관건은, 설령 그 반대가 사실인 것처럼 보일지라도, 실제로는 구속의 공간을 구축하는 것을 겨냥하는 규칙들과 다르지 않기 때문입니다.

둘째, 과정으로서의 실재에 대한 증명은 '올바른 상징화'라는 이름을 갖는 형식적 구속의 차원에 속합니다. 나아가 이는 우리로 하여금 그것이 결코 의미의 해석학이 아니라는 점을 이해하게 하는 데 충분합니다. 이런 관점에서 볼 때 정신분석에서 (라캉은 이 점을 해명합니다만) '해석^interprétation^'이라는 말은 모호합니다. 그 말을 계속 쓸 수 있지만, 또한 그 말을 재구성해야 합니다. 만약 '해석'이 의미의 해석학에 상당한 어떤 것을 뜻한다면 그 말은 부적절한데, 왜냐하면 관건은 적절하고 구속력 있는 형식화이며, 결코 어떤 숨겨진 의미를 드러내는 것이 아니기 때문입니다.

셋째, 첫 번째 단계 — 여기서 단계란 연대가 아니라 누적의 의미입니다 — 에서는 무능력함이 설정되어야 합니다. 분석에 대한 요구는 사실상 언제나 어떤 무능력함, 궁극적으로는 사랑에의 무능력함 — 성적인 무능력은 이것의 한 가지 판본일 뿐인데 — 을 대비하기 위한 것임을 받아들인다면 말입니다. 우리는 그것을 삶에의 무능력함, 실존에의 무능력함으로 부를 수도 있습니다. 여기에 요구가 있습니다. 그렇지만 무능력함은 형식화의 규약이 적용되거나 교육될 수 있는 방식으로 설정되어야 합니다. 그리고 이것은 결코 처음에 저절로 이루어지는 것이 아닙니다. 출발점은 무능력함의 방황을 중단하는 어떤 것을 작동시키는 것입니다. 나아가 우리는 (이것은 저의 표현입니다만) 무능력함의 방황을 '고통'이라 부를 수 있습니다. 문제는 무능력함 자체가 아닙니다. 왜냐하면 문제가 그저 무능력함 자체라면, 우리는 무능력함을 다룰 수 있을 것이며, 나아가 실제로 우리는 언제나 무능력함을 다루고 있기 때문입니다. 우리는 언제나 어떤 점에서 무능력합니다. 황폐를 낳는 것은 무능력함의 방황입니다. 그러므로 치료를 이끄는 첫 번째 단계에서는 적어도 무능력함의 방황이 중단되어야 하며, 이는 무능력함이 설정되어야 한다는 뜻입니다. 오직 무능력함이 환상의 틀—이것은 무능력함을 팔루스의 상상적 기능에 할당하는데—안에 설정되고 확보되는 한에서만, 무능력함을 논리적 불가능성으로 형식적으로 격상시키는 것에 대해 말할 수 있습니다. 물론 첫 번째 단계에서 여러분은 무능력함의 방황을 중단할 것이지만, 만약 여러분이 거기에 그친다면, 다시 방황하게 될 뿐입니다! 그러므로 우리는 무능력함의 방황을 중단한 다음에 무능력함을 논리적 불가능성에 연결시켜야 합니다.

넷째, 따라서 두 번째 단계는 무능력함을 논리적 불가능성으로 격상시키는 것입니다. 위치가 설정된 무능력함, 치료 과정에서 방황하기를 일시적으로 멈추는 무능력함에 대한 이러한 격상은 절대적으로 중요한 단계입니다. 그것은 또한 가장 위험한 단계이기도 한데, 왜냐하면 그것이 실재와의 결합의 임박함을 도입하기 때문입니다. 이 단계는 행위의 범주에 속하는 실재 자체와의 결합을 도입하는 것이 아닙니다. 그것은 실재와의 결합의 임박함을 도입하며, 이러한 임박함은 사실 논리적인 출구 없음의 상황에 대한, 따라서 논리적 불가능성에 대한 증명되는 것을 통해서만 일어날 수 있습니다. 우리는 또한 이 시점에서 영역 혹은 작용이 변화된다고 말할 수 있습니다. 즉 설정되었던 것, 설정하는 것, 중단하는 것이 실제로 형식화가 됩니다. 사실을 말하자면, 여기에서 우리는 해석의 모호성과 절대적으로 단절합니다. 여기에 분석가의 모든 기교가 놓여 있습니다. 즉, 일단 설정 작용이 일어난 뒤에 늘 독특한 우여곡절을 통해 무능력함을 불가능성으로 격상시키는 것을 지지하는 것, 혹은 그러한 격상의 지지자가 되는 것 말입니다. 무능력함의 위치를 설정하는 첫 번째 단계는 대개 그 반복의 효과로 인해 단조롭습니다. 여기서 우리는 무능력함과 절망의 서로 다른 영역에 관해 늘 똑같은 서글픈 이야기를 듣습니다. 대조적으로 의미작용을 통해 고정된 무능력함이 논리적 불가능성에 격상되는 고유한 방식에 관련되는 두 번째 단계는 단독성의 진정한 예술에 속합니다. 이것은 개별 사례에 적합한 형식화입니다. 표준적인 형식화와 같은 것은 없습니다. 무능력함의 위치 설정이 형식화보다 훨씬 표준적입니다. 사실상 무엇이 관련되는지 아는 것("진단")은 어렵지 않지만, 그것을 논리적 불가능성으로 격상시키는 것은 정녕 매우 복잡한 작용입니다.

다섯째, 올바르고 적합한 상징화가 있다고 할 때, 따라서 논리적인 출구 없음의 상황이 재현하는 불가능성으로의 격상이 있다고 할 때, 여기에 절단의 가장자리가 있으며, 이는 불가능성의 지점 자체에서 — 형식화의 난관이 있는 한에서만 불가능성이 있는데 — 행위의 언술적 차원 안의 실재를 도래하게 합니다.

요약해봅시다. 설정, 형식적 격상, 절단의 가장자리가 치료를 이끄는 주요 국면에 해당하며, 치료를 이끄는 것은 어떤 구속의 구축과 어떤 행위의 가장자리 효과를 동시에 지칭합니다.

저는 라캉이 사유하는 대로의 정신분석의 반철학적 단독성은 구속의 구축과 무능력함을 불가능성으로 격상시키는 것을 배열하는 데 있다고 말씀드리고자 합니다. 이것은 특수하고, 독특합니다. 정신분석은 무능력함을 불가능성으로 변화시킬 수 있을까요? 저는 여기서 주의가 요구된다고 생각합니다. ……그러나 어쨌든 그것이 관건입니다. 일단 무능력함 — 무능력함은 넓은 의미의 요구의 원천을 이루는데 — 이 존재의 불가능성으로 변형되고 나면, 주체와 주체의 실재 간의 결합이 행위의 지점에서 일어납니다.

그렇다면 이 모든 것에서 속이지 않는 것은 무엇일까요?

우리가 루소나 키르케고르의 패러다임을 따른다면, '속이지 않는 것'은 행위의 가장자리를 구성하는 구속의 체계에서 발견될 수 있어야 합니다. 라캉의 공식적 입장은 속이지 않는 것은 불안이라는 것입니다. 《세미나 11권: 정신분석의 네 가지 근본 개념 *Séminaire XI, Les quatre concepts fondamentaux de la psychanalyse*》을 보십시오.

> 불안은 실제로 속이지 않는다는 점에서 분석에서 중요한 준거입니다.

현재 우리의 관심사에 해당하는 치료의 규약에서 불안은 무엇에 연관되어 있습니까? 우리가 다루고자 하는 문제를 잘 이해하시기 바랍니다. 왜냐하면 그것은 매우 어렵지만 아주 중요한 문제이기 때문입니다. 우리가 키르케고르를 다루었을 때 우리는 그가 이렇게 말하는 것을 살펴보았습니다. 속이지 않는 것은 바로 행위다. 여러분이 선택하는 한(왜냐하면 여러분은 선택하도록 구속되기 때문에), 여러분은 올바른 선택을 할 것입니다. 여러분에게 선택하는 것 외에는 다른 선택이 없을 때, 여러분은 올바른 선택을 할 것입니다. 역으로 여러분이 선택함으로써가 아닌 다른 방식을 통해 곤경에서 벗어날 수 있을지도 모르는 지점에 있을 때, 설령 여러분이 선택한다 하더라도, 여러분이 올바른 선택을 할 것이라는 보장은 없습니다. 키르케고르적 의미에서의 선택이 행위와 동등한 입장에 있다고 해봅시다. 여기서 다음과 같은 테제가 가능합니다. 속이지 않는 것은 행위입니다. 그것이 구속의 가장자리에 있는 한에서, 행위 외에는 또 다른 출구가 없는 상황에 있는 한에서 말입니다. 이것은 극히 중요한 점입니다. 왜냐하면 궁극적으로 철학과 반철학은 진리의 문제를 이러저러한 방식으로 공유하기 때문입니다. 반철학의 주장은 절대적으로 비 - 철학적인 행위가 있다는 것입니다. 그것이 양심의 목소리든지, 키르케고르의 실존적 선택이든지, 분석 행위든지 간에 말입니다. 그리고 분석 행위란 바로 속이지 않는 행위입니다. 그것은 진리나 판단의 보증물입니다. 그리고 철학은 진리의 보증물이 진리에 대한 어떤 지식의 차원에 있다고 믿음으로써 길을 잃어버립니다. 이것이 철학과 반철학 간의 핵심적인 논쟁입니다.

그러므로 라캉이 속이지 않는 것이 불안이라고 우리에게 말할 때, 우리는 불안과 행위 사이에 어떤 상관관계가 있는지를 규명해야 할 입장에 놓이게 됩니다. 불안과 행위가 같은 것이 아닌 것처럼 보이는 한에서 말입니다. 즉 우리는 키르케고르와 동일한 문제 상황에 있지 않습니다. 그러므로 우리는 불안을 행위와 관련해서 설정해야 합니다.

우리의 논의를 위해 다음 사실에 주목합시다. 사실 불안은 키르케고르의 범주입니다. 마침 잘된 일이지요! 그는《불안의 개념*Begrebet Angest*》을 썼습니다. 불안에 대해 뭐라고 썼을까요? 키르케고르에게 불안은 죄와 관련됩니다. 불안은 본질적으로 죄의 내재적인 근거지입니다. 이 점을 라캉과 치료에 연결시켜보자면, 죄는 무능력함이라 말할 수 있습니다. 이것은 아무런 문제가 되지 않습니다. 첫 번째 가설은 다음과 같습니다. 불안은 우리가 무능력함의 상황, 죄의 상황에 접근해 있다는 점에 대한 내재적인 신호입니다. 심지어 이는 거의 정확히 키르케고르가 말한 것입니다. 즉 불안은 죄에 대한 가장 확실한 심리학적 근사치라는 것입니다. 그러나 결국 불안은 죄 자체의 현존은 아닙니다. 왜냐하면 죄 — 기원적인 자국으로서의 죄, 원죄(우리는 기독교를 다루고 있습니다), 따라서 기원의 자국으로서의 죄 — 의 실재를 경험하기 위해서는 불안과의 관계 자체에 있어서 어떤 질적인 도약이 있어야 합니다. 이러한 질적인 도약, 어떤 선택에만, 죄가 현존합니다. 그렇다면 불안은 죄의 실재에 대한 경험적인 가능성이지만, 실재의 소여 자체는 아닐 것입니다. 여기서 제가 여러분에게 지난번 말씀드렸던 것을 다시 발견하게 됩니다. 키르케고르에게 가능성과 현실성의 근본적인 대립이 있다는 것 말입니다. 불안은 우리에게 죄의 실재를 넘겨주지 않으며, 죄의 실재는 행위의 영역에 남아 있습니다. 그러나 우리는 불안이 죄의 확실하고 내재적인 가장자리, 죄의 가장 확실한 근사치라고 말할 수 있습니다. 따라서 키르케고르에게 불안은 행위에 직접적으로 연결되지 않습니다. 불안은 행위가 있을 가능성의 정동입니다. 불안은 죄와 관련하여 우리를 속이지 않습니다. 그것은 믿을 만합니다. 우리가 불안할 때, 우리는 절대적으로 확실하게 죄의 급진적인 가능성을 경험합니다. 그러나 기원적인 자극은 현존하지 않으며, 죄는 그 자극의 실재입니다. 그러므로 오늘 저녁, 저는 여러분에게 제안하고자 하는 용어를 통해 재차 이렇게 말합니다. 키르케고르에게 불안은 명백히 행위 쪽이 아니라 구속 쪽에 있습니다. 그것은 어떤 주체적 형식주의에 대응하는 것으로서, 그 형식주의의 실재 — 접근 불가능하게 남아 있는 — 가 죄입니다. 우리를 불안하게 만드는 것은 바로 죄입니다. 그러나 죄는 거기에 있지 않으며, 우리에게 있는 것은 오직 죄의 가능성의 내재적인 경험일 뿐입니다.

그렇다면 라캉은 불안에 대해 뭐라고 말할까요? 라캉에게 속이지 않는 것에 해당하는 불안의 문제는 구속과 관련해서 그리고 행위와 관련해서 어떻게 정리될까요? 여러분 가운데 많이들 아시다시피 라캉은 불안을 실재의 과잉에 연결시킵니다. 불안에서는 상징화의 정지가 일어납니다. 왜냐하면 모든 상징화는 결여를 전제하는데 불안에서는 결여가 막혀 있기 때문입니다. 불안은 상징화 — 실제로 상징은 사물이 부재한 자리를 차지합니다. '꽃'이라는 말이 '모든 꽃다발에서 부재한'을 출현하게 만드는 것처럼 말입니다 — 를 가능하게 하는 부재의 기능이, 이러한 부재가 불안에 의해 부식되거나 와해될 때 일어납니다. 마치 실재가 도처에 퍼져 있는 것처럼 말입니다. 라캉은 이에 대해 놀라운 정의를 제공합니다. "불안은 결여의 결여입니다." 우리는 불안이 왜 속이지 않는지 잘 알고 있습니다. 왜냐하면 불안은 단순히 실재에 관련되는 것이 아니라 과잉으로서의 실재에, 결여의 차원에 있는 상징적 기능을 마비시키러 오는 실재와 관련되기 때문입니다. 하지만 불안이 행위의 의미에서의 실재 자체일까요? 그렇지 않습니다! 치료를 이끄는 데서 관건은 불안 자체를 풀어주는 것이 아닙니다. 분석적 치료의 관건은 여전히 행위가 일어나는 데 있습니다.

그러므로 저는 라캉에게 불안은 키르케고르에게 그런 것처럼 구속 쪽에 남아 있다고 주장할 것입니다. 저는 여러분에게 다음의 사실을 상기시켜드리고자 합니다. 저는 실재가 논리적 불가능성으로 소환되는 난관을 구축하는 형식화를 '구속'이라 부릅니다. 불안 또한 이쪽에 남아 있을 것입니다. 이것은 치료를 이끄는 것이 불안을 계산하는 것임을 전제합니다. 불안은 속이지 않는 것입니다. 구속의 공간 안에 불안이 계산 가능한 형태로 있다면 말입니다. 라캉은 이 점을 명시적으로 말합니다. 재차 《세미나 11권: 정신분석의 네 가지 근본 개념》의 한 구절을 봅시다.

> 분석 경험에서 불안에 잠식되지 않으려면, 그것[불안]의 경로를 정리하고, 이를테면 그것을 적절히 조제할 필요가 있습니다. [그리고 라캉은 우리가 보기에 특별히 흥미로운 점을 덧붙입니다] 여기서 나타나는 어려움은 주체를 실재와 접속시키는 어려움과 같은 맥락의 어려움입니다.

그러므로 우리는 불안의 조제^dosage^ — 저는 이것을 불안의 계산^calcul^이라고 부르고자 하는데 — 가 올바른 상징화의 문제와 나란히 간다고 말할 수 있습니다. 달리 말해, 치료의 공간에서 구속을 구축하는 것은, 출구가 없는 지점까지 무능력함을 불가능성으로 격상시키는 올바른 상징화임과 동시에, 어떤 복잡한 뒤얽힘을 통해, 라캉이 말하듯 주체를 실재와 접속시키는 것에 관련되는 불안의 계산이기도 합니다.

이 점을 이해하는 것이 핵심인 동시에 어렵습니다. 왜냐하면 구속의 구축은, 따라서 행위의 가능성의 조건에 대한 구축은, 형식화에 대한 성급함과 불안의 조제가 요구하는 참을성의 뒤얽힘에 해당하기 때문입니다. 실제로 여러분이 이 모든 사안의 완전한 변증법을 이해하고 싶다면, 불안이 상징화의 정지임을 이해하는 것이 중요합니다. 이것이 불안의 정의가 우리에게 직접적으로 말하는 것입니다. 즉 만약 불안이 실재의 과잉으로 인한 결여의 결여라면, 이는 정확히 불안이 계속해서 상징화 작용의 마비를 야기하기 때문이며, 나아가 그것이 바로 불안의 정동이기 때문입니다. 역으로 구속의 규약 자체는 올바른 상징화의 규약입니다. 여기서 다음과 같은 역설이 나옵니다. 속이지 않는 것은 상징화가 아니라 불안에 의한 상징화의 정지입니다. 따라서 상징화 자체와, 불안이라는 일종의 반反상징화에 대한 통제 — 라캉이 조제라고 부르는 — 가 함께 작용해야 합니다. 왜냐하면 불안이 우리를 속이지 않는 것이기 때문입니다.

이 모든 것을 거의 명령문에 속하는 두 가지 경구로 요약할 수 있습니다. 첫 번째는 수학소의 이상 아래에서 (왜냐하면 관건은 논리적 형식화이기 때문에) 무능력함을 불가능성으로 격상시키라는 것입니다. 그리고 이는 실재에 대한 경계선으로 작용합니다. 이것이 구속의 형식적 차원, 즉 라캉이 "올바른 상징화"라고 부르는 것입니다. 두 번째는 불안을 조제하라는 것입니다. 이는 어떤 반상징화가 지침으로 작용한다는 것을 전제합니다. 왜냐하면 그것이 상징화 과정에서 속이지 않는 것이기 때문입니다.

불안을 조제하는 것은 무게를 재고, 배분하기 위해 그것을 티스푼으로 집는 방식으로 이루어지지 않습니다. 그렇다면 불안의 조제는 어디서 이루어질까요? 글쎄요, 그것은 상징화를 통해 이루어집니다. 왜냐하면 그 밖에 다른 것이 없기 때문입니다. 즉 규약은 상징화에 의해 그리고 상징화를 통해 무능력함을 불가능성으로 격상시키는 것입니다. 불안의 조제는 상징화의 독특한 성격을 통해 이루어질 것이며, 이 성격은 상징화의 지속, 리듬, 시간입니다. 여기서 시간은 불안의 조제에 의해 규제될 것이며, 이는 상징화의 지속에 대한 내재적인 조직화와 관련하여 불안이 상징화 자체에 대해 우리를 속이지 않는 것임을 뜻합니다.

형식화에 대한 재촉이 있습니다. 형식화는 타이밍에 관해 규제되지 않습니다. 이것이 정신분석에서 사람들이 자주 조숙한 해석에 대해 말하는 이유이며, 조숙한 해석이 주체에 미치는 효과는 파국적입니다. 그러나 문제의 핵심은 만약 여러분이 엄밀하게 형식화를 고수한다면, 형식화에 대한 재촉이 있다는 것입니다. 왜냐하면 그것이 논리적인 격상이며, 여러분은 논리적 시간에 내재적인 서두름 안에 있기 때문입니다.✦ 저는 치료란 논리적 시간이 불안의 시간에 의해 구속되는 고유한 방식이라고 기꺼이 말씀드리고자 합니다.

그렇다면 이 모든 것에서 행위는 어떻게 되는 걸까요? 글쎄요, 저는 다음과 같은 진술을 제안하고자 합니다. 가장자리 효과로서의 행위는 언제나 형식화에 대한 재촉과 정동 — 이 경우에는 불안 —

의 압류가 수렴되는 지점에 있습니다. 저는 여기서 '압류retenue'를 다음과 같은 의미에서 사용하고 있습니다. 압류에는 우리를 속이지 않으며 그것이 일어나는 타이밍에 형식화에 대한 재촉을 제지하는 어떤 것에 대한 아이디어가 있습니다. 행위는 형식화에 대한 서두름과 불안의 압류가 어떤 실행 가능한 출구 없음을 구축하는 결절점에, 말하자면 행위의 형상 속으로 실질적으로 빠져들 수 있는 출구 없음을 구축하는 결절점에 놓입니다.

정신분석의 관점에서 우리는 이를 다음과 같이 말할 수 있습니다. 제가 생각하기에 올바른 상징화의 가능성에 내재적인 수학소의 욕망은 저지된 욕망으로 실현됩니다. 무엇에 의해 저지될까요? 속이지 않는 것에 의해 저지됩니다. 정신분석이란, 그리고 그와 더불어 정신분석가란 바로 이런 것입니다. 즉, 수학소에 대한 욕망, 전달 가능한 지식에 대한 욕망은 속이지 않는 것, 그러나 여기서 정동의 차원에 속한 것에 의해 저지됩니다. 그리고 제가 보기에 이러한 저지가 분석 윤리의 요점입니다. "당신의 욕망을 양보하지 마시오!" 맞습니다! 다만 수학소에 대한 욕망인(해석에 대한 욕망이라고 불리기도 하는) 그러한 욕망은 저지됩니다. 그러므로 명령은 또한 이렇게 말해질 수 있습니다. "당신의 욕망을 저지하는 것 역시 양보하지 마시오, 행위는

✦ 여기서 바디우는 라캉의 논문 〈논리적 시간과 선취된 확실성의 단언〉을 암시하고 있다. 한편 《주체의 이론》에서 바디우는 라캉의 논점을 보충하면서 행위에 대한 서두름은 실재의 정동으로서의 불안을 함축한다고 주장한다.

형식화에 대한 서두름과 불안의 조제가 교차될 수 있는 한에서만 입증되거나 증명될 것이라는 사실을 양보하지 마시오."

이런 까닭에 다음 시간에 우리는 이 모든 것을 다른 각도에서 검토할 것입니다. 바로 정신분석의 윤리라는 유명한 문제 말입니다.

8강

1995년 5월 31일

저는 특별한 고찰을 요하는 주목할 만한 책 하나를 여러분에게 소개해드리고자 합니다. 그것은 장 클로드 밀네르의 《명료한 작품*L'Œuvre claire*》이고, 책의 부제는 '라캉, 과학, 철학Lacan, la science, la philosophie'입니다. 우리는 밀네르와 함께 6월 14일 그 책에 대해 논의할 것이며, 마지막 수업에서 이루어질 이 대화에 일종의 비판적 보충이라는 의미를 부여할 수 있습니다. 그것은 오늘 제 입장에 잠정 결론적 성격을 부여하는 데 도움이 될 것입니다.

라캉은 실재는 알려지지 않으며, 증명되는 것이라고 말합니다. 이 점은 왜 중요할까요? 왜냐하면 분석 행위의 환원 불가능한 단독성이 바로 이러한 증명의 핵심에 놓여 있기 때문입니다. 달리 말해 우리는 정신분석을 모든 교육적인 목표로부터 벗어나게 하는 것이 행위라는 점을 늘 상기해야 합니다. 물론 라캉의 입장은 (비록 그것이 담론의 특징 아래에서 제시되기는 하지만) 대학 담론에서 떨어져 있으며, 모든 교육적인 목표에서는 훨씬 더 멀리 떨어져 있습니다. 나아가 이것은 하나의 반철학적 소재입니다. 실제로 라캉은 철학 안에 교육적인 충동이 있음을 확신한다는(우리가 쉽게 공유할 수 있는 확신인데) 것을 알 수 있습니다. 결국 토대를 부여한다고 여겨지는 플라톤의 장치는 어떤 교육적인 장치로 인식될 수 있습니다. 비록 여기서 '교육'이 가능한 한 고상한 의미로 쓰인다고 하더라도, 철학의 이러한 교육적인 목표는, 정신분석이 비록 그 담론을 통해서일지라도 모든 교육적인 목표에 대한 단절이라는 사실과 대조적입니다. 1970년 학회의 종결을 알리는 텍스트에서 라캉은 이 점을 가장 확고하게 말합니다. **저를 교육에서 구해주는 것이 행위입니다.**

물론 라캉이 행위가 그를 교육에서 구해준다고 말한다면, 이는 분명 그가 교육의 위협을 느끼기 때문입니다. 그는 교육의 위협에서 구해져야만 했던 것입니다. 라캉에게 늘 그러하듯 여기에는 모호성과 가장자리가 있는 동시에 그에 대한 명시적인 강조가 있습니다. 라캉은 다음과 같은 사실을 잘 알고 있습니다. 어떤 주어진 시점에, 그저 정신분석이 아니라 정신분석에 대한 자신의 입장 안에, 대학 담론의 가장자리에 놓인 무언가가 있다는 사실을 말입니다. 그러나 궁극적으로 그는 행위에 의해 교육으로부터 구해집니다. 그러므로 행위 — 실재에 대한 증명에서 함축되거나 요청되는 — 에 연결된 이러한 반철학적 배치는 라캉이 철학의 구성적인 결점으로 여기는 것에 정확히 대비됩니다. 이런 식으로 지금까지 말했던 것을 종합할 수 있을 것입니다.

우선 첫 번째 결점은 철학이 수학에 막혀 있지만, 분석 과정은 무능력함을 논리적 불가능성으로 격상시키는 고유한 목표를 갖고 있다는 것입니다. 논리적 불가능성으로의 이러한 격상은 필연적으로 형식화의 이상에 있습니다. 이것이 수학소의 문제이며, 수학소의 문제는 수학에의 구멍 마개에 대비되고, 이 마개가 철학적 교육을 흐릿하게 만듭니다.

두 번째 결점은 철학이 진리에 대한 사랑에 굴복하는 반면, 분석 절차는 진리의 무능력한 차원을 들여옴으로써 진리에 대한 사랑을 제거한다는 것입니다. 그리고 진리의 무능력한 차원은 이론적으로 거세라는 이름을 갖습니다. 따라서 만약 진리에 대한 사랑이 있다면, 궁극적으로 그것은 거세에 대한 사랑으로 나타나야 할 것입니다. 반면 철학은 마치 충만함으로서의 진리에 대한 사랑이 실존할 수 있는 것처럼 행세합니다. 이런 점에서 철학은 스스로의 사랑 자체 안에서 하나의 사기입니다.

끝으로 세 번째 결점은 철학이 정치의 구멍을 막는다는 것입니다. 정신분석은 이러한 은폐의 상상적인 측면, 이러한 구멍 마개의 상상적인 측면을 지적할 것이며, 암암리에 집단에 관한 이론을, 해산에의 충동 너머에서 결국 정신분석 학파라는 이름에 걸맞은 것에 관한 이론을 제안할 것입니다.

마지막 결점에 대해 잠깐 살펴보고자 합니다. 사실상 라캉은 집단에 대한 이론, 조직에 대한 이론, 그룹에 대한 이론과 관련하여 어떤 입장에 이르게 되었습니까? 제가 보기에 본질적인 것은 다음과 같습니다. 라캉의 마지막 테제는 어떤 집단이든지 간에 집단의 활동은 오직 짧은 시간 동안만 적절하다는 것입니다. 집단의 명백한 활동은, 집단이 전달 가능한 지식, 수학소를 생산하는 경험적 능력은 오직 짧은 시간 동안만 적절합니다. 그 결과, 이 점이 본질적인데, 라캉은 궁극적으로 이렇게 생각합니다. 어떤 집단이든지 집단의 지속에 있어서 본질적인 합법성이란 없습니다. 특히 무언가를 하는 것에 관한 기획은 상블랑에 속합니다. 왜냐하면 여기서 무언가를 하는 것에 관한 기획 — 이것이 이미 구멍을 막습니다 — 과 무언가를 실제로 하는 것 — 이것은 내재적으로 입증 가능하고, 집단의 임시적인 응결을 합법화하는 것처럼 보입니다 — 은 명확히 구분되어야 하기 때문입니다. 〈A선생〉에 나오는 다음과 같은 지침이 이 문제에 관한 그의 마지막 발언입니다. 인용해보겠습니다.

> 무언가를 하기 위해 필요한 시간 동안 함께 붙어 있으십시오. 그 이후에는 다른 것을 하기 위해 해산하십시오.

문제는 한 집단이 어떤 것에서 다른 것으로 이동할 수 있는 능력을, 충분히 유적인 의미에서, 정치라고 부를 수 있다는 것, 좀 더 정확하게는 '정치조직organisation politique'이라 부를 수 있다는 것입니다. 우리는 '정치'가 무언가를 하는 동안 함께 붙어 있는 것을 뜻할 수 없음을 증명할 수 있습니다. 그것은 하나의 운동일 수는 있습니다. 우리는 그것을 그룹, 그룹화, 무리, 집회라고도 부를 수 있을 것입니다. 그러나 정치적 의미에서 조직이 될 수는 없습니다. 왜냐하면 정치조직이란 정확히 어떤 것에서 다른 것으로 넘어갈 필요가 있는 한에서만 요구되기 때문입니다. 만약 정치가 그런 방식으로 정의된다면, 라캉의 마지막 테제란 다음과 같다고 말할 수 있습니다. 실재에 관한 한, 정치는 없습니다. 철학에 의해 구멍이 막혀 있는 정치 외에 또 다른 정치가 없다는 것입니다. 심지어 저는 이렇게 말씀드리고자 합니다(이것은 라캉의 표현이 아닙니다). 라캉의 심오한 사유는 정치란 전혀 없다는 것입니다. 있는 것은 정치철학일 뿐입니다. 그리고 스스로를 정치적이라고 믿는 조직들은 현실적으로 철학적 조직입니다. 이것이 라캉이 프로이트적 대의와 관련해 당시에 끌어냈던 결론입니다. 그 대의가 오직 일시적으로만 존속한다고 선언함으로써 말입니다. 그 이후에 많은 정신분석 학파들은 오히려 시간을 끌기로 한 것 같습니다. 아마도 그들은 어떤 대가를 치러서라도 정치를, 심지어 철학을 하고 싶던 것일까요?

여러분도 아시다시피 결국 분석 행위는 수학, 사랑, 정치라는 세 가지 차원을 통해 철학이 무언가를 정초한다고 자임하지 못하게 합니다. 어떤 반철학에 대해 결론을 내리는 것은 늘 그것 고유의 행위와 행위의 윤리에 대해 결론 내리는 것입니다. 여기서 관건은 분석 행위이며, 이 행위에 고유한 장소는 정신분석 치료의 단독성입니다. 이것은 분석가와 분석자 둘에 의해 이루어지고, 어떤 주체의 실재라는 시험을 치릅니다.

저는 치료에서 불안에 대한 조제 절차가 올바른 상징화 절차와 함께 간다고 말씀드렸습니다. 나아가 불안이 상징화를 정지시키는 것이라면, 분석 과정에서는 실재의 난관의 지점을 구성하는 올바른 상징화를 다루는 동시에, 속이지 않는 것으로 남아 있는 불안에 의한 상징화의 정지를 다뤄야 할 것입니다.

따라서 여기에 극단적인 긴장이 있음에 주목하십시오. 속이지 않는 것은 상징화가 아닙니다. 그것은 반상징화의 시간입니다. 거의 실험적인 장치로 여겨지는 분석 과정, 행위의 네트워크로서의 분석 경험은, 절대적으로 단독적이고, 환원 불가능하고, 방법적인 실험입니다. 그것은 영감에 의한 야바위가 아닙니다. 그것은 정녕 방법적인 규약입니다. 거기서 일어나는 것은 사유 가능한 차원에 속합니다. 이 사유 가능한 것은 결국 (여기서 저는 치료 자체에 대해 말씀드리고 있습니다만) 속이지 않는 것의 신호로 규제된 반상징화와 관련되고, 또 자연히 상징화의 난관의 지점, 즉 실재적 지점에까지 이르게 되는 올바른 상징화와 관련됩니다. 다시 말해 상징화의 한계에까지 말입니다. 왜냐하면 올바른 상징화란 단순히 상징화를 생산하는 데에만 있지 않기 때문입니다. 만약 상징화가 그 난관의 지점에까지 이르러야 한다면, 왜냐하면 오직 거기에서만 실재와의 결합이 가능한 것으로 드러나기 때문입니다만, 이는 상징화가 끝까지 나아가야 함을 뜻합니다. 그러나 동시에 속이지 않는 것의 신호, 심지어 상징화와 관련하여 속이지 않는 것의 신호로서의 반상징화에 대한 제어가 있어야 합니다. 이것은 분석 행위가 필연적으로 형식화의 극단 혹은 끝을 탐색하는 서두름과 속이지 않는 정동의 압류와 같은 것이 수렴되는 지점에 있어야 함을 뜻합니다. 왜냐하면 불안은 조제되어야 하기 때문입니다. 그렇지 않으면 여러분은 실재의 과잉 속으로 곤두박질칠 것입니다. 그리고 실재의 과잉 속으로 곤두박질치는 것은 행위화passage à l'acte의 형태를 띨 것입니다. 실제로 정신분석적 의미에서의 행위acte란 행위화의 정반대이며, 행위화는 증상의 차원에 속합니다. 행위란 정확히 그에 관해 아무런 행위화도 없는 어떤 것입니다. 정동의 압류는 행위가 행위화에 의해 결정적으로 파괴되지 않도록 하기 위함이기도 합니다.

이 모든 것에서 수학소에 대한 욕망, 순수한 지식에 대한 욕망은 분석가의 욕망, 라캉주의 분석가의 욕망입니다. 그리고 수학소의 욕망이란 바로 올바른 상징화가 끝까지 나아가는 것에 대한 욕망입니다. 왜냐하면 오직 그러한 끝에서만 실재에 의해 난관에 놓인 상징화가 수학소를 야기할 수 있기 때문입니다. 그러므로 분석가의 욕망은 수학소에 대한 욕망입니다. 그러나 그것은 오직 저지된 욕망으로만 실현될 수 있습니다. 이것이 제가 여러분에게 제안했던 공식입니다. 그것이 오직 저지된 욕망으로만 실현될 수 있는 것은, 만약 그렇지 않다면 분석가는 형식화에 대한 서두름만을 일방적으로 다룰 것이기 때문입니다. 그리고 정동에 대한, 불안에 대한 압류가 결여되기 때문에, 분석가는 스스로를 속이게 되고, 속게 됩니다. 분석가는 누구에 의해 속게 되는 것일까요? 분석가는 분석자에 의해 속게 됩니다. 속이기 위해 거기에 있는 분석자에 의해 말입니다! 그리고 이러한 대립 — 수학소에 대한 욕망이 저지된 욕망으로서만 실현될 수 있다는 사실 — 이 분석의 윤리에 있어서 핵심입니다. 명령되는 것은 다음과 같습니다. "당신의 욕망의 저지된 성격을 양보하지 말라." 이것은 이 경우에 그 유명한 "당신의 욕망을 양보하지 말라"와 같습니다. 왜냐하면 분석가의 욕망은 본질적으로 저지된 욕망이기 때문입니다. 만약 그것이 실제로 진정한 분석가의 욕망이라면, 그가 이끄는 치료가 의심의 여지가 없고 전달 가능한 실재의 효과를 생산하는 한에서의 분석가의 욕망이라면 말입니다. 우리는 분석가의 욕망은 제어maîtrise와 불안 간의 대립에 근거해 있다고 말할 수 있습니다. 저는 분석가가 불안을 다루는 주인maître angoissé이라고 생각합니다. 분석가가 불안을 경험한다는 말이 아닙니다. 설령 그가 그럴 수 있다고 하더라도 말입니다. 저는 '불안을 다루는 주인'이라는 말을 올바른 상징화에 반상징화를 접속시킴으로써 정동을 압류할 책임을 갖는 주인이라는 뜻에서 사용하고 있습니다. 이런 조건에서 그는 결국 그의 행위에 상응하는 것입니다.

제가 보기에는 이 지점 — 정신분석의 윤리, 치료가 이끌기라 불리는 지점 — 에서 라캉 반철학은 무언가에 집착합니다. 이것은 저의 진단입니다. 왜냐하면 문제는 다음과 같은 것이기 때문입니다. 어떠한 사유의 장치가 문제의 대립을 재현하는가? 어떤 사유의 장치를 통해 우리는 이러한 대립을 재현할 수 있을까? 여러분은 제가 지금 당장은 그것을 묘사했을 뿐임을 확인할 수 있을 겁니다. 어떤 사유의 장치가 수학소에 대한 욕망이 불안에 대한 조제와 연관되는 고유한 방식을 재현할까요? 행위라는 찌꺼기를 갖는 올바른 상징화와 실재에 주체를 결합할 시간 같은 것, 사실을 말하자면, 홀로 결정하는 규제된 반상징화는 어떻게 서로 간에 조정되는 걸까요? 면밀히 살펴보면 올바른 상징화는 그 자체로 아무런 시간도 결정하지 않습니다. 수학소는 본질적으로 아무 시간도 갖지 않습니다. 시간이 존재하는 까닭은 수학소에 대한 욕망이 있기 때문이 아니라 그 욕망이 저지되기 때문입니다. 그러므로 시간이란 필연적으로 불안을 조제하는 시간입니다. 치료의 시간은 상징화의 시간이 아니라 반상징화의 시간입니다. 그러므로 다음과 같은 점을 받아들여야 합니다. 여기서 시간은 주체를 그의 실재에 결합하는 것과 관련되는데, 시간을 결정하는 것 — 여러분은 우리가 왜 불가피하게 치료의 시간, 짧거나 긴 회기의 시간이라는 까다로운 문제에 접근하는지 아실 수 있을 겁니다 — 은 불안을 조제하는 부정적인 절차에 속합니다.

라캉이 우리를 인도하는 이런 사안에서 우리는 치료 자체에 대한 새로운 사유를 기대합니다. 새로운 규칙 같은 것을 말입니다. 왜 그럴까요? 만약 분석이 하나의 사유 — '사유'는 이론도, 실천도 아니며, 이론과 실천을 식별 불가능하게 포함하고 있는 것을 뜻합니다 — 라면 이러한 사유의 공간이 분석 과정에 걸려 있는 행위입니다. 그리고 우리는 이런 행위가 역사적으로 일어났다는 것을, 행위가 존재한다는 것을 입증하는 이가 프로이트라는 것을 잘 알고 있습니다. 그러나 라캉으로 인해 쟁점, 어휘, 사물들의 공간 일반의 연결점이 근원적으로 전치, 전복, 개정됩니다. 이 점을 잘 이해하도록 하십시오! 사실 이는 프로이트와 별로 유사하지 않습니다. 그런데 결국 라캉은 사유에 관해 기이한 방식으로 침묵합니다. 제가 방금 말씀드린 의미의 사유에 관해, 과정 자체에 해당하는 사유에 관해 말입니다. 라캉에게는 조직에 관한 성찰이 있습니다. 라캉에게는 통과[passe] — 저는 이에 대해 말씀드린 바 있습니다 — 의 규약에 관한, 분석이 일어났음을 입증하게 해주는 장치에 관한 지속적인 성찰이 있습니다. 아연실색하게 하는 국소적인 분석이 있습니다. 그러나 라캉은 '무엇을 할 것인가?'에 대해 쓰지 않았습니다. 제가 이런 말씀을 드리는 것은 라캉이 반복적으로 자신을 레닌에 비교하기 때문입니다. 그는 프로이트가 마르크스라면, 자신은 레닌이라고 말합니다. 저에게는 라캉이 어떻게 레닌의 다른 모든 저작을 썼는지가 명확하게 보입니다. 가령 그는 〈시카고의 제국주의, 정신분석 도착증의 최고 단계L'Impérialisme de Chicago, stade suprême de la perversion de la psychanalyse〉를 썼습니다. 그는 《국가[상징계]와 혁명[실재]*L'État [c'està-dire le symbolique] et la Révolution [c'est-à-dire le réel]*》을 썼습니다. 그는 이데올로기에 대해, 즉 상상계에 대해 썼습니다. 그는 〈우리는 어떻게 스스로를 조직할 것인가?Comment nous organiser?〉에 대해 썼습니다. 그는 또한 〈(당을) 해산해야 한다Il faut dissoudre〉를 썼으며, 이는 레닌이 1917년 9월에 사유한 것이었습니다. 즉 당은 무가치한 것이며, 당을 해산해야 한다는 것입니다. 그는 이 모든 것을 썼지만 《무엇을 할 것인가?*Que faire?*》는 쓰지 않았습니다. 라캉의 상속자들은 이 점을 잘 알고 있습니다. 왜냐하면 그들은 무엇을 할 것인지 알지 못하기 때문입니다. 그들은 어떻게 조직을 이룰지, 어떻게 읽을지, 어떻게 연구할지, 또 아마도 어떻게 분석할지, 이 모든 것을 분명히 알고 있습니다(저는 분석가를 모욕하고 있는 것이 아닙니다). 그러나 라캉적인 의미에서 '무엇을 할 것인가?'에 대해서는 아무도 알지 못합니다. 진실을 말하자면, 라캉주의에서는, 또 라캉주의 이후에는 치료의 신비가 있으며, 모두가 이 점에 대해 충격을 받습니다. 모두가 그저 임시변통으로 무언가를 만들 뿐입니다. 약간 긴 것, 약간 짧은 것, 약간의 프로이트를 가지고 말입니다.

그러나 무엇을 할 것입니까? 이 말은 '다른 무엇을 할 것입니까?'를 뜻합니다. 네, 다른 무엇을 할 것입니까? 왜냐하면 '한다'는 것은 언제나 '다른 무엇을 할 것인가?'를 뜻하기 때문입니다. 반철학적 배치 안에서 이것은 라캉의 핵심 질문이 되어야만 했습니다. 사람들은 짧은 회기, 매우 짧은 회기, 심지어 실존하지 않는 회기……에 대해 야단법석을 떨었습니다. 만약 실존하지 않는 회기, 짧은 회기, 매우 짧은 회기에 대한 라캉적 개념화가 있다면 매우 반가울 것입니다. 그렇지만 그런 것은 없습니다! 그런 것은 없습니다. 사실 이 질문들에 관해서라면 라캉에게 아무것도 정돈되거나 설립되지 않습니다. 그리고 심지어 몇몇 텍스트는 우리에게, 여기저기서, 결국 하고 싶은 대로 하면 된다고까지 제안합니다. 네, 그렇지만 말입니다! 그렇게 말해도 되는 걸까요? 사유의 장치가 제가 막 논의하고자 한 것일 때, '무엇을 할 것인가?'라는 질문에 대해 우리는 그렇게 말할 수 있을까요? 제가 보기에, 객관적으로, 이것이 라캉의 유산이 갖는 환원 불가능한 약점입니다. 거기에는 의심의 여지가 없습니다. 그리고 특히 조직의 운명에 관해서 그렇습니다. 왜냐하면 사유 가능한 것의 차원에서 치료에 대한 라캉적인 이끌기라 불릴 법한 것이 없기 때문입니다. 여러분은 저에게 이렇게 말할 것입니다. "그것은 프로이트로의 회귀입니다." 아닙니다! 프로이트로의 회귀로는 충분하지 않습니다. 레닌은 마르크스로의 회귀가 아닙니다! 왜냐하면 사유의 새로움이 행위 네트워크의 단독성 안에서 입증될 필요가 있는 시점이 분명 존재하기 때문입니다. 그렇지 않다면 분석을 하는 것 주변에서, 즉 행위의 장소 주변에서 집단을 공고히 할 것이 아무것도 없기 때문입니다. 우리는 행위의 규칙이란 결코 존재하지 않을 것임을 잘 알고 있습니다. 그렇지만 이것이 행위의 장소에 관한 규칙이 없음을 뜻하지 않습니다. 그리고 종종 라캉이 정신분석과 거의 동의어로 사용한 '분석 담론' 혹은 '분석가 담론'이라는 표현은 이 점과 관련해서 모호합니다. 왜냐하면 라캉의 사유의 유산 안에서 이해될 수 있는 의미에서의 '분석 담론'은 우리에게 '무엇을 할 것인가?'라는 질문에 대해서 완전히 전개된 답변을 내어주지 않고, 따라서 '무엇을 사유할 것인가?'라는 질문에 대해서도 정확한 답변을 내어주지 않기 때문입니다. 만약 우리가 '사유하다'라는 것을 엄밀한 의미에서, 즉 이론과 실천이 식별 불가능해지는 곳에서 받아들인다면 말입니다.

반철학 분석을 완성하는 측면에서, 제가 느끼는 바는 다음과 같습니다. 반철학은 언제나 행위의 환원 불가능성에 대한 선언에 근거하고, 의미의 접착제를 도처에 배치하면서 어떤 토대를 설립하기를 자임하는 철학을 행위라는 이름으로 규탄합니다. 그런데 저는 사유에서 행위의 장소에 관한 상대적인 불확실성이 언제나 동반된다고 느낍니다. 그리고 이는 근본적인 이유, 즉 모든 반철학자에게 존재하는 다음과 같은 확신 때문입니다. 만약 그들이 행위의 장소에 관한 이론적인 규정으로 나아간다면, 그들은 철학으로 되돌아가게 될 것입니다. 그리고 거기서 그들은 원점으로 돌아가게 됩니다. 결국 반철학은 철학의 몸에서 일어나거나 진단되는 절단 혹은 간극에 의해 시작합니다. 반철학자가 늘 스스로를 철학자의 주인으로 구성하는 것은 이런 점에서입니다. 반철학자가 철학자에게 가르치는 것이 철학자가 주이상스에 대해 알고 싶어 하지 않는다는 점이든(라캉), 실존을 추상화한다는 점이든(키르케고르), 진정한 신을 알지 못한다는 점이든(파스칼), 감정과 마음의 목소리의 적이라는 점이든(루소), 혹은 그 밖의 다른 점이든 간에, 행위의 환원 불가능성의 네트워크를 전개하는, 다시 말해 자기 자신의 지배에 대한 이론을 조직하는 반철학자가 역으로 철학적인 전복으로부터 위협을 받는 순간이 늘 있습니다. 왜냐하면 반철학자 행위의 합법화에 대한 지배적인 규약, 그리고 특히 행위의 장소에 대한 규정 역시 결국 담론적인 논변과 개념의 문제가 되기 때문입니다. 다시 말해 그것은 끝내 그저 철학적인 것이 되어 버립니다.

네, 모든 것은 행위의 장소 문제에, 제가 행위의 네트워크라고 부르는 문제에 달려 있습니다. 행위로 하여금 불가능한 필연성에 도달하도록 만드는 네트워크를 규제하는 것은 무엇입니까? 이것이 '무엇을 할 것인가?'의 문제입니다. 그리고 여러분은 '무엇을 할 것인가?'라는 질문에 '분석 행위!'라고 답변하지 않을 것입니다. 그것은 바보 같은 일일 겁니다! '무엇을 할 것인가?'는 다음과 같은 것을 뜻합니다. 나는 행위의 장소와 관해 사유에서 어떤 규정을 지지해야 하는가? 혹은 라캉의 용어를 통해 말하자면, 무엇이 분석가의 저지된 욕망을 최대한 잘, 어떠한 보증도 없지만 최대한 잘 배치하는가? 어떤 새로운 규칙이 적어도 상징화와 반상징화의 관계에 틀을 부여할 수 있을까? 내가 라캉주의 분석가라면 무엇을 할 것인가? 프로이트 이후에 모든 이가 늘 해왔던 것과 다른 무엇을 할 것인가? 그러나 이 점에 대해 결단을 내리는 것은 결국 '무엇을 사유할 것인가?'라는 질문에 대답하는 것입니다. 그런데 그것은 반철학자에게는 과도한 일입니다. 그것은 너무 철학적입니다. 그것은 철학의 위협이 다시 출현하는 지점입니다.

가령 우리는 파스칼에게 행위란 회심conversion의 문제임을 잘 알고 있습니다. 모든 사유에 앞서서 당신은 회심해야 하며, 믿어야 합니다. 주지하듯이 이러한 회심의 사유 가능한 구조는 내기의 구조입니다. 내기는 내기의 장소에서 진정으로 파악된 행위의 시간입니다. 왜냐하면 내기는 합리적인 논증이고, 회심의 행위 자체를 이루지 않지만 명백히 행위의 장소를 배치하는 어떤 계산에 대한 명제입니다. 우리는 내기의 명제가 갖는 공간에서 행위와 행위의 장소 간의 연관성을 잘 볼 수 있습니다. 그렇지만…… 그렇지만 왜 내기를 하는 걸까요? 이것이 바로 파스칼이 늘 부딪힌 문제입니다. 리베르탱은 이렇게 답변할지도 모릅니다. '나는 내기를 걸지 않는다! 나는 내기를 걸고 싶지 않다! 당신의 계산 따위는 내게 아무런 상관이 없다!' 우리는 '무엇을 할 것인가?'라는 질문이 여기서 제기된다는 것을 알 수 있습니다. 즉 '그가 내기를 걸고 싶게 하기 위해서 무엇을 할 것인가?'라는 질문 말입니다. 일단 그가 내기를 걸고 나면, 그가 신에게 내기를 거는 것만으로는 충분하지 않습니다. 우선 그는 내기를 걸어야 합니다. 그리고 이것이 과정의 문제, 장소의 문제, 행위 네트워크의 문제입니다. 그리고 파스칼에게는 아무것도 없거나 혹은 오직 신에게 내기를 거는 것이 내기를 걸지 않는 것보다 이득이라는 점에 관한 빈약한 철학적 논증이 있을 뿐입니다. 그것은 매우 약합니다! 그것은 그 이상 나아가지 못합니다. 궁극적으로 파스칼적 행위 — 회심 — 의 결정적인 장소 — 내기의 형상 — 를 사유 안에서 합법화할 가능성은 없습니다. 왜냐하면 여러분이 어떻게 누군가를 내기에 데려갈 수 있을지의 문제는 내기 자체로부터 추론되지 않으며, 불가피하게 철학적 설득의 방법으로 되돌아가기 때문입니다.

여러분은 어떻게 이 문제가 제가 치료를 이끌기와 관련해서 제기하는 문제와 동일한지 알 수 있을 겁니다. 물론 분석 행위의 장소가 있어야 합니다. 그러나 이 장소에 관해 궁극적으로 새로운 것은 무엇일까요? 여러분은 문제가 되는 지점, 즉 철학의 회귀라는 위협이 나타나는 지점을 쉽게 살펴보실 수 있습니다. 만약 파스칼이 '왜 내기를 걸어야 하는가?'라는 질문에 관여한다면, 한 가지 답변이 가능할 것입니다. 그것은 리베르탱이 불행함을 보여주는 것입니다. 이것이 유일한 해결책일 것입니다. 다만 리베르탱이 불행하다는 테제, 현명한 이보다 더 불행하다는 테제는 철학의 토대가 되는 테제입니다. 그것은 정확히 플라톤의 테제입니다. 즉 악인은 불행하다는 것입니다. 소크라테스에게 그 테제가 잘 작동하는 것은 이 때문입니다. 왜냐하면 그는 쾌락에 빠진 참주가 되는 것과 현명한 철학자가 되는 것 중에 하나를 선택할 수 있는 사람들에게 이렇게 말할 수 있기 때문입니다. "제 쪽이 좋은 쪽입니다. 저는 여러분에게 한편에 행복이 있고, 다른 한편에 불행이 있음을 증명해드릴 것입니다." 그러므로 만약 여러분이 리베르탱이 불행함을 보여주는 것에 착수하고자 한다면, 여러분은 완전히 철학 안에 있는 것입니다! 그리고 극도의 엄밀함을 갖춘 인물인 파스칼은 이런 길에 관여하지 않을 것입니다. 그는 내기를 걸 운명을 지닌 유일한 자에 해당하는 완고한 리베르탱이 불행하다는 것을, 또 그가 회심함으로써 행복해진다는 것을 보여주지 않을 것입니다. 나아가 우리는 리베르탱을 내기의 장소로 데려가기 위해 어떻게 할 수 있는지 알지 못합니다. 따라서 파스칼적인 '무엇을 할 것인가?'와 같은 것 역시 존재하지 않습니다.

(누군가 바디우의 발언을 중단시키며 이렇게 말한다.)
"칼리클레스가 말하기를 거부할 때 소크라테스적인 '무엇을 할 것인가?'와 같은 것 역시 존재하지 않습니다. 거기에도 걸림돌이 있습니다."

주의하세요! 당신의 비교는 성립하지 않습니다! 소크라테스적인 '무엇을 할 것인가?'는 존재합니다. 왜냐하면 파스칼의 리베르탱과 달리 칼리클레스는 소크라테스가 이념에 대한 철학적 규정으로 인도하고 싶어 하는 대화 상대가 결코 아니기 때문입니다. 따라서 칼리클레스 혹은 심지어 트라시마코스가 말하기를 거부할 때 소크라테스가 그들을 딱한 운명에 내맡겨버리는 것은 전혀 문제가 되지 않습니다. 왜냐하면 우리가 알다시피 중요한 것은 그들 — 소피스트 — 과 소크라테스 사이에 걸려 있는 젊은이들이기 때문입니다. 그리고 그들과 소크라테스 사이에 걸려 있는 이들은 일어나는 상황을 명확히 알게 됩니다. 그들은 어떤 시점에 칼리클레스나 트라시마코스가 입을 다물어야 한다는 것을, 또 상황의 주인으로 남아 있는 소크라테스가 행복이 그의 쪽에 속함을 증명한다는 것을 알게 됩니다. 그것으로 끝입니다! 두 상황은 결코 대칭적이지 않습니다. 파스칼이 리베르탱의 회심을 원하는 반면, 소크라테스에게는 소피스트의 찬동을 얻어낼 의도가 전혀 없습니다. 그는 그저 젊은이들에게 우리가 소피스트를 침묵시키고 본론으로 들어갈 수 있음을 보여주기를 원할 뿐입니다.

(두 번째 반론이 제기된다.) "저는 라캉에게 행위의 장소가 있다고 생각합니다. 그것은 유지되는 어떤 상황, 일관된 어떤 상황입니다. 심지어 절단의 지점에서조차 말입니다."

만약 당신이 제게 한 말이 행위가 위상학적으로 일관된 공간 안의 절단이라는 뜻이라면, 저는 충분히 이해가 갑니다. 그렇지만 거기서 관건은 행위에 대한 어떤 형식적인 사유이며, 그것은 주체가 절단 외에 또 다른 출구가 부재한 상황에 직면하도록 일관성을 조직하는 데 있어 우리를 이끌어주는 과정과 관련하여 '무엇을 할 것인가?'에 대해 아무것도 말하지 않습니다. 그것은 '무엇을 할 것인가?'에 관해 아무것도 말하지 않습니다. 어떤 매듭을 절단하는 것은 치료의 마지막 작용이지만, 이렇게 말하는 것은 과정 — 과정 자체의 상태에 대해 속이지 않는 정동을 조제하면서도 그 절단을 강제하는 과정 — 의 새로운 규칙들에 관해 아무런 도움이 되지 않습니다.

(반론이 이어진다.) "그러면 해석은 어떤가요?"

해석은 우리의 질문에 대한 답변이 거의 되지 못합니다. 오히려 라캉의 규칙 — 이것 또한 그의 말은 아니지만 — 이 가능한 한 해석하지 말라는 것일지도 모를 만큼 말입니다. 나아가 이 때문에 사람들은 — 라캉주의 분석가들은 — 명백히 해석이 요구되는 것처럼 보이는 그 시점에 회기를 중단시키는 듯합니다. 그래서 짧은 회기가 있는 것입니다. 그러나 라캉은 이 점과 관련해서 어떤 규칙의 사유 가능성을 이루는 그 어떤 것도 제안하지 않았습니다. 오늘날에도 여전히 회기가 짧거나 짧지 않은 것, 5분이거나 한 시간인 것은 전혀 중요하지 않다는 주장을 제기할 수 있습니다. 그렇지만 그것이 전혀 중요하지 않다는 것은 결국 사실이 아닙니다! '무엇을 할 것인가?'라는 질문은 절대적으로 중요합니다. 저는 이 질문에 어떻게 답변해야 할지에 대해 모르겠습니다. 그러나 저는 반철학적 장치 안에서 그 질문에 대한 답변이 전혀 없다는 사실이 갖는 의미에 대해서는 견해를 갖고 있습니다. 저는 행동의 실제적인 형식과 규칙에 관한 라캉의 침묵에 관해 견해를 갖고 있습니다. 그리고 그러한 형식과 규칙은 라캉이 창안한 명칭인 '정신분석의 윤리'에 의미를 부여할지도 모릅니다. 만약 우리가 그 명칭을, 우리가 응당 그래야 하듯, 치료를 이끄는 것에 관한 새로운 개념과 관련된 것으로 이해한다면 말입니다. 주지하듯이 치료를 규범화했던 시카고국제정신분석협회[Internationale de Chicago]에는 규정적이고 객관주의적인 도덕이 있습니다. 마치 관건이 양화된 조건에 대한 체계를 동반한 어떤 기법적인 장치이기라도 하듯 말입니다. 또 주지하듯이 라캉은 매우 정당하게도 거기에는 분석 행위에서 문제가 되는 것에 대한 근본적인 망각이 있다고 평가했습니다. 그러나 라캉은 그 자신이 지배적인 사회 질서에 대한 적응 장치가 되어버렸다고 평가한 이러한 규정적이고, 객관주의적이고, 기법화된 장치에 대해 매우 단편적이거나 지나치게 일반적인 개념화밖에 대비시키지 않았습니다.

> (누군가 바디우의 발언을 중단시키며 이렇게 말한다.) "그렇지만 제가 보기에 '분석가는 성인聖人의 역할을 한다!'는 기표가 있습니다. 저에게는 그것이 '무엇을 할 것인가?'에 대한 하나의 답변입니다."

당신은 분석가의 입장을, 일종의 주체적 패러다임을 언급하고 있습니다. 그러나 우리가 '무엇을 할 것인가?'라는 항목 아래에서 말하고 있는 것은 정확히 그것이 아닙니다. 우리가 말하고 있는 것은 과정 자체의 짜임새에 관한 문제, 과정의 규칙에 관한 문제입니다. 그것은 프로이트가 여러 차례 매우 정확한 방식으로 관여했던 문제입니다.

> (질문자는 반론을 이어간다.) "처음에 분석가는 성인의 역할을 하지 않는 편이 낫습니다. 즉, 처음에 분석가는 다른 곳에 위치합니다. 따라서 그것은 그가 무엇을 해야 할 것인가에 대해 잘 말해주고 있습니다만……"

아니요, 그것은 분석가가 무엇을 해야 할 것인가에 대해 말하는 것이 아닙니다! 그것은 그저 치료의 일반적인 경로를 묘사할 뿐입니다. 처음에 지배자의 입장에 매우 가깝고 전이를 조장하는 안다고 가정된 주체sujet-supposé-savoir의 입장에 있던 분석가는, 실제로 성인의 어떤 금욕적인 형상에 비견될 만한 탈존재désêtre의 입장에서 비천한 잔여물의 지위를 갖는 '찌꺼기가 되기déchétation'에 이르기를 받아들여야 합니다. 이것은 어떤 주체적 이상향에 대한 묘사입니다. 그러나 그것은 무엇이 치료의 실제적 과정에 대한 새로운 규범이 될 수 있는지에 대해 아무것도 말하지 않습니다. 그에 관해서는 말하지 않는 것입니다! 왜 아무런 규칙도 없을까요? 치료에 대한 라캉의 개념화는 치료에는 규칙이 없다고 말하는 데 있을까요? 저는 그렇게 생각하지 않습니다. 그 어떤 것도 라캉이 그렇게 생각했음을 보여주지 않습니다. 라캉이 집단의 문제, 분석가란 무엇인가의 문제, 조직이 작용하는 조건들의 문제 등에 대해서는 많은 규칙과 규약을 제공했지만, 치료 자체에 대해서는 아무것도, 거의 아무것도 제공하지 않았다는 것은 놀라운 사실입니다. 저에게 이것은 비범한 역설입니다. 우리가 치료란 예전부터 늘 그래왔던 것과 똑같다고 가정하지 않는 한에서 말입니다. 그렇지만 이 경우에 그는 '다른 무엇을 할 것인가?'라는 질문에 아무런 답변을 하지 않습니다. 당신이 말한 것은 완전히 정당하지만, 여기서 우리는 이렇게 생각할 수 있을지도 모릅니다. '치료는 늘 그런 식이었지'라고 말입니다. 실존했던 것으로서의 프로이트적 치료란 그런 것이었다고 말입니다. 따라서 이런 관점에서 볼 때 라캉은 사유의 새로운 단계를 이루지 않을 것입니다. 왜냐하면 만약 '라캉'이라는 이름이 그저 프로이트적 치료 장치에 대한 하나의 재해석일 뿐이라면, 프로이트에 대한 정당한 회귀일 뿐이라면, 그것은 사유의 새로운 단계가 아닙니다. 여기서 우리가 말하는 사유의 의미에서 말입니다.

그렇다면 라캉은 프로이트의 레닌이 아닙니다. 역으로 라캉이 사유의 새로운 단계의 이름이라면, 그것은 사람들이 말하듯 혁명 안의 혁명이어야 합니다. 그리고 저 자신은 그것이 사실이라고 생각합니다. 그러나 제가 증명하는 것은 다음과 같습니다. 치료를 이끄는 것과 관련해서 라캉은 어떤 의미에서 자신이 실제로 프로이트적 혁명 안의 혁명을 제안하는지에 대해 말하지 않습니다. 정확히 이 점에 대해서는 말하지 않는 것입니다. 그리고 이것이 그의 장치에서 그가 부딪히는 장애물이 됩니다.

(다른 누군가가 격한 어조로 이렇게 반박한다.) "그렇지만 라캉은 치료를 이끌기에 관해 매우 긴 텍스트를 쓴 바 있습니다만……"

그렇지만 《치료를 이끌기*La direction de la cure*》라는 텍스트에는 치료를 이끌기에 관한 것이 아무것도 없습니다!

(세미나실에 있는 청중들의 항의)

아무것도 없습니다! 라캉은 치료를 이끌기에 대해, 자신의 모든 사유가 임상으로부터 나온다는 점에 대해 여러 차례 말했습니다. 그렇지만 '치료를 이끌기'에 관한 텍스트를 읽은 그 누가 스스로를 치료의 문제에 관해 다른 사람들과 통일된 관점을 지닌 라캉주의자로 여길 수 있겠습니까? 아무도 그럴 수 없을 것입니다.

(반론자는 더 확고히 이렇게 말한다.) "그렇지만 아마도 라캉은 그러한 통일성을 모색하지 않았을 것입니다. 심지어 저는 라캉이 잠재적으로 통일적인 사유를 하나의 위험으로 간주했다고 생각합니다. 저는 라캉을 그렇게 읽었습니다. 이것은 매우 중요한 점입니다. 그는 통일적 사유에 대해 불신하기까지 했습니다. 그는 여러 세미나에서 그렇게 말합니다. 그는 선생님이 말씀하신 파스칼의 내기에 매우 가까이 있습니다. 그는 치료에 대해 그것이 잃어버린 대의라고 말합니다. 그리고 그것은 사실 나아질 수 있는 것에 관해 우리가 가진 유일한 가능성입니다. 여기에 치료를 이끌기에 관한 라캉적인 접근이 있습니다. 그것은 어떤 규범에 해당하는 것과는 대조적으로 보일지도 모르지만, 어쨌든 제가 보기에 그것은 하나의 보증, 뭐랄까, 그러니까 어떤 보증입니다. 왜냐하면 그것은 통일적인 사유가 아니기 때문입니다."

저에게 통일적이지 않은 사유는 사유가 아닙니다. 재차 말씀드리지만, 만약 우리가 사유라는 말로 어떤 유효한 과정을 통해 이론과 실천을 통합하는 것을 뜻한다면 말입니다. 그리고 비록 치료 안에서일지라도 만약 당신이 행동의 통일성에 대한 새로운 형상을 제안하지 않는다면 어떻게 스스로를 프로이트의 레닌이라 부를 수 있습니까? 학파를 세우는 것이 무슨 소용입니까? 분명히 많은 라캉주의자들 혹은 라캉주의자로 자처하는 사람들은 우리를 이렇게 믿게 하는 데서 이득을 봅니다. 치료를 이끄는 문제에 관해 그들에게 남겨진 전적인 불분명함 자체가 바로 스승의 진정한 가르침이라고 말입니다.

실제로 라캉은 이 점에 관해 명확하게 가르칠 것이 아무것도 없다는 식으로 가르치는 것처럼 보입니다. 그러나 라캉이 많은 종류의 문제에 대해 말하고 싶은 것들이 있었을 때 그는 그것들을 말했습니다. 그러므로 우리는 사유의 장소에 관해, 실천적인 절차에 관해, 정치에서 '작업 스타일'이라 불리는 것에 관해 라캉이 왜 그토록 신중했는지 사후적으로 물어볼 수 있습니다. 물론 시카고 사람들은 규범을 명확하게 정의했고, 우리는 그것을 완전히 관료화된 것으로 간주할 수 있을 것입니다. 본질적으로 라캉은 그러한 훈계조의 관료화가 표현하는 이론적 수정주의를 비판했습니다. 그러나 재차 말씀드리건대, 라캉이 조직의 문제를 다루면서 보여준 세밀함과 그가 치료 과정 자체에 관해 말한 것의 빈약함은 현격한 대비를 이룹니다. 라캉이 실천에 관련된 모든 것에 대해 무관심했다는 것은 사실이 아닙니다. 일탈에 관해, 조직의 성격에 관해 그는 규범적일 수 있었고, 또 얼마나 규범적이었던가요! 그렇지만 치료에 관해서는 어떻습니까? 그는 회기의 길이 문제에 대해 즉각 도처에서 공격을 받았습니다. 그러나 그에 관해 사람들은 입을 다물어야 했습니다. 실천적으로 치료 과정의 이해 가능성에 관련된 모든 사안에 대해 그래야 했던 것처럼 말입니다.

제 가설은 다음과 같습니다. 저지된 욕망—저는 이를 정신분석의 윤리의 장소로 말했습니다만—은, 만약 우리가 저지된 욕망에 사유 가능하고 국지적인 할당을 부여할 수 있다면, 시간에 관한 이론을 포함합니다. 그렇습니다. 시간에 관한, 즉 행위의 시간에 관한 이론 말입니다. 결국 그것이 관건입니다. 이미 저는 여러분에게 이 점을 암시한 바 있습니다. 즉 시간을 결정하는 것은 올바른 상징화와 그 난관이 아니라 다른 측면, 즉 불안의 조제에 유기적으로 관련되는 반상징화입니다. 그러므로 시간을 결정하는 것은 정동의 차원입니다. 분명 양자는 분리될 수 없으며, 심지어 해석 과정에서 전적으로 뒤얽혀 있습니다. 그러나 시간이 결정되는 것은 바로 그 측면입니다. 그것은 정확히 논리적 시간에 관한 이론이 아닌 시간에 관한 이론입니다.

우리는 라캉이 말년에 공간의 측면에 매우 몰두했다는 사실을 매우 심각히 받아들여야 합니다. 라캉의 마지막 사유가 행위에 관한 이론을 포함해서 공간의 측면에 완전히 투여되었다는 것은 매우 충격적입니다. 행위에 관한 이론은 비가향적인non orientable 표면에서의 절단의 형태로 그 공간적 패러다임을 모색합니다. 그리고 여기서 재차 반철학적 정신이 모습을 드러냅니다. 왜냐하면 우리는 그 어떤 반철학에서도 행위의 전례 없는 성격은 늘 시간에서 벗어나는 데 있음을 보여줄 수 있을 것이기 때문입니다. 좀 더 정확히 말해, 행위의 전례 없는 성격은 시간의 비시간성에 대한 보증과 같은 것이 되는 데 있습니다. 이것이 헤겔—그에게 시간은 개념의 현존재être-là입니다—이 모든 반철학자들—그들에게는 행위가 바로 시간의 비시간적 본질입니다—의 치명적인 적에 해당하는 이유입니다.

라캉은 자주 자신의 위상학을 칸트의 미학에 견주었습니다. 그는 자신의 위상학이 시간에 대한 초월적인 미학, 즉 시공간에 대한 칸트적 이론에 관한 미학적인 동시에 비판적인 수정, 보수라고 말했습니다. 여기에는 어떤 반철학적 미학이 있으며, 이에 대해 저는 그것이 영원성에 대한 공간적인 은유 혹은 그 비슷한 무엇이라고 말씀드리겠습니다. 라캉은 철학에 반대했습니다. 특히 동시대 철학에 말입니다. 왜냐하면 그것은 언제나 시간의 구성적인 차원을 주장하는 것으로 보이기 때문입니다. 여러분이 라캉의 위상학을 생각해볼 때, 그것은 사실상 행위를 어떻게 제시합니까? 라캉의 위상학은 행위를 공간의 역설적인 형상 안에서의 순간적이고 비시간적인 절단으로 제시합니다. 그러나 여러분은 어떠한 시간에 관한 이론에서도 이러한 관점을 끌어낼 수 없습니다. 왜냐하면 순간적인 절단은 결코 역설적인 공간적 형상에 대한 시간화가 아니기 때문입니다. 그것은 오히려 시간화의 해체입니다. 그것이 전부입니다. 제가 보기에 위상학은, 말기 라캉의 위상학적 종착지는, 역설적인 공간 일반에 대한 사유를 낳습니다. 말하자면 그 공간은 칸트적이지도, 유클리드적이지도 않으며, 어떤 영역도 보존되지 않는 공간입니다. 그 영역의 진리가 다른 곳에 있는 한에서 말입니다. 그것이 곧 온전한 공간화의 형상입니다. 즉, 어떤 공간이 있으며, 이 공간 안에 설정된 모든 영역은 자신의 진리가 절반이라도 말해질 수 있기 위해 비틀림[torsion]을 통해 어떤 다른 영역을 되찾아야 하는 것입니다.

라캉이 왜 자신이 위상학을 만들어내는지에 관한 설명을 시도하는 특정 구절을 〈라디오포니〉에서 인용해보겠습니다.

> 제가 진리와 지식 간의 경계를 설정하는 위상학을 구축한 것은 그 경계가 도처에 있음을 [이어서 그는 이렇게 덧붙인다], 그리고 그 경계가 어떤 영역을 결정하는 것은 오직 우리가 그 영역 너머를 사랑하기 시작하는 한에서임을 보여주기 위해서입니다.

그 영역 너머를 사랑하는 것, 이것이 라캉의 가르침입니다. 즉, 모든 장소는 또한 바깥-장소hors-lieu인 것입니다. 사유의 어떤 영역을 주체화하는 것은 그 영역 안에서 모든 장소가 자기의 바깥-장소에 대한 비틀림일 뿐이라는 점을 사랑하는 것입니다. 모든 점이 바깥-선hors-ligne인 것처럼 말입니다. 이것이 바로 라캉의 침묵이 갖는 궁극적인 윤리에 부합합니다. 즉, 그가 매듭을 보여주기만 했던 시기의 침묵 말입니다. 다시 말해, 그가 바깥-장소의 공간을 보여주기만 했던 시기 말입니다. 그것은 온전하고 궁극적인 공간화였습니다. 우리는 이것을, 마치 시간이 없는 초월적 미학과도 같은, 일반화된 위상학이라고 부를 수 있을 것입니다. 라캉 반철학은 거의 아무런 말이 없는 긴장 속에서 공간적 비틀림 안의 절단이 시간에 대한 모든 규칙을 없앨 것이라고 주장합니다. 이것이 라캉 반철학의 욕망, 행위의 장소에 대한 라캉 반철학의 욕망입니다. 철학이 오래전부터 이것과 긴 우회에 대한 명령을 대립시켜온 것은 사실입니다. 여기서 긴 우회는 플라톤의 표현입니다.

결국 여기에는 어떤 평형 상태가 있습니다. 잠시 다음과 같은 점에 주목해주십시오. 궁극적으로 라캉에게는 '저는 창설합니다'의 측면이 있습니다. 그는 말합니다. "저는 제가 늘 그래왔던 것처럼 홀로 창설합니다." 라캉의 '저는 창설합니다'는 저에게 철학적인 것으로 보입니다. 그것이 철학적인 까닭은 그것이 시간을 약속하기 때문입니다. 즉 '저는 창설합니다'는 새로운 시간을 고지합니다. 그것이 철학적인 까닭은 창설이 시간을 주체화하지 않으면서도 긴 우회를 허용하는 시간을 창시하기 때문입니다. 비록 실제로 라캉이 그 직후에 아주 신속한 방식으로 긴 우회를 허용하지 않았다 하더라도 말입니다. 창설 자체는 언제나 긴 시간 쪽에 있으며, 철학 쪽에 있습니다.

그다음에 "저는 해산시킵니다"가 나옵니다. 그리고 '저는 해산시킵니다'는 반철학적입니다. 저는 그 이유에 대해 말씀드린 바 있습니다. '저는 해산시킵니다'는 시간적인 퇴적을 없애고자 합니다. 그것은 행위 자체입니다. 해산은 비틀린 공간적 형상 안의 순간적 절단입니다. 그것은 라캉이 공개적으로 행위의 사례를 제공한 시점입니다. 따라서 그것은 정녕 반철학적 배치의 절정이었습니다. 그러나 시간적 퇴적을 없애려는 시도가 유효하다는 보장 또한 없었습니다. '저는 해산시킵니다'의 토대는, 재차 말씀드리자면 '저는 창설합니다'입니다.

따라서 모든 시간적 미학을 없애는 순간적인 절단과 함께 오는 이러한 궁극적인 공간화는 그저 반철학이 철학에 아주 가까워지는 시점 혹은 철학의 시험, 철학의 위협에 빠지는 시점일지도 모릅니다. 그것은 제가 조금 전에 말했던 위협, 치료의 시간을 사유하는 데 관련되는 위협입니다. 그리고 여기서 시간이란 단순히 회기가 5분 혹은 1시간 동안 지속되어야 하는지에 관한 시간이 아니라 상징화와 반상징화의 구성에 관한 시간입니다. 치료의 시간에 관한 문제는 결국 시간을 사유해야 하는 일반적인 위협인데, 왜냐하면 어떤 현대 반철학에도 그에 관한 학설이 없기 때문입니다. 아마도 현대 반철학에는 오직 공간에 관한 학설만 있을 것입니다. 가령 1981년 1월 26일 라캉은 〈포럼에 대한 첫 번째 편지Première lettre du Forum〉라는 텍스트를 이렇게 시작합니다. "한 달 전에 저는 모든 것과 단절했습니다." 그리고 1981년

3월 11일 라캉은 사실상 그의 마지막 텍스트로 증언되는 글을 이렇게 시작합니다. "저의 힘은 기다림이 무엇을 뜻하는지 아는 것입니다."

"한 달 전에 저는 모든 것과 단절했습니다"는 반철학적 공격이며, "저의 힘은 기다림이 무엇을 뜻하는지 아는 것입니다"는 철학에 대한 한 가지 좋은 정의입니다. 이 둘 사이에 프로이트의 레닌이 되지 못한 라캉이 있습니다.

결론적으로 이렇게 말씀드리겠습니다. 그 어떠한 부작용에도 절단과 기다림이 있습니다. 이것이 문제입니다. 절단 그리고 기다림 말입니다. 어쩌면 그것은 절단 그리고/혹은 기다림일 것입니다. 저는 우리가 이러한 연결 — 절단 그리고/혹은 기다림 — 에서 어떤 사유의 유산이 갖는 현재 모습을 발견할 수 있다고 생각합니다.

감사합니다.

9강

1995년 6월 15일

장 클로드 밀네르의 책 — 저는 이미 여러분에게 이 책의 중요성에 대해 말씀드린 바 있습니다만 — 을 주의 깊게 검토하는 것은, 명백히 결론 혹은 (한결 더 나은 일이지만) 올해 우리의 기획 전부에 대한 보충으로 삼기에 매우 적절합니다.

오늘 세미나에 밀네르가 참여한 것의 중요성을 재차 강조하기 위해 저는 《명료한 작품》에 대한 제 독해를 네 가지 측면에서 말씀드리고자 합니다. 이후의 진행에 대해서는 책의 저자에게 맡기도록 하겠습니다.

첫째, 이 책에서 충격적인 것은 책의 위상입니다. 매우 일찍부터 장 클로드 밀네르는 다음과 같은 역설에 대해 말합니다. 그가 보기에 이 책은 엄밀히 말해 라캉에 관한 책이 아닙니다. 이 점에 대해 그는 매우 주목할 만한 발언을 내어놓습니다. 그것은 라캉에 관한 모든 책이 훌륭하다는 것입니다! 따라서 훌륭할 수밖에 없는 또 한 권의 책을 보탤 필요가 없습니다. 그렇다면 라캉에 관한 책이 아니며, 따라서 자동적으로 훌륭하지 않을 위험을 무릅쓰는 이 책의 목적은 무엇일 수 있을까요? 제가 보기에 그 책은 '명료한 작품'이라는 책 제목에 근거해서 읽혀야 합니다. 그것은 '라캉'이라는 텍스트적 기표가 부착되어 있는 사유의 지점에 대해 명료함을 생산하는 것으로 읽혀야 합니다. 그러나 이러한 연결은 그저 연결에 불과한 것이며, 따라서 이 책이 말하는 것은 정확히 라캉에 관한 것이 아닙니다. 저자는 어떤 사유의 형상에서 출발하는데, 그 형상의 중심은 과학이며, 그는 라캉의 텍스트에서 이해 혹은 추출—저는 추출이 더 맞는다고 생각합니다만—될 법한 것이 그러한 사유의 형상과 그것의 운동, 심지어 궁극적으로는 그것의 해체와 관련해서 어떻게 작용하는지 보여주고자 합니다. 물론 '명료한 작품'이라는 제목은 거센 논쟁을 불러일으킵니다. 왜냐하면 그것은 라캉과 관련해서 문제가 되는 것 주변을 지배하고 있는 것이 모호성이라는 점을 암시하기 때문입니다. 그리고 이런 관점에서 볼 때 이 책은 계몽적입니다. 이것이 지금껏 라캉에 대해 쓰인 모든 것과 비교해 볼 때 이 책에 예외적인 위상을 부여합니다.

제 두 번째 고찰은 과학의 형상에 관련됩니다. 우리는 라캉적인 추출—이렇게 부르도록 합시다—이 과학의 형상을 일종의 엑스선 촬영을 허용할 독특한 빛 아래에 두기 위해 명시적으로 마련되었다고 말할 수 있습니다. 라캉은 하나의 작용소^{opérateur}입니다. 즉 우리는 라캉이라는 작용소를 토대로 해서 과학의 동시대 형상에서 일종의 스펙트럼 단면을 잘라낼 수 있습니다. 과학의 지형도에 대한 엑스선 촬영 형상에서 장 클로드 밀네르를 사로잡는 것은 우연성이라는 근본적 테마입니다. 장 클로드 밀네르는 우연성에 대한 위대한 철학자입니다. 그가 자신의 과학주의^{scientisme}—그는 시류에 거슬러서 이 단어가 상실한 위엄을 복원해내는데—로 뜻하는 것은 거기에서 사유와 급진적인 우연성 간에 일종의 대면이 펼쳐진다는 것입니다. 궁극적으로 우리는 장 클로드 밀네르가 라캉에 관한 모든 책의 훌륭함에 대해 말할 때, 이는 실제로 그 책들이 오직 그리스인들에게만 훌륭하다는 것을 뜻한다고 주장할 수 있을 것입니다. 왜냐하면 그리스인들은 필연성에 대해서만 말하기 때문입니다. 그러나 우리는 그리스인이 아닙니다. 오늘날 그 어떤 것도 필연성의 영향 아래에서 사유될 수 없는 만큼, 라캉 역시 필연성의 영향 아래에서 사유될 수 없습니다. 우리가 더 이상 그리스인이 아니기 때문에 필연성의 모든 형상은 경건한 형상이라고 말해둡시다. 이 때문에 라캉에 관한 모든 책의 훌륭함이 경건함이라는 의심스러운 훌륭함인 반면에 밀네르가 무릅쓰는 위험은 정확함에 관련됩니다.

세 번째 고찰은 작품의 이론에 관련됩니다. 장 클로드 밀네르는 라캉의 작품에서 우리가《에크리》로 만족할 수 있다고 주장합니다. 그에 따르면《세미나》의 그 어떤 것도 라캉의 작품을 이해하는 데 본질적이지 않습니다. 여기서 저의 관심이 유래합니다. 그러나 저는 오랫동안 어떤 반철학의 작품이란 무엇인가라는 질문이 반복된다는 사실에 깊은 인상을 받아왔습니다. 출간된 것과 출간되지 않은 것, 사후에 출간된 것, 말로 전달된 것, 연결된 형식 혹은 연결되지 않은 형식을 가진 것, 경구로 이루어진 것 혹은 건축적으로 이루어진 것 사이의 선택은 매우 중요한 많은 문제를 제기합니다. 반철학은 다음과 같은 사실로 식별됩니다. 반철학은 행위에 걸려 있기 때문에 작품의 형식은 본질적이지 않습니다. 라캉의 모든 작품은 특수한 정황들에 연결된 개입으로 보입니다. 결국 우리는 언제나 우리 스스로 라캉의 작품이 무엇을 뜻하는지 결정해야 합니다. 자신의 입장 전반과 전적으로 일관되는 밀네르의 결정은 라캉의 작품이란 바로, 이 작품에서 그에게 중요한 것에 관한 한, 엄밀한 의미에서 쓰인 것 전부라는 것입니다. 즉, 라캉 자신이 쓰고, 수정하고, 출간한 것 전부 말입니다. 모든 다른 결정은 스스로에 대한 정당화를 만들어내야 할 것입니다. 이 문제에 관해 주어진 것은 아무것도 없습니다. 모든 것은 규정되어야 합니다.

제 마지막 고찰은 밀네르가 제안하는 시기 구분에 관련됩니다. 이와 관련하여 밀네르의 구축물은 매우 놀랍습니다. 밀네르는 라캉의 최초의 고전주의를 식별합니다. 그것은 초구조적 공리계[axiomatique hyperstructurale]라고 할 수 있습니다. 그 이후에 라캉의 두 번째 고전주의가 나오는데, 이것은 수학소를 중심으로 표명되며, 최초의 고전주의에 대한 일종의 최종적인 해체입니다. 즉, 문자의 축어성 자체가 사라지는 경향이 있습니다. 사유의 두 시퀀스 간의 이러한 구분에 대한 증명의 세부 사항이 매우 설득력 있습니다.

시기 구분을 이해하기 위해 밀네르가 제안하는 주요한 테마는 수학에 관한 라캉 학설의 지위입니다. 그리고 이것은 사실 라캉이 부르바키 그룹이 이루는 패러다임 아래에 놓인 방식에 관한 문제입니다. 따라서 장 클로드 밀네르는 자기 나름의 방식으로 라캉 반철학과 관련하여 수학이 라캉 반철학의 조건임을 밝혀냅니다. 비록 그가 또한 '수학소'가 결코 '수학'으로 환원되지 않음을 매우 세밀하게 보여준다 하더라도 말입니다.

요컨대 라캉의 작품에는 수학적 조건이 있지만, 형성되고 또한 해체되는 패러다임을 구성하는 이 조건은 정확히 수학 — 일련의 정리, 증명, 혁신이라는 의미에서의 수학 — 의 상태가 아닙니다. 그것은 오히려 일반적인 의미 사유의 기획으로 파악된 수학입니다. 이 경우에는 문자가 갖는 축어적인 힘에 대한 기표로서의 부르바키 수학 말입니다. 그의 저서 끝에서 장 클로드 밀네르가 라캉을 해체하는 시점에 수학의 새로운 운명은 아마도 문자의 축어성을 넘어서거나 더 이상 문자의 축어성 패러다임 안에 있지 않은 단절의 양상을 띠게 될 것이라고 말할 때, 그는 어떻게 이러한 조건의 변화가 라캉의 사유 장치에 영향을 주었는지를 가리킵니다. 따라서 우리는 다음과 같은 가정을 해야 할 것입니다. 수학의 패러다임 기능이 있는데, 이 기능은 증명 과정 안에 있기보다는 수학이 활기를 주는 사유의 지형도라 불릴 법한 것 안에 있습니다. 그것은 어떤 시점에는 문자의 축어성에 대한 규정과 같지만, 또 다른 시점에는 기하학적인 것 혹은 비틀기의 형태 아래에서 공간성의 규정과도 같은 것입니다. 수학은 사유에 있어서 유적인 조건으로 작용할 것입니다. 개별적인 형상들에 접목된 활성화 지점의 유적인 조건으로 말입니다. 라캉은 패러다임의 변화를 통과해야 했기 때문에 이러한 변이에 대해 특권적인 증인이었습니다.

마지막으로 이 모든 문제에서 정신분석은 무엇일까요? 장 클로드 밀네르는 어떤 주체를 임계성 바깥hors-liminaire에 위치시키지 않아도 그 주체가 사유 가능한 한에서 정신분석이 있을 수 있다고 주장합니다. 여기서 임계성이란 어떤 주어진 시점에 사유의 우연한 조건을 말합니다. 임계성의 구조적 조건에서 사유 가능한 주체가 있었고, 공간적 비틀림의 조건에서 사유 가능한 주체가 있었습니다. 구성적인 것은 **임계성 바깥은 없다**[il n'y a pas de hors-liminaire]입니다. 정신분석은 다양한 임계적 형상을 가로지릅니다. 또한 이것이 바로 장 클로드 밀네르가 반철학에 할당한 위치입니다. 그는 자신의 책에서 철학이 제 나름대로 이 딜레마를 갖고 씨름하는 가운데 본질적으로 임계성 바깥을, '기원적인' 필연성을, 우연한 변화 가능성에 종속되지 않은 역사적 초월성을 사용했다는 사실을 보여줍니다. 철학은 우연성을 회피할 것을 주장했습니다. 반대로 라캉은 그리고 라캉과 더불어 정신분석은 임계성 바깥이 없다는 주장을 굳게 견지합니다. 그리고 집단 무의식의 가설은 결국 그러한 주장으로 귀결됩니다. 무의식은 주체의 관점에서 만들어진 다음과 같은 발언과 다르지 않습니다. "임계성 바깥은 없다."

지금부터는 장 클로드 밀네르의 얘기를 들어보도록 하겠습니다.

장 클로드 밀네르 《명료한 작품》에 대해 말할 수 있도록 세미나에 초대해주신 알랭 바디우에게 감사를 표합니다. 예전에 바디우는 자신이 바르바라 카생과 함께 편집한 총서 '철학적 질서[L'Ordre philosophique]'에서 《명료한 작품》을 출간할 수 있도록 해주었습니다. 바디우가 저에게 제기한 문제는 두 가지로 나뉠 수 있을 것입니다. 왜 아무 책도 없는 것이 아니라 이 책이 있는가, 왜 다른 시점이 아니라 지금 이 책이 있는 것인가? "왜 지금 이 책이 있는 것인가?"라는 두 번째 질문에 답변해보겠습니다. 지금 이 책이 있는 것은 제가 보기에 프랑스어권 지식인들 사이에서 프로이트에게 일어났던 것에 비견될 만한 것이 라캉과 관련해서 일어났기 때문입니다. 즉, 라캉이라는 이름에 연결될 수 있을 모든 사유가 자리를 비우는 일이 일어난 것입니다. 물론 저는 정신분석 운동에서 일어나는 것에 대해 말하는 것이 아닙니다. 어떤 사유의 작업이 거기서, 특히 프로이트대의학파에서 계속되고 있는 것은 너무나 명백합니다. 저는 거기에 무언가를 덧붙이는 것이 아닙니다. 저는 정신분석 운동 바깥에서, 상황에 따라 문인 집단, 지식인의 삶, 지식 전문가 등으로 불릴 법한 것에서 일어나는 것에 대해 말하고 있습니다.

라캉은 거기서 존재감이 매우 강했지만, 그 이후에 그의 존재감은 사라졌습니다. 똑같은 방식으로 프로이트의 존재감도 예전에 사라진 바 있습니다. 아시다시피 라캉은 어떤 점에서 어떤 사유의 특징을 지닌 것과 '프로이트'라는 이름을 가진 것이 계속해서 서로 연결될 수 있게 했습니다. 여기서 저의 의도를 쉽게 이해하실 수 있을 겁니다. 즉 다양한 이유로, 다양한 경로로, 제 의도는 '라캉'이라는 이름에 사유의 특징을 지닌 것이 연결되는 결과를 얻는 데 있었습니다. 달리 말해 저는 제 기획을 하나의 슬로건으로 요약할 수 있을 것입니다. 그 슬로건은 푸코가 브르통, 샤르, 엘뤼아르로부터 빌려오고자 했던 것과 유사합니다. 그것은 "서행, 공사 중ralentir travaux"✦입니다. 저는 "서

✦ 위에서 거론된 세 초현실주의자들의 시 모음집 제목이다.

행, 사유 중ralentir pensée"이라고 말하겠습니다. 라캉에게는 어떤 사유가 있었고, 저는 그것을 증명하고자 혹은 보여주고자 했습니다. 이러한 목적에 비해 그 사유가 무엇인지를 확정하는 것은 정녕 부차적이었습니다. 저는 여기서 부차적이라는 말을 매우 엄밀한 의미에서 쓰고 있습니다. 즉, 저는 라캉에게 어떤 사유가 있음을 증명하기 위해 라캉 사유의 분절점을 열거하고자 노력했습니다.

여러분은 왜 제가 보기에 제 책이 라캉에 **관한** 책이 아닌지를 이해하실 수 있을 겁니다. 라캉에 관한 책들은, (이것이 그 책들의 정의인데) 라캉의 사유라 부를 법한 것의 실존을 확실한 것으로 상정합니다. 그러나 저는 그렇게 함으로써 다음과 같은 질문을 간과하게 될 위험이 있다고 주장합니다. 라캉에게 어떤 사유가 있다는 것을 증명할 수 있을까? 만약 그것을 증명할 수 없다면, 적어도 그것을 보여줄 수는 있을까?

이러한 질문은 라캉이 아닌 다른 이들에게 제기됩니다. 그것은 심지어 극적인 형태를 띨 수도 있습니다. 몇몇 비근한 사례가 있습니다. 마르크스를 예로 들어봅시다. 그의 사유를 해명하는 책들이 계속해서 나타나고 있지만, 그것들은 지난 몇 년에 세워진 확실성, 마르크스에게는 사유의 그림자가 없다는 확실성에 관해 무력합니다. 따라서 우리는 마르크스의 학설을 설명하는 데 많은 시간을 들일 수 있지만 만약 마르크스에게 사유가 있다는 것이 선결적으로 증명되지 않으면 우리는 아무것도 할 수 없게 됩니다. 오직 그 질문이 제기되었을 때만 그것을 증명할 수 있습니다. 그러나 동시에 다음과 같은 또 다른 질문이 제기될 것입니다. 우리는 어떻게 사유가 있음을 증명할 수 있을까요? 그 기준이란 무엇일까요?

이것은 우리가 자주 부딪히지만 대개 해결하지 않는 문제입니다. 그러나 그것은 근원적입니다. 대부분, 보통 언급되는 것보다 훨씬 더 많은 경우, 해결책은 순전히 어떤 권위의 원리에 의존합니다. 우리는 어떤 저자에게 사유가 있다는 것을 공리로 받아들입니다. 왜냐하면 훌륭한 사람들이 그렇게 받아들이기 때문입니다. 훌륭한 사람들은 대체로 믿을 만한 사람들로 가정되는데, 이는 우리가 그들 또한 어떤 사유를 지탱한다는 점을 받아들이기 때문입니다. 달리 말해 우리는 어떤 순환에 빠져 있는데, 이것이 악순환이라고 말하지는 않겠습니다. 즉 그것은 모든 문화적 전통의 순환 자체입니다. 우리가 증명 없이 플라톤에게 혹은 칸트에게 사유가 있음을 받아들이는 것은 우리가 그러한 단언을 듣기 때문입니다. 우리 자신은 증명을 되풀이할 자유가 있지만, 우리가 의식하든 못하든 이것은 기준의 문제로 우리를 되돌려 보냅니다.

완전히 다른 경우도 있습니다. 오랫동안 마르크스의 증거는 (이렇게 말할 수 있다면) 매우 감각적으로 뚜렷했습니다. 혁명의 분출이 갖는 사건성, 스스로 마르크스적임을 표방하는 국가들의 실존은 사유의 실존을 증언하기에 충분했습니다. 이러한 명증성이 마르크스주의자와 반마르크스주의자 모두에게 효력이 있었음에 주목합시다. 즉, 그들은 마르크스의 사유에 관련되는 판단에 있어서 서로 동의하지 않을지도 모르지만, 그들의 평가(긍정적이거나 부정적인)는 감각적으로 뚜렷한 명증성에 의존했습니다. 여기서 우리는 효과를 통해 증거에 대해 말할 수 있을 것입니다. 오늘날 감각적으로 뚜렷한 명증성이 사라짐에 따라, 좀 더 정확히 말하자면 명증성이 눈에 띄게 사라짐에 따라, 마르크스의 사유라는 문제는 또다시 진정 심각한 것이 되고 있습니다.

그런데 라캉의 경우에도 명증성은 감각적으로 뚜렷했습니다. 모든 것을 고려해볼 때, 그것은 라캉의 말의 힘에 대한 직접적인 증인이었던 몇몇 사람이 라캉에 대해 지녔던 좋은 기억에 결부되어 있었습니다. 이러한 증인들의 숫자가 적어지고 그들의 기억이 약화됨에 따라 감각적 명증성은 희미해질 것입니다. 그것이 어떤 권위에 의해 대체되지 않는 한 말입니다. 궁극적으로 사실상 두 가지 증거가 작용합니다. 한편에는 권위가 있고, 다른 한편에는 감각적 명증성이 있습니다. 시간이 지나면서 권위가 점점 명증함을 대체하는 경향이 있다는 조건에서 말입니다.

라캉에게 사유가 있음은 어떻게 증명될 수 있을까요? 어떤 권위에 호소하지 않고 어떻게 그것을 증명할 수 있을까요? 이 점에 대해 저는 많은 결단을 내렸습니다. 그 결단은 명백히 방법에 관한 결단입니다. 첫째, 저는 오직 하나 혹은 다수의 명제가 있는 한에서 어떤 담론적 전체 안에 사유가 있다고 가정했습니다. 하나의 명제는 최소한의 요소입니다. 그것은 이상적으로 볼 때 담론의 원자입니다. 언어 표현의 관점에서 보면 그것은 하나의 문장과 외연이 같은 경향이 있습니다. 이 문장은 그것이 준거하는 담론 전체 안에 명시적으로 현존할 수도 있고 현존하지 않을 수도 있습니다. 이러한 목적을 위해 저는 지속적으로 작은따옴표 안의 인용 구절을 활용합니다. 저의 방법에서 이는 하나의 명제를 떼어내는 데 도움이 됩니다. 이렇게 명제는 인용구와 구분되고, 인용구는 큰따옴표로 처리됩니다. 명제가 인용구와 일치하는 일이 일어나지만 늘 그런 것은 아닙니다. 따라서 제 방법은 다음과 같은 계획을 저 스스로 규정하는 것으로 이루어집니다. 즉, 명제를 떼어내고, 명제에 문장의 형식을 부여하는 것. 부연하자면, 가장 단순한 문장의 형식을 부여하는 것 말입니다.

둘째, 저는 단순한 관찰을 통해 명제-문장을 발생시키는 가장 편리한 방법 중 하나는 순전히 '기하학적 방식more geometrico'으로 귀결된다는 점에 주목했습니다. 그래서 저는 공리, 정리, 보조정리 등을 활용합니다. 제 말은 기하학적 질서가 효과적인 증명의 유일한 형식이라는 뜻이 아닙니다. 유클리드적 규칙을 준수하지 않는 결정적인 증명이 있습니다. 그런가 하면 결정적이지 않은 유클리드적 증명도 있습니다. 라캉 자신은 결코 유클리드에 순응하지 않았지만, 저는 라캉에 대한 검토 끝에 그가 증명을 제안했다는 결론을 내렸습니다. '기하학적 방식'은 그에게 명백히 낯선 것이었습니다. 그러므로 저는 라캉을 그 방식에 종속시킴으로써 그에게 폭력을 행사하는 것입니다. 그러나 이러한 폭력은 제 기획과 불가분합니다.

사실 이것이 세 번째 결단입니다만, 문장과 외연이 같은 명제를 공식화하는 데 이르렀다고 가정할 때, 그러한 명제는 또한 발견자가 그것을 발견했던 담론적 환경과 독립적인 것이어야 합니다. 달리 말해 명제는 그 문맥이 어떠한 것이든 간에 자신의 속성을 보존해야 합니다. 문맥이라는 단어가 갖는 이중적인 의미에서, 즉 텍스트 주위와 환경이라는 이중적인 의미에서 말입니다. 이것이 제가 폭력적인 조작 방법이라 부르는 것입니다. 그것은 어떤 명제를 취하고 그것을 자연적 장소로부터 끄집어내는 것으로 이루어집니다. 만약 그것이 명제로서의 속성을 보존한다면, 그것은 사유의 명제로 간주될 수 있습니다. '기하학적 방식'을 사용함으로써 저는 라캉을 이런 시험에 빠뜨립니다.

이를 위해서 저는 그 시험이 적용될 담론 전체를 결정해야 했습니다. 여기서 하나의 가설이 발생합니다. 저는 그것을 증명할 수 없습니다. 심지어 저는 그것이 논리적 증명이 아니라 수렴하는 상황적 증거의 결합에 속한다고 단언합니다. 이 가설은 경험적입니다. 그 가설의 반대가 결코 논리적으로 불가능하지 않다는 뜻에서 말입니다. 저는 라캉이 어느 날 문자로 쓰인 자신의 발언을, 혹은 적어도 그중 몇몇을 작품의 형태로 기입하려는 자발적인 결심을 했다고 생각합니다. 여기서 작품이란 다른 이들 가운데 푸코가 그 역사를 쓰기 시작했던 매우 특정한 형식의 작품을 뜻합니다. 우리 현대인들에게 있어 작품은 저자와 출간된 텍스트 전체를 연결시킵니다. 출간된 텍스트 전체는 그 자체로 하나의 통일성을 이루는 것으로 여겨집니다. 이러한 단일성에는 일반적으로 한 명의 저자가 필요한 것으로 간주됩니다. 그러나 이것만으로는 결코 충분하지 않습니다. 텍스트 전체에 내부적인 어떤 통일성의 원리가 첨가되어야 합니다. 출간 또한 필요합니다. 비록 사후에 이루어진 출간이라 하더라도 말입니다. 따라서 저는 소쉬르의 《일반언어학 강의 *Cours de linguistique générale*》가 사후적으로 하나의 작품이 되었다는 점에 주목했습니다. 처음에 그것은 (여러 개의) 수업을 모은 것이었으며 소쉬르의 제자 세 명에 의해 편집된 것이었던 반면에 말입니다. 마찬가지로 저는 헤겔의 《미학 강의

Vorlesungen über die Ästhetik》과 다른 많은 비슷한 텍스트를 언급할 수 있었을 것입니다. 이러한 사례들은 작품의 관념을 반박하기커녕 작품의 형식이 그 자체로 인정될 만큼 충분히 강하다는 것을 증명합니다.

작품은 책과 같은 것이 아니지만, 그럼에도 책이 작품에 대한 가장 충실한 물질적 이미지를 제공한다는 사실이 남아 있습니다. 즉 표지에 적힌 이름과 제목은 하나의 묘비와 매우 유사하고, 어떤 점에서 우리의 이데올로기 안에서 하나의 작품에 해당하는 것에 가장 근접한 상상적 재현을 구현합니다. 19세기 문헌학은 작품 형식과 텍스트 전체를 대비시켰는데, 텍스트 전체가 구성될 시점에 다음과 같은 문제는 낯선 것이었습니다. 《일리아드*l'Iliade*》와 《오디세이아*l'Odyssée*》는 작품이었습니까? 이 질문은 그것들을 취합한 고대 그리스의 음유시인에게는 아무런 의미도 없었습니다. 복음서는 작품입니까? 이 질문은 복음서를 편찬한 이에게는 아무런 의미도 없었습니다. 소위 비평이라 불렸던 것의 작업은 점점 더 주장과 반대 주장을 정제하는 것으로 이루어졌습니다. 처음부터 그 기획을 침범했던 시대착오에 대해 때로는 찬성하고 때로는 반대하지만 그러한 시대착오를 늘 깨닫지는 못한 채로 말입니다. 반대로 20세기는 작품 형식을 문제화했습니다. 얼핏 보기에 작품 형식에 의존하기로 되어 있는 텍스트 전부를 포함해서 말입니다. 《잃어버린 시간을 찾아서*La Recherche du temps perdu*》는 작품입니까? 그것이 작품이 아니라고 가정하는 것은 흥미로운 일입니다. 《피네건의 경야*Finnegan's Wake*》는 어떻습니까? 《미친 사랑*L'Amour fou*》은 어떻습니까? 《나자*Nadja*》는 어떻습니까?

프로이트는 식물학 연구 논문에 관한 자신의 꿈을 해석하면서, 그 꿈에서 자기 책《꿈의 해석*Traumdeutung*》이 지체되고 있는 사실에 대한 스스로의 걱정을 알아보았습니다. 저는 이 꿈이 하나의 결단을 알려준다고 생각합니다. 프로이트는 아카데믹한 과학에서 통용되는 연구 논문의 형식보다 작품의 형식을 택했습니다. 그러나 현대 과학은 현대 **문화**와 대조적입니다. 정확히 현대 과학이 작품의 형식에 무관심한 반면, 현대 문화는 작품을 자신의 토대로 삼는다는 점에서 말입니다. 프로이트는 과학 안에서 자기의 실존을 인정받고자 했지만, 그는 사실상 실패했습니다. 그는 전략적으로 문화를 통한 우회를 받아들이기로 결단했습니다. 저는《꿈의 해석》맨 처음에 나오는 아케론강[l'Achéron]에 대한 원용을 이렇게 해석합니다. 과학이라는 올림포스의 신들은 프로이트에게 귀머거리인 채로 남아 있었습니다. 대신에 프로이트는 문화라고 하는 죽은 이들의 왕국에 말을 건네려고 했습니다. 라캉은 제도적인 정신분석가들 쪽에서 그와 유사한 귀먹음에 마주했습니다. 1956년에 그는 그들을 '지복을 누리는 자들[les Béatitudes]'이라고 불렀습니다. 그는 문화의 세계를 통해 우회했습니다. 초현실주의자들은 그에게 문화의 세계가 갖는 음산한(정묘한 시체[le cadavre exquis])✦ 성격을 가르쳐주었습니다. 라캉 자신은 문화의 세계를 쓰레기통에 관련시켰습니다. **출판쓰레기**[poubellication]라는 표현은 작품의 형식에 해석을 부여합니다. 그가 계산적인 의도를 갖고 1966년《에크리》를 출간함으로써 작품의 형식을 체념하고 받아들인 바로 그 시점에 말입니다.

작품의 형식에 대한 라캉의 선택이 갖는 정당성을 인정하면서 저는 라캉에게 작품이었던 것을 따로 떼어냈습니다. 그것은《에크리》였고, 차후의 텍스트들이《에크리》에 덧붙여졌습니다. 라캉이 그 텍스트들을 출간할 수 있었던 것은 오직 그것들을《에크리》의 엄연한 실존에 관련시켰기 때문니다. 그 텍스트들은 본질적으로《실리세》의 논문들과《세미나 20권: 앙코르》로 이루어집니다. 저는 '스크립타Scripta'라는 이름으로 그것들 전부를 묶었습니다. 저는 사유의 문제를 검토하기 위해《세미나》전체의 출간을 기다릴 필요가 없다고 가정할 이유를 제시했습니다. 물론 그 출간은 무엇보다 중요하지만, 우리는 이미 라캉이 하나의 작품으로 제시하기를 원했던 것을 수중에 갖고 있습니다. 요컨대 저는 라캉에게 사유가 있다는 점에 대해 물질적인 증거를 제시하고자 했습니다. 저는 그 점을 '스크립타'로 이루어진 담론적 물질성을 토대로 해서 증명하고자 했습니다.

이것이 저로 하여금 작품 형식을 좀 더 해명하기를, 그리고 특히 쓰기 예술로 불릴 법한 것을 복원하기를 강제했을까요? 저는 그렇게 생각하지 않습니다. 그러한 연구는 정당하지만, 저의 관심사는 아닙니다. 물론 어떤 사유의 실존을 밝히기 위해 텍스트에 대해 축어적으로 논평하는 것을 피할 수 없는 경우가 있을 수 있습니다. 그러나 저는 가능하면 그렇게 하지 않도록 했습니다.

✦ 초현실주의자들이 만든 말 조합 놀이로서, 게임 참가자들이 종이 위에 무언가를 쓰고, 쓰인 것 일부를 지우기 위해 종이를 접은 뒤에, 그다음 참가자에게 종이를 넘겨주는 식으로 이루어진다.

일단 라캉에게 사유가 있음이 증명되고 나면 물론 그것이 무엇인가를 밝히는 것이 좋을 것입니다. 그렇지 않다면 사유가 있다는 단언은 아무것도 아닌 것이 되어버립니다. 그러나 감탄이나 유보 혹은 그저 입장 차이를 드러냄으로써 그 이상 나아가는 것은 개인적인 사유에 속합니다. 저는 그와 같은 것을 자제하고자 했습니다. 라캉에게 사유가 있음을 보여주는 것, 그리고 물질적 증명을 통해 그렇게 하는 것은 제가 개인적으로 생각하는 것 혹은 생각하지 않는 것과 전적으로 무관합니다. 이 때문에 저는 《명료한 작품》에 개인적인 사유의 그림자가 있어서는 안 될 것 — 만약 그런 것이 있다면, 그것은 하나의 결함입니다 — 이라는 사실을 강조했습니다. 달리 말해, 라캉에게 사유가 있음을 증명하는 것은 개인 — 이 경우에는 저 자신 — 이라는 수단을 통해 이루어지지만, 이것은 당연히 수단의 문제일 뿐입니다.

여러분은 제가 개인적인 사유를 자제함으로써 그저 역사가들 혹은 주석가들이 스스로에게 부과하는 신중함과 유사한 신중함만을 저 자신에게 부과했다고 생각할지도 모르겠습니다. 그런데 관건은 더욱 중대합니다. 그것은 사유에 대한 저 자신의 개념화와 관련됩니다. 그것은 제가 비인칭적인(비개인적인)[impersonnelle] 것으로 간주하는 사유입니다. 비인칭성이 중요한 것은 관건이 사유이기 때문입니다. 저는 담론적 유물론의 어떤 주어진 시점에 대해 말했습니다. 제가 보기에 이것은 제가 담론적 개인주의라고 불렀던, 널리 퍼져 있는 허튼소리에 대비됩니다. 저는 라캉에 관해 담론적 유물론의 길을 선택했습니다. 정반대로 저는 그러한 길이 다른 고유명에 부착된 다른 텍스트 전체에 적용될 수 있을 가능성을 배제하지 않습니다. 그러나 사유와 라캉이라는 특수한 경우에는 특별한 긴급성이 눈에 띄게 느껴지는 것처럼 보였습니다.

사유가 명제의 형식으로 존재함을 밝히기 위해 제가 취해야 했던 우회들 중 하나에서 저는 과학의 문제에 마주쳤습니다. 저에게 가장 중요한 것으로 보이는 것은 다음과 같습니다. 라캉적인 명제 체계 안에서 과학이란 우연성과 무한성이 만나는 지점의 **이름**입니다. 달리 말해 과학은 **우연성**이라는 술어와 **무한성**이라는 술어 간의 동일성의 **이름**입니다. 라캉의 표현을 빌리자면, 과학은 **우연성**이라는 술어가 **무한성**이라는 술어에게 주체를 어떻게 재현하는지에 대해, 또 **무한성**이라는 술어가 **우연성**이라는 술어에게 주체를 어떻게 재현하는지에 대해 이해하게 해줍니다.✦ 라캉이 근대과학에 관해 말했던 주체의 폐제[forclusion]는 또한 하나의 정화입니다. 이 단어의 이중의 의미에서 말입니다. 즉, 폐제된 주체는 과학에 의해 정화됩니다. 주체가 우연성과 무한성 사이에 놓인 채 '~에게 ~을 재현하다'라는 관계 안에서만 출현하는 한에서 말입니다.

그러나 라캉에게 과학은 두 가지 원천이 있습니다. 한편에는 프로이트가 있으며, 라캉은 프로이트의 과학주의를 계속해서 강조합니다. 다른 한편에는 알렉상드르 코제브에 의해 보충된 알렉상드르 쿠아레가 있습니다. 얼핏 보기에 이 두 가지 접근보다 대조적인 것은

✦ 여기서 밀네르는 '하나의 기표는 또 다른 기표에게 주체를 재현한다'는 라캉의 공식을 원용하고 있다.

없습니다. 쿠아레는 과학사가인 동시에 인식론자로서 프로이트가 주장했던 경험주의와 경험비판론을 단호히 거부했습니다. 쿠아레는 갈릴레이를 수학화를 통해 정의하면서 갈릴레이를 실험에 연결시킨 모든 접근을 일거에 삭제했습니다. 쿠아레는 실험이 아리스토텔레스를 거쳐 갈릴레이에 이르는 혁명이기는커녕 모든 실험에 선행되는 어떤 결단에 의존한다고 말했습니다. 그것은 아리스토텔레스주의자들에 의해 영원불변의 것으로 유보된 수학이 쇠락하고 변화하는 지상의 세계에 적용된다는 결단입니다. 여기서 천체의 우주론적 전체와 지체의 우주론적 전체가 분리될 필요가 없다는 귀결이 나옵니다. 어떤 유일한 전체가 있을 뿐이며, 그것이 우주라고 불립니다. 여기서 잠깐 다음과 같은 점을 강조해두겠습니다. 19세기의 과학주의 및 그러한 과학주의와 함께했던 프로이트는 쿠아레와는 완전히 다른 방식으로 추론했습니다. 거기서는 실험이 핵심적이었고, 수학화는 부차적이었습니다. 수학화의 역할은 경험적 관찰의 엄밀함과 정확도를 보증하는 것이었습니다. 바디우와 저, 그리고 다른 많은 이들은 다음과 같은 세 가지 테제를 자명한 것으로 받아들이도록 교육받았습니다. a) 모든 경험주의적 인식론보다 모든 합리주의적 인식론이 본질적으로 우월하다는 것, b) 합리주의적 인식론에서 도출된 과학에 대한 모든 역사화가 경험주의적 인식론에서 도출된 모든 역사화보다 기술적으로 또 설명적으로 우월하다는 것, 그리고 c) 이러한 우월성에는 어떤 통합적인 특징, 즉 경험주의적 인식론과 역사가 제기하는 타당한 모든 것은 합리주의적 인식론과 역사에 의해 보존되고 강화될 수 있는 특징이 있다는 것입니다.

우리는 이 세 가지 명제를 확실한 것으로 여기도록 너무나 잘 훈련받았기 때문에 더 이상 그 명제들에 감춰진 폭력성을 헤아리지 않습니다. 특히 우리는 라캉이 프로이트에 대해 저지른 폭력을 인식하지 않습니다. 라캉은 모든 역사 편찬적 자료에 반대하여 프로이트가 참조하는 과학이 쿠아레가 말하는 과학에 다름 아니라고 주장했습니다. 프로이트와 쿠아레를 분리하는 격차는 아무 것도 아닌 것으로 여겨졌습니다. 라캉이 쿠아레를 "우리의 안내인"으로 여길 때, 우리는 프로이트에 대해 가해진 교정을 고려해야 합니다. 즉, 쿠아레는 어두운 숲 속에서 우리를 안내해주며, 어두운 숲 — 또 라캉은 이 숲을 뒤죽박죽이라고 말할 것인데 — 은 프로이트의 발언입니다.

이렇게 볼 때 쿠아레가 규명하는 세부 사항, 수학화된 물리학의 치밀한 역사, 갈릴레이에서 케플러로, 케플러에서 데카르트로, 데카르트에서 뉴턴으로의 이행 등, 이 모든 것에 대한 연구는 물론 중요합니다. 라캉은 이 점을 알고 있었고 때때로 그에 관해 논평했습니다. 그러나 궁극적으로 그것은 다음과 같은 본질적인 것에 비해 전혀 중요하지 않습니다. 즉, 수학화된 우주가 무한한 동시에 우연적이라는 발견, 우연성과 무한성의 충돌은 실험이 아니라 수학화라는 발견, 우주에 대한 수학화를 허용한 것은 우주의 우연성이며, 비록 수학자들이 무한이 무엇인가에 대해 명확한 수학적 관념을 갖고 있지 않을지라도 우주를 무한하다고 말할 수 있는 것은 우주에 대한 수학화라는 발견 말입니다.

만약 과학이 'X는 우연적이다'라는 술어와 'X는 무한하다'라는 술어 간 동의관계의 이름이라면, 저는 역으로 무한성과 우연성 간의 모든 충돌이 과학과 관련된다고 결론 내립니다. 그러나 라캉에 따르면 그 자신의 장치는 그가 명시적으로 뉴턴을 참조하면서 자신의 가설이라 부르는 것에 전적으로 의존합니다. 그 구절을 상기해봅시다(그것은 《세미나 20권: 앙코르》 129쪽에 나옵니다). "무의식에 의해 영향을 받는 개인은 제가 기표의 주체라 부르는 것을 구성하는 개인과 같습니다." 이 구절을 설명해봅시다. 개인이란 말하는 주체입니다. 자신의 실존과 육체 안에서 그는 우연성에 사로잡힙니다. 무의식은 그에게 무한의 인감을 날인합니다. **기표의 주체**le sujet d'un signifiant라는 표현은 "하나의 기표는 또 다른 기표에게 주체를 재현한다"의 관계를 통해 읽힐 수 있습니다. 만약 가설적으로 그렇게 정의된 개인이 기표의 주체와 같다면, 우리는 여기서 제가 위에서 말씀드렸던 것을 얻게 됩니다. 즉, 주체는 **우연한**이라는 기표가 **무한한**이라는 기표에게 재현하는 그 무엇입니다. 가설의 축은 '그 둘이 같다'라는 단언입니다. 그런데 오직 근대과학만이 이러한 '같음'을 이해할 수 있게 해줍니다.

저에게 라캉의 가설은 정신분석 자체의 가설에 다름 아닌 것으로 보입니다. 그런데 이 가설은 무한성과 우연성을 서로 매듭짓는 것으로 드러납니다. 동시에 그 가설은 과학의 문제와 정신분석의 문제를 서로 매듭짓습니다. 여기서 저의 관심사는 정신분석이 말하는 것, 정신분석이 말하는 세부 사항이 아니라는 것을 재차 말씀드립니다. 저의 관심사는 정신분석이 상당수의 특징과 함께 실존한다는 것입니다. 저는 정신분석이 실존한다고 주장합니다. 더 정확히 말해 저는 라캉의 테제는, 그가 스스로 자기의 가설이라고 부르는 것은, 정신분석이 실존한다는 것을 상정하는 데로 귀결된다고 주장합니다. 제가 주목하는 정신분석의 특징 중 한 가지는 정신분석이 무의식이라는 형태로 무한성과 우연성을 결합하는 것에 관련된다는 것입니다. 좀 더 정확히 말해 저는 라캉의 가설이 이러한 결합을 상정하는 것으로 귀결된다고 주장합니다. 무의식이란 것이 있다면, 그것은 육체가 있고 말을 하는 개인이 우주의 무한성에 의해 횡단되기 때문입니다. 자신의 육체를 통해서, 자신의 말하기를 통해서 말입니다. 훔볼트에서 촘스키에게로 이어지는 직관을 빌려 말하자면, 언어가 유한성과 무한성의 충돌이라는 이유 때문에라도 말입니다. 굴절의 크리스탈로서의 라랑그lalangue✦의 경우 더욱 그럴 것입니다. 그러나 무한성에 의해 횡단되는 육체는 또한 자기 장소 중 하나 혹은 다수의 지점에서 우연성에 의해 횡단됩니다.

우연성의 특권적인 장소들은 성별화sexuation에 관련됩니다. 성별화가 우연성이 개인에게 새겨놓은 전형적인 인감인 한에서 말입니다. 주체를 젠더 혹은 섹스(여기서 둘 중 어느 쪽인지는 중요하지 않습니다만)로 나누는 주사위 던지기는 사회적 재현의 우연한 성격에 의해 폐지될 수 없을 것입니다.✧ 만약 무의식이 개인(주체와 동일한)

✦ 정관사('la')와 언어('langue')를 결합한 라캉의 신조어로, 의미체계로서의 언어가 아니라 의미 없는 물질성으로서의 언어를, 나아가 기표의 구조보다는 주이상스의 운동을 강조한다.

✧ 여기서 밀네르는 "한 번의 주사위 던지기가 우연을 폐지하지 않으리라"라는 말라르메의 시구를 원용하고 있다.

에 대한 무한성의 인감이라면, 만약 성별화가 우연성의 인감이라면, 만약 근대성이 과학으로 인해 무한성과 우연성의 충돌에 근거한다면, 모든 것은 근대적인 장치를 개인, 주체, 무의식, 성별화를 결합하는 담론으로 향하게 합니다. 이 담론이 정신분석입니다.

프로이트에게서의 섹슈얼리티의 출현과 라캉에게서의 성적인 것의 출현은 명제들의 연쇄를 스스로에게 집결시킵니다. 저는 이 명제들과 그것들 간의 교차를 떼어내고자 했습니다. 여정의 끝에서 그것들은 재차 서로 연결될 수 있고, 우리는 하나의 명제에 도달할 수 있습니다. 저는 여러분 앞에서 그 명제를 말씀드리겠습니다. "정신분석이 있다."

《명료한 작품》에서 저는 이 명제를 말하지 않습니다. 문자 수수께끼에 관한 게임을 제대로 할 때 단어 전부가 주어지지 않는 것과 같은 방식으로 말입니다. 수수께끼의 결론은 "제 처음은……", "제 두 번째는……" 같은 부분들 덕분에 도달됩니다. 《명료한 작품》에서 저는 부분들을 제시했습니다. 오늘 저는 여러분에게 전부에 해당하는 것을 명확히 말씀드립니다.

알랭 바디우 정말 감사합니다. 날이 밝을 때까지 지속될 법한 이 기억할 만한 논의들 가운데 생각해볼 거리가 분명 있을 것입니다. 저는 장 클로드 밀네르에게 세 가지만 질문하고자 합니다. 그 질문들의 증명은 보로메우스적이지 않지만 그 배치는 보로메우스적입니다.

첫 번째 질문은 공공연하게 소피스트적인 질문입니다. 당신은 당신의 관건이 요컨대 '라캉에게 사유가 있다'라는 진술에 대한 비인칭적인 증명을 시도하는 것이라고 말했습니다. 제가 당신에게 던질 질문은 다음과 같습니다. '사유가 있다' — 이 경우에는 라캉에게서 — 는 것에 대한 비인칭적인 증명을 생산할 수 있다는 단언은 **사유에 관한** 테제입니까 아니면 **'있다'에 관한** 테제입니까? 왜냐하면 철학자의 관점에서 그 둘은 서로 다른 선택지이기 때문입니다. 만약 우리가 사유가 있다 — 이 경우에는 라캉의 사유가 있는 것인데 — 는 것에 대한 비인칭적 증명이 실존할 수 있다는 점과 그 테제가 **사유**에 관한 테제라는 점을 받아들인다면, 이것은 사유와 비인칭적 증명 간의 접속을 설립합니다. 저는 그 테제를 말라르메적 테제라고 부를 것입니다. 역으로 만약 강조점이 **'있다'** — 이 경우에는 사유가, 나아가 라캉에게 있는 사유가 있는 것인데 — 에 놓여야 한다면, 진정한 핵심이 어떤 것 — 이 경우에는 라캉에게 있는 사유 — 이 있다는 사실에 대한 비인칭적 증명이 부여될 수 있다는 점이라면, 여기서는 비인칭적 증명과 '있다' 사이의 접속이 설립됩니다. 저는 이것을 하이데거적 테제라고 부를 것입니다.

결국 제 질문은 매우 단순합니다. 즉 라캉에게 '사유가 있다'는 점에 대한 비인칭적 증명이 가능하다는 가설은 비인칭성과 사유 간의 접속입니까? 달리 말해 그것은 존재의 운명과 분리된 것으로 여겨지는 사유의 운명에 관련됩니까, 아니면 궁극적으로 사유의 운명을 포섭하는 것으로 가정되는 존재의 운명에 관련됩니까?

당신도 알다시피 오늘날 우리에게 지배적인 테제는 사유같은 것은 결코 없다는 것입니다. 그리고 이러한 테제 —'사유가 전혀 없다' — 의 실천적인 본질은 사유가 있는 것이 해롭다(전체주의적이다)는 것입니다. 라캉에 대한 당신의 기획은 우리 상황의 우연성에 비추어볼 때 매우 적절합니다. 당신은 어쨌든 라캉에게 "사유가 있다"를 긍정함으로써 우리의 상황에 관여하고 있습니다. 그것은 사유가 전혀 없다고 말하는 지배적인 테제를 거스르는 테제입니다. 그렇지만 당신이 이 점에 관해 비인칭적인 증명을 제시하자마자, 관건이 **사유**인 경우와 관건이 **있다**인 경우는 같은 것이 아닙니다.

제 두 번째 질문은 우연성과 무한성의 동의관계의 이름으로서의 과학에 관련됩니다. 여기서 제 질문은 매우 한정적이고 정확합니다. 당신이 보기에 그것은 라캉에 관한 테제입니까? 우리는 라캉에게 과학이란 우연성과 무한성의 동의관계의 이름과 다르지 않다고 이해해야 할까요? 아니면 그것은 라캉이 공유하는 테제입니까?

당신은 제가 당신이 비인칭성의 영역을 떠나는 것을 막으려고 주의를 기울이고 있음을 알아차릴 수 있을 겁니다. 저는 당신에게 '그것이 당신의 테제인가?'라고 묻는 것이 아닙니다. 그러나 이 점과 관련해서 **나의** 테제라고 불릴 법한 어떤 것이 있습니다. 실제로 저 자신은 우연성과 무한성의 동의관계에 **진리**라는 이름을 부여합니다. 따라서 저는 제가 그 동의관계에 진리라는 이름을 부여할 때 제가 하고 있는 것이, 당신이 동일한 접속 혹은 동의관계를 '과학'이라 명명할 때 당신이 하고 있는 것과 비교해서 무엇인지를 아는 데 관심이 있습니다.

제 세 번째 질문은 좀 더 복잡합니다. 그것은 정신분석에, **정신분**

석이 있다라는 진술에 관련됩니다. 그 질문은 이렇게 공식화될 수 있습니다. 라캉에게 사유가 있습니다. 그런데 이는 정신분석 안에 사유가 있음을 뜻합니까? 여기서 우리는 **있다**를, **사유가 있다**를 재발견합니다. 그리고 **정신분석이 있다**는 진술이 정신분석 안에 **사유가 있다**는 것을 그 자체로 함축하지 않습니다. 따라서 라캉에게 사유가 있으며 이는 정신분석이 있음을 함축한다는 가설을 만들 수 있지만, 이것이 정신분석 안에 사유가 있다고 연역하는 것을 허용하지는 않습니다.

당신은 어떤 시점에 당신의 증명과 일관된 방식으로 다음의 사실에 주목했습니다. 무의식에 영향을 받는 개인, 즉 그에게 우연적인 것으로 이루어진 우주와 그 자신의 외연이 같다는 사실에 영향을 받는 개인과, 라캉의 수많은 명제의 대상이 된다는 의미에서의 주체는 별개의 것이라는 사실 말입니다. 궁극적으로 당신은 우리에게 정신분석의 테제란 개인과 주체 사이에 절대적으로 우연한 만남이 일어난다는 것임을 암시합니다. 이러한 만남은 우연성이라는 의미에서의 개인과, 라캉의 명제들이 말하는 의미에서의 주체 간의 우연한 만남입니다. 라캉이 이러한 만남의 우연성에 부여한 이름이 정신분석적 행위입니다.

여기서 제 질문이 나옵니다. 라캉의 작품과 정신분석적 행위 간에는 관계가 있을까요 아니면 없을까요? 왜냐하면 우리는 라캉의 작품이 오직 그 자체로 우연한 흔적으로서만, 정신분석적 행위의 우연성의 흔적으로서만 존재한다고 가정할 수 있기 때문입니다. 이 경우 작품 자체의 형식은 재검토되어야 합니다. 그것이 하나의 문집corpus

을 구성하는지의 여부가 불확실하게 되는 방식으로 말입니다. 만약 그것이 하나의 문집을 구성하지 않는다면, 그것에 대해 **사유가 있다**는 비인칭적 증명—이는 당신이 언급했듯이 이 문집이 한정되기를 요구합니다—이 시도될 수 있는지 불확실합니다. 그렇지만 만약 문집이 개인과 주체의 우연한 만남으로서의 정신분석적 행위의 우연한 흔적이라면, 문집은 없으며, 엄밀히 말해, 작품은 없으며, 따라서 비인칭적 증명은 있을 수 없습니다. 그리고 이는 오직 개인적인(인칭적인) 증명만이 있을 수 있음을 뜻할 것입니다!

오직 개인적인 증명만이 있을 수 있다는 것은 무엇을 뜻합니까? 그것은 라캉의 작품—사실 이것은 하나의 작품이 아니지만—을 수호하는 일이 필연적으로 정신분석 조직에 속함을 뜻합니다. 왜 그럴까요? 왜냐하면 정신분석 조직은, 개인적으로, 행위의 원칙에 따라 작품의 미완결성을, 심지어 라캉 작품의 회복 불가능한 취약성을 증언할 수 있기 때문입니다. 그리고 그 결과 당신의 기획은, 그리고 제 기획 역시, 그 의의를 상실할 것입니다.

저는 제 질문을 다음과 같은 최종적인 형식으로 제시하겠습니다. 라캉에게 **사유가 있다**는 것에 대한 비인칭적 증명은 행위를 없앨 수 있을까요? 그것은 행위를 순전히 배제함으로써 행위에 대한 참조를 없앨 수 있을까요? 아니면 그 증명은 그저 개인적인 해석으로 되돌려지는 걸까요? 왜냐하면 결국 오직 조직만이 행위의 비인칭성에 대한 수호자가 될 수 있을 것이기 때문입니다. 이상입니다.

장 클로드 밀네르 첫 번째 질문에 대해 저는 이렇게 답변하고자 합니다. 만약 두 가지 가능한 길, 즉 말라르메적인 길과 하이데거적인 길밖에 없다면, 저는 첫 번째를 선택하겠습니다. 저는 사유와 비인칭성을 긴밀히 연결시킵니다. 저는 라캉의 공식 "그것이 사유한다[ça pense]"를 그런 의미로 재해석합니다. 이로부터 제가 **있다**가 포함하거나 포함하지 않을 존재에 관해 직접적으로 의사를 표명하지는 않는다는 점이 귀결됩니다. 그렇지만 두 가지 길밖에 없을까요? **X가 있다**[il y a de l'X]라는 표현 — 라캉이 **있다**[yad'l']라는 구절로 환원시키고자 했던 표현 — 은 존재보다는 실재를 암시합니다. 사유가 있다고 말하는 것은 사유에 혹은 사유의 돌발에 사유의 돌발이 실재로서 기입될 우연한 가능성을 부여하는 것입니다. 라캉에게 사유가 있다고 말하는 것은 라캉의 텍스트성 안에 사유의 실재가 나타나는 지점들이 있음을 긍정하는 것입니다.

두 번째 질문에 대해 저는 다음과 같은 단순한 단언에 그칠 수 있을 것입니다. 맞습니다, 저는 라캉에게 있어서 소위 근대과학이 우연성과 무한성 간의 충돌을 설정한다고 주장합니다. 그러므로 그것은 라캉에 관한 테제가 아닙니다. 저는 라캉의 테제를 복원하기를 주장하는 것입니다. 사정이 그렇다면, 제가 보기에 저에게는 여러 가지 하위 질문을 구분할 의무가 있습니다.

첫 번째 하위 질문은 무한에 관련됩니다. 제가 보기에 라캉은 수학적인 무한에 대해 말하지 않습니다. 비록 그가 그것에 관심이 있다 하더라도 말입니다. 제가 보기에 오히려 관건은 철학적인 무한입니다. 심지어 관건은 더욱 복잡합니다. 저는 라캉이 갈릴레이적 물리학에 대해 가졌던 관계를 강조했습니다. 갈릴레이적 물리학은 두 가지 구분되는 특징을 갖고 있습니다. 한편으로 그것은 수학화되어 있습니다. 다른 한편으로 그것은 지체와 천체를 자기 동질적인 우주 안에 집결시킵니다. 이 우주는 무한합니다. 그것이 예전에 달 아래의 세계에 해당했던 유한의 지배를 특별히 강조하지 않기 때문에라도 말입니다. 저는 **무한**이라는 용어의 사용에 대한 데카르트의 경고를 자세히 살펴보지는 않겠습니다. 비록 그의 경고가 중요하고 또 그 경고가 데카르트가 통찰의 깊이 면에서 그의 동시대인을 얼마나 능가했는지를 보여줌에도 말입니다. 다음과 같은 역설이 남아 있습니다. 갈릴레이나 데카르트나 뉴턴의 시대에 어떤 수학자도 무한에 대해 명확한 관념을 갖지 못했습니다. 역으로 무한이 볼차노, 바이어슈트라스, 칸토어 덕분에 수학에서 명확한 지위를 얻게 된 후에, 제가 이미 강조했던 것처럼, 무한은 철학적 논쟁에서 역할을 맡기를 멈추었습니다. 그런데 무한은 또한 수학화된 물리학에서도 관건이 되기를 멈추었습니다. 20세기 우주론에서 확인되듯, 수학화된 물리학은 아무런 모순 없이 유한한 우주를 받아들일 수 있습니다. 관건이 되는 유한이 쿠아레의 칸토어 이전의 무한과는 아무런 관계를 갖지 않는, 칸토어 이후의 유한이라는 점만 제외하고 말입니다. 왜냐하면 제가 충분히 강조한 것처럼 **무한한 우주**라는 쿠아레의 표현에서 관건이 되는 무한은 수학적인 무한이 아니기 때문입니다.

칸토어 자신이 그가 정립한 수학적 무한과 철학자들의 무한을, 혹은 심지어 그에게 더욱 중요했던 신학자들의 무한을 서로 연결시키기를 결코 포기하지 않은 것은 사실입니다. 역으로 그 이후에 수학적 무한과 비수학적 무한 간의 연결 문제는 방치되었던 것처럼 보입니다. 아무런 증명 없이 오직 수학적 무한만이 의미 있다고 단언되거나, 지식의 누적된 진보가 수학적 무한으로 하여금 칸토어 이전에 무한에 관해 이루어진 모든 논의를 선험적으로 흡수할 수 있게 만들었다는 점이 충분한 논의 없이 받아들여졌습니다. 라캉은 전체에 대한 글쓰기에서 이 문제를 새롭게 조명했습니다. 여전히 우리는 이런 관점에서 그의 글쓰기를 해독하도록 노력해야 합니다. 여하튼 전체에 대한 라캉의 글쓰기가 수학보다 논리학을, 칸토어보다 러셀을 선택했다는 것은 충격적입니다. 나아가 라캉이 러셀로부터 취한 것은 매우 협소했습니다. 왜냐하면 라캉은 수량화에 대한 글쓰기에 그쳤기 때문입니다. 수학에 대한 러셀의 기획의 풍부함을 기억할 때, 우리는 라캉이 그것을 홀대했다고 말할 수 있을 것입니다.

당신과 제가 우연성과 무한성 간의 동의 관계에 대해 논의할 때, 우리는 적어도 제 쪽에서는 **우연성**이라는 실사가 **X가 우연적이다**와 같은 술어적인 사용을 요약하고 마찬가지로 **무한성**이라는 실사가 **X가 무한하다**와 같은 술어적인 사용을 요약한다는 점에 주의해야 합니다. 그런데 **무한하다**라는 술어는 무한에 대한 수학적인 관념과는 매우 다른 것을 가져올 수 있습니다. 만약 무한이 일련의 기수에 통합된다면, 논리학자는 이렇게 주장할 수 있을 것입니다. **무한한 우주**라는 표현이나 **우주는 무한하다**는 명제에서 무한의 관념은 술어가 아닙니다. **사도는 열둘이다**에서 열둘이 술어가 아닌 것처럼 말입니다. 후자의 경우 우리는 **총체 및 개무에 관한 원리**dictum de omni et nullo를 적용할 수 없고, **각각의 사도가 열둘이다**는 점을 연역할 수 없습니다. 같은 방식으로 우리는 **우주는 무한하다**를 엄밀하게 수적인 용어를 통해 해석할 수 있을 것입니다. 이때 우주는 무한한 수의 존재자로 구성되며, 각각의 존재자가 그 자체로 무한하지는 않습니다. 반대로 무한을 하나의 술어로 만들면서 우주가 무한하다고 말하는 것은 수적인 열거보다 더 멀리 나아가는 것입니다. 그것은 우주 각각의 대상이 그 대상이 우주에 속하는 한에서 무한이라는 술어에 영향을 받는다는 것을, 각각의 대상에 무한이라는 술어의 인감이 새겨진다는 것을 가정하는 것입니다.

제 말은 이것이 무한에만 해당한다는 것이 아닙니다. 저는 라캉이 집단적인 논리에 연결시켰던 세 명의 죄수 게임을 자주 인용합니다.✦ 세부 사항으로 들어가지 않고 저는 그것이 숫자 셋을 **삼항**ternaire으로 변형시키는 작용에 근거한다고 말씀드리겠습니다. 하나하나씩 취해진 세 명의 죄수 각각은, 하나로서, 각자가 다른 두 명과 함께 이루는 셋에 의해 관통됩니다. 마찬가지로 우리는 무한한 우주의 존재자 각각은, 개별자로서, 각각이 다른 모든 존재자 하나하나와 함께 기입되어 있는 무한에 의해 관통된다고 주장할 수 있습니다.

그러나 물론 무한은 더욱 심각한 문제를 제기합니다. 몇몇 철학자는 각각의 존재자 안에 새겨진 무한의 인감이 자유라고 주장했습니다. 다른 이들은 무한의 인감이 죽음이라고 주장했습니다. 달리 말해 그들은 물리적 존재자들 너머로 나아갔고, 이는 그리스어로 형이상학이라 불립니다. 라캉에게 그렇듯 프로이트에게도 매우 충격적인 것은, 무한의 인감을 각각의 개별자 안에 설정하기 위해서 라캉과 프로이트가 근대과학이 구성했던 대로의 우주로, 달리 말해 물리적 우주로 향했다는 점입니다. 무한의 인감이 자유도 아니고 죽음도 아니며 무의식이라고 말하는 것, 나아가 여기서 문제가 되는 무한이 소위 근대과학이 구성한 무한이라고 말하는 것, 이 두 가지는 서로 교차하는 명제입니다. 이것이 과학의 문제가 프로이트와 라캉에게 똑같이 중요한 역할을 하는 이유입니다. 비록 그들이 과학에 대해 가졌던 생각이 매우 다르더라도 말입니다.

저는 제가 **무한하다**라는 술어에 대해 주장하는 것을 또한 **우연하다**라는 술어에 대해서도 주장합니다. 과학의 우주의 급진적인 우연성은 자신의 인감을 우주의 각 존재자에게 새깁니다. 말하는 존재에 한정하건대, 말하는 존재의 우연적인 존재를 동물학적 종의 층위에서 살펴보면, 그것은 실존하지 않을 수도 있고 (다윈에 따르면) 다른 방식으로 실존할 수도 있을 것입니다. 개인의 층위에서 살펴보면, 그것은 자기 자리에 없을 수도 있을 것입니다. 성별화된 육체의 층위에서 살펴보면, 그것은 성별화되지 않을 수도 있을 것이며, 현재의 성별과는 다른 성별로 존재할 수도 있을 것이며, 아니면 다성별화polysexuation(들뢰즈의 테제)에 종속될 수도 있을 것입니다. 마지막으로 주체의 층위에서 살펴보면, 그것은 계속해서 (두 기표 사이에서)

✦ 라캉이 논리적인 문제로 소개한 죄수의 딜레마의 개요는 다음과 같다. 어떤 교도소장이 세 명의 죄수를 불러 시험에 통과한 한 명만 풀어주겠다고 말한다. 교도소장에게는 세 개의 흰 색 디스크와 두 개의 검은 색 디스크가 있고, 그는 각 죄수의 등에 디스크를 하나씩 붙인다. 그러면 각 죄수는 자기 등에 붙은 디스크는 볼 수 없지만 다른 이의 등에 붙은 디스크는 볼 수 있다. 그리고 자기 등에 붙은 디스크 색깔을 논리적인 추론을 통해 맞힌 한 명만 석방될 수 있다.

사라질 것입니다. 다르게 될 수 있을 것이 사실은 다르게 되지 않는다는 점만 제외하면 말입니다. 우연성과 무한성이 '우연하다'와 '무한하다'라는 언어적 표현의 실사화라는 점을 볼 때, 우리는 왜 라캉이 쿠아레를 자신의 안내자로 지칭할 수 있었는지 이해할 수 있습니다. 왜냐하면 쿠아레가 **무한한 우주**라는 명백히 술어적인 표현을 도입했기 때문입니다. 비록 라캉이 많은 모호한 잔여물을 해소했지만 말입니다. 또 우리는 왜 라캉이 코제브를 자신의 스승으로 지칭할 수 있었는지 이해할 수 있습니다. 왜냐하면 코제브는 고대의 **에피스테메**l'épistémé가 말하는 코스모스의 필연적 성격에 대조되는, 근대과학이 말하는 우주의 우연적 성격을 강조했기 때문입니다. 여기서 재차 코제브가 마지막 진술을 하지는 않는다는 점을 감안한다면 말입니다.

이제 세 번째 질문, 즉 정신분석에 관한 질문으로 넘어가겠습니다. 제가 이해하기로 당신의 질문은 라캉의 작품(제가 **작품**œuvre이라는 말에 부여하는 모든 조심스러움을 감안할 때)과 정신분석적 행위가 어떻게 관련되는지에 관한 것입니다. 그러나 제가 그 둘을 연결하는 데에는 세 번째 항이 있습니다. 그것은 **정신분석이 있다**라는 명제입니다. 저는 그 명제로 하여금 문자 수수께끼 게임에서 전체의 역할을 맡게 했으며, 그래서 그것은 그 게임에서는 등장하지 않습니다.

만약 그 명제가 《명료한 작품》에서 등장해야 했다면, 그것은 첫 번째 지점에 있어야 할 것입니다. 그렇지만 이러한 출발점이 사실 확인에 관련되는 반면, 저의 의도는 현상을 확인하거나 나아가 그로부터 가능성의 조건을 전개하는 것이 아니라 일련의 명제를 구축하는 데 있었습니다. 만약 제가 다소 현학적인 태도를 취했다면, 저는 칸트적인 유형의 비판이 아니라 데카르트적인 추론의 질서를 더 참조할 것입니다. 추론의 질서에서 첫 번째 명제가 주제에 관련되는 것은 매우 중요합니다. 따라서 **정신분석이 있다**는 명제가 담론적 배열에서 뒤늦게 나타나는 방식으로 명제들을 연결시키는 데에는 커다란 장점이 있습니다. 사실 그 명제는 출발점으로 기능한다기보다는 도착점으로 기능합니다.

이는 저로 하여금 **라캉에게 사유가 있다**라는 명제, **정신분석이 있다**라는 명제, 그리고 **정신분석에는 사유가 있다**라는 명제 간의 차이를 설명할 수 있게 해줍니다. 프로이트와 라캉으로 하여금 작품의 형식을 사용하게 만든 과정을 심각하게 받아들입시다. **라캉에게(혹은 프로이트에게) 사유가 있다**라는 명제는 프로이트 혹은 라캉의 작품을 결합하는 일련의 명제들에 대한 재구성을 허용합니다. 제가 재구성했던 대로의 이러한 연쇄에서 **정신분석이 있다**라는 명제는 제일 마지막에 출현합니다.

그러나 문자 수수께끼 게임과의 유비는 좀 더 멀리 나아갈 수 있게 해줍니다. 모든 문자 수수께끼 게임이 단순히 첫 번째 단어, 두 번째 단어, 세 번째 단어 등을 덧붙이는 것이 아닌 것처럼, 저는 《명료한 작품》과 **정신분석이 있다**라는 명제 사이에 간격이 있음을 인정합니다. 저는 라캉을 하나의 작품으로 구성합니다. 그 과정 중에 저는 정신분석의 실존에 대한 단언과 다시 만납니다. 은폐된 형식으로 말입니다. 라캉 자신은 그것을 자신의 가설이라 부릅니다. 거기서는 당연히 정신분석이라는 이름은 직접적으로 등장하지 않으며, 정신분석을 환유적으로 대체하는 것, 즉 무의식만 등장할 뿐입니다. 정신분석의 실존에 대한 명시적인 단언은 등장하지 않습니다. 명제 전체와 정신분석의 실존에 대한 단언 사이의 이행이 존재하지 않는 것입니다.

동시에 저는 우리가 **라캉에게 사유가 있다**는 명제에서 **정신분석에는 사유가 있다**와 같은 유형의 명제로 나아갈 수 있다고 생각하지 않습니다. 제가 보기에 그러한 명제는 **물리학에는 사유가 있다** 혹은 **시에는 사유가 있다**는 단언이 의미 없는 것만큼 의미 없는 명제입니다. 그와 같은 공허한 명제를 **보들레르에게는 사유가 있다, 아인슈타인에게는 사유가 있다**와 같은 유형의 명제들과 혼동하지 마십시오. 결국 저는 다음과 같은 역설을 감행할 것입니다. 우리가 사유의 본질적인 비인칭성(비개인성)을 물질화할 수 있는 것은 오직 그 사유를 고유명에 연결시킴으로써입니다. 이는 순전히 고유명이 어떤 사람과 아무런 관련이 없기 때문입니다. 솔 에런 크립키의 위대함은 이 점을 증명하려고 시도했던 데 있습니다. 달리 말해, 고유명에 대한 우발적인 개인화가 '라캉에게 사유가 있다'라는 명제 안의 사유에 영향을 주기는커녕, 사유의 비인칭성이 고유명에 영향을 주고 고유명의 비인칭적인 측면을 튀어나오게 만듭니다. 칸트가 사유했을 때, 그는 개인적으로 사유한 것이 아닙니다. 사유가 칸트를 매개로 사유했습니다. 칸트가 개인적으로 사유했을 때, 그는 사유하지 않았습니다. 그는 자기 개인의 매개가, 심지어 수동적인 매개가 되었습니다. 여기서 우리는 데카르트와 《정념론 *Traité des passions*》을 재발견합니다. 제가 시간이 있다면, 저는 모호하게도 '인칭적^personnel^'이라 불리는 대명사(인칭대명사)에 대해 유사한 발언을 이어나갈 수 있을 것입니다. 그 대명사는 정확히 그것이 주체를 함축하는 한에서 '반反인칭적antipersonnels' 이라 불릴 수 있습니다.

정신분석적 행위의 문제가 남아 있습니다. 저는 그 행위의 가능성을 받아들이는 것 이상을 하고 싶지 않습니다. 정신분석에 연루되어 있지 않은 누군가에게는, '정신분석이 있다'라는 명제와 정신분석적 행위 사이에 건널 수 없는 한 걸음이 있습니다. 이 한 걸음은 실제로 어떤 것일까요? 그것은 단일성에서 다수성으로 나아가는 한 걸음입니다. 저는 모든 분석적 행위의 가능성이 거부된다는 점을 이해할 수 있습니다. 반대로 저는 정신분석적 행위의 가능성이 인간의 역사에서 어떻게 단일한 것으로 인정될 수 있는지 이해할 수 없습니다. 기독교도들에 따를 때 그리스도가 성취한 단 하나의 부활만이 있는 것과 마찬가지로 말입니다. 하물며 제가 보기에 정신분석적 행위가 희귀하고 흩어져 있다는 점을 이해하는 것은 더욱 어려운 일입니다. 따라서 정신분석적 행위의 가능성을 받아들이는 것은 그러한 행위의 무제한적 다수성의 가능성을 받아들이는 것입니다. 우리는 그로부터 **정신분석이 있다**는 하나의 단언으로 나아갈 수 있을까요? 저는 잘 모르겠습니다.

그 점에 대해서는 정신분석가들과 분석자들만이 알고 있습니다. 그럼에도 제 생각에 제가 아는 것은 **정신분석이 있다**는 단언이 정신분석적 행위의 가능성을 부인하도록 예정된 것은 아니라는 점입니다. 겉보기와 달리 저는 여기서 동어반복을 하고 있지 않습니다. 제 입장을 좀 더 정확히 알려드리기 위해 저는 당신이 저서에서 전개했던 테마를 참고해보겠습니다. 수많은 역사적 사례에서 **정치가 있다**

는 단언은 정치적 행위가 없다는 점을 밝히기 위해 만들어졌습니다. 역으로, 하나의 혹은 복수의 정치적 행위가 가능했다는 단언은 정치가 없다는 것을 부정적으로 주장하기 위해 만들어졌습니다. 정신분석의 경우, 저는 이러한 모순적인 관계가 있을 필요가 없었다고 생각합니다. 따라서 우리는 정신분석적 기관들의 위치를 좀 더 정확히 설정할 수 있습니다. 그 기관들의 근본적인 정당성, 아마도 유일한 정당성은 그 기관들이 우발적인 재난에 한계를 부여한다는 점에 있습니다. 즉 정신분석과 정신분석적 행위가 서로를 상쇄시킬 정도의 모순에 빠지는 재난 말입니다. 정치와 관련하여 제가 시도한 유비에 의거하면서 저는 당신에게 질문을 되돌려주고자 합니다. 정치적 제도 — 저는 여기서 의도적으로 생 쥐스트의 제목을 빌려오고 있는데 — 의 목적은 정치와 정치적 행위가 서로를 확고하게 하는 데, 아니면 적어도 그 둘이 서로를 상쇄시키지 않도록 하는 데 있지 않습니까? 일말의 모호함을 남기지 않기 위해 **정신분석이 있다**라는 단언으로 돌아가 봅시다. 저는 라캉에게 사유에 관한 하나의 혹은 다수의 명제가 있다는 점에 대한 물질적 증명을 제시했다고 생각합니다. 저는 이 명제들의 연쇄가 **정신분석이 있다**는 명제로 이어진다고 주장했습니다. 그러나 제가 모든 본질적인 점에서 옳다고 가정하더라도, 실제로 정신분석이 있는지의 문제는 전혀 건드려지지 않은 채로 남아 있습니다. 우리는 정신분석의 실존 혹은 비실존에 대한 긍정을 연역할 수 없는 것입니다.

알랭 바디우 그 점에 관해 완전히 동의합니다. 라캉에게 사유가 있는 것은 오직 **정신분석이 있다**는 명제가 있는 한에서입니다. 그러나 정신분석이 있다는 명제 — 사유 안의 — 는 사유 일반이 있다는 사실의 일부에 해당합니다. 저 역시 정신분석이 있는지의 문제를 완전히 열린 것으로 남겨두며, 이것은 **있다**에 대한 사유 안에서의 증명이 **있다**라는 문제를 완전히 해결하지 않는다는 원칙에 따른 것입니다. 달리 말해 '있다'로서의 '있다'는 사유의 문제가 아닙니다.

어쨌든 우리는 1994~1995년의 마지막 수업에서 **사유가 있다**는 사실에 대한 진정한 증명에 도달했습니다. 그것은 마치 하나의 교향곡과 같습니다. 어떤 곡의 마지막 장의 마지막 부분이 그 곡이 연주될 수 있는 토대를 부여하는 음조체계가 있음을 증명하고자 시도할 때, 그리고 이를 위해 가능한 한 미묘하고 단호한 방식으로 테마의 마지막 변주를 증폭시키고 오케스트레이션을 전개할 때의 교향곡 말입니다.

올해 저는 반철학에 대해 마무리를 지었다고 생각합니다. 그것은 세 명의 주요한 현대 반철학자인 니체, 비트겐슈타인, 라캉에게 적용되는 말입니다. 그런데 저에게 반철학자의 왕자에까지 거슬러 올라가는 것에 관한 아이디어가 떠올랐습니다. 그는 아테네의 공중 장소에서 당대의 철학자들에게 정면으로 맞섰고, 논증적인 사유에 대항하는 그의 주체적인 설교와 신랄한 논쟁은 사람들에게 웃음을 가져다주었습니다. 저는 사도 바울에 대해 말씀드리고 있습니다. 내년에 우리는 그에 대해 다룰 것입니다.

모두 건강한 여름 보내십시오.

감사의 말

현재 텍스트를 확정할 수 있도록 자료를 제공해준 분들에게 감사드립니다. 먼저 올가 로델의 오디오 카세트 원본에 기초한 전사본을 사용할 수 있게 해준 프랑수아 뒤베르에게, 또 그 전사본을 완성할 수 있도록 우리를 도와준 아니크 라보에게 감사를 표합니다.

참고문헌

Badiou, A., *L'être et l'événement*, Seuil, Paris, 1988.

Beaufret, J., "Héraclite et Parménide", *Dialogue avec Heidegger*, I, Minuit, Paris, 1973, p. 38-51.

Claudel, P., *Partage de midi* (1948-1949), dans *Théâtre*, tome II, collection "Bibliothèque de la Pléiade", nouvelle éd. publiée sous la direction de D. Alexandre et M. Autrand, Gallimard, Paris, 2011.

Deleuze, G. et Guattari, F., *Qu'est-ce que la philosophie?*, collection dirigée par J. Piel, Minuit, Paris, 2012.

Descartes, R., *Méditations métaphysiques. Objections et réponses*, présentation de J.-M. et M. Beyssade, Flammarion, Paris, 2011.

________, *Règles pour la direction de l'esprit*, trad. fr. et notes J. Sirven, Vrin, Paris, 2012.

Heidegger, M., "Logos-Héraclite, fragment 50", dans *Essais et conférences* (1954), chap. III, trad. fr. A. Préau, Gallimard, Paris, 2011, p. 249-278.

________, "Moira. Parménide VIII, 34-41", dans *Essais et conférences* (1954),

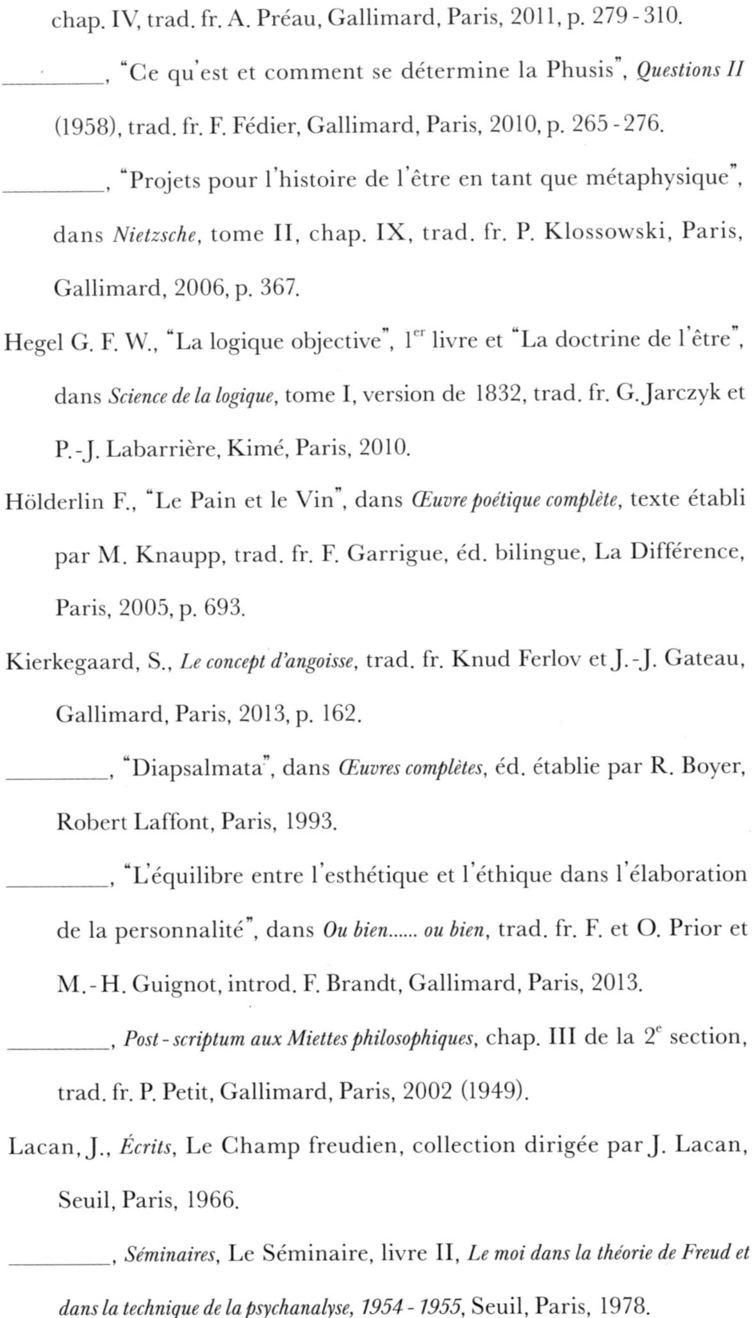

chap. IV, trad. fr. A. Préau, Gallimard, Paris, 2011, p. 279 - 310.

________, "Ce qu'est et comment se détermine la Phusis", *Questions II* (1958), trad. fr. F. Fédier, Gallimard, Paris, 2010, p. 265 - 276.

________, "Projets pour l'histoire de l'être en tant que métaphysique", dans *Nietzsche*, tome II, chap. IX, trad. fr. P. Klossowski, Paris, Gallimard, 2006, p. 367.

Hegel G. F. W., "La logique objective", 1er livre et "La doctrine de l'être", dans *Science de la logique*, tome I, version de 1832, trad. fr. G. Jarczyk et P.-J. Labarrière, Kimé, Paris, 2010.

Hölderlin F., "Le Pain et le Vin", dans *Œuvre poétique complète*, texte établi par M. Knaupp, trad. fr. F. Garrigue, éd. bilingue, La Différence, Paris, 2005, p. 693.

Kierkegaard, S., *Le concept d'angoisse*, trad. fr. Knud Ferlov et J.-J. Gateau, Gallimard, Paris, 2013, p. 162.

________, "Diapsalmata", dans *Œuvres complètes*, éd. établie par R. Boyer, Robert Laffont, Paris, 1993.

________, "L'équilibre entre l'esthétique et l'éthique dans l'élaboration de la personnalité", dans *Ou bien...... ou bien*, trad. fr. F. et O. Prior et M.-H. Guignot, introd. F. Brandt, Gallimard, Paris, 2013.

________, *Post-scriptum aux Miettes philosophiques*, chap. III de la 2e section, trad. fr. P. Petit, Gallimard, Paris, 2002 (1949).

Lacan, J., *Écrits*, Le Champ freudien, collection dirigée par J. Lacan, Seuil, Paris, 1966.

________, *Séminaires*, Le Séminaire, livre II, *Le moi dans la théorie de Freud et dans la technique de la psychanalyse, 1954 - 1955*, Seuil, Paris, 1978.

________, Le Séminaire, livre VIII, *Le transfert, 1960 - 1961*, "Un commentaire du Banquet de Platon", Seuil, Paris, 1991, p. 28 - 195.

________, Le Séminaire, livre XI, *Les quatre concepts fondamentaux de la psychanalyse, 1964*, Seuil, Paris, 1973.

________, Le Séminaire, livre XVII, *L'envers de la psychanalyse, 1969 - 1970*, texte établi par J. - A. Miller, Seuil, Paris, 1991.

________, Le Séminaire, livre XX, *Encore, 1972 - 1973*, texte établi par J. - A. Miller, Seuil, Paris, 1975.

________, "L'Acte de fondation", dans *Autres écrits*, Seuil, Paris, 2001, p. 229.

________, "L'Allocution prononcée pour la clôture du Congrès de l'École freudienne de Paris le 19 août 1970 par son directeur", dans *Scilicet*, 1970, no 2 / 3, p. 361 - 369 ou dans *Autres écrits*, p. 297.

________, Clôture du congrès, Lettre de l'École freudienne de Paris, 1975, no 16, p. 360 - 376.

________, "Dialogue avec les philosophes français", dans *Ornicar ?*, 1985, no 32, p. 7 - 22.

________, "L'Étourdit", dans *Scilicet*, 1973, no 4, p. 5 - 52, ou dans *Autres écrits*, Seuil, Paris, 2001, p. 449 - 495.

________, "Sur l'expérience de la passe. À propos de l'expérience de la passe, et de sa transmission", dans *Ornicar ?*, 1977, no 12 / 13, p. 117.

________, "L'Introduction à l'édition allemande" d'un premier volume des "Écrits", Walter Verlag, dans *Scilicet*, 1975, no 5, p. 11 - 22.

________, "Lettre de dissolution", dans *Ornicar ?*, 1980, no 20 / 21, p. 9.

________, "Lettre du 26 janvier 1981", publiée et référencée comme

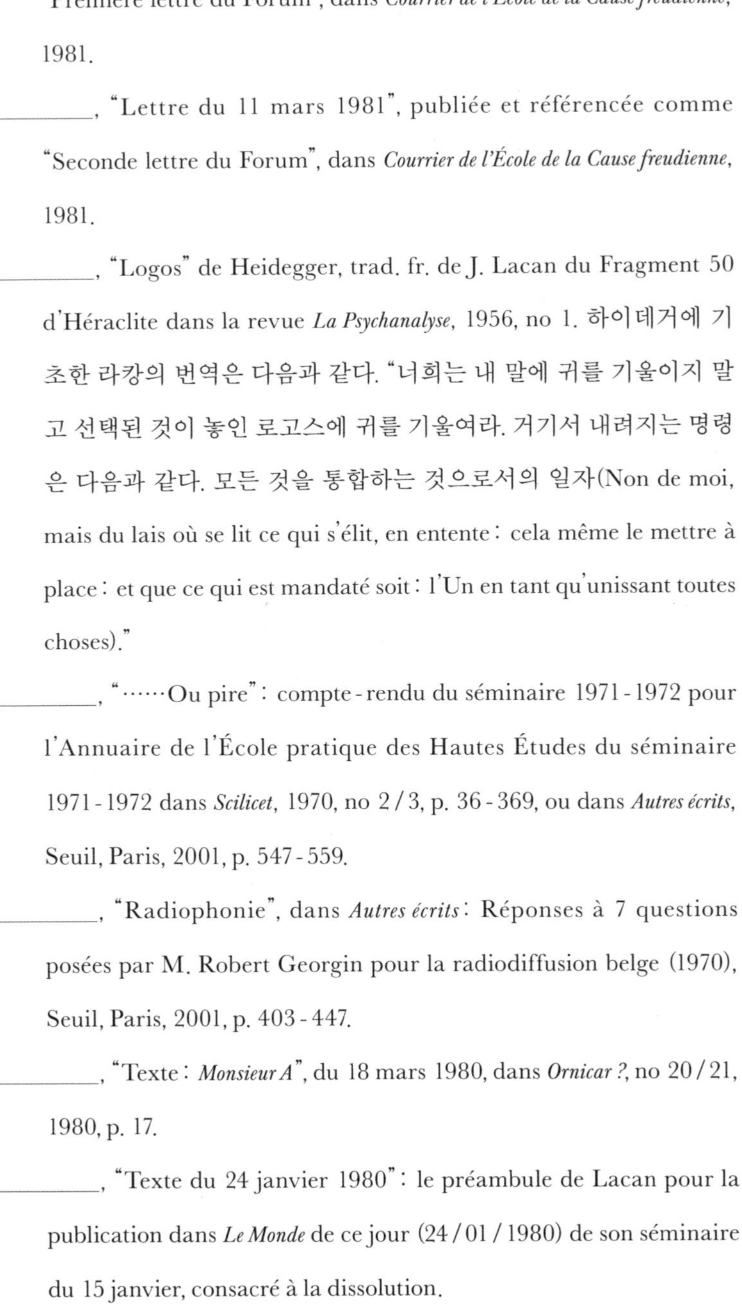

"Première lettre du Forum", dans *Courrier de l'École de la Cause freudienne*, 1981.

________, "Lettre du 11 mars 1981", publiée et référencée comme "Seconde lettre du Forum", dans *Courrier de l'École de la Cause freudienne*, 1981.

________, "Logos" de Heidegger, trad. fr. de J. Lacan du Fragment 50 d'Héraclite dans la revue *La Psychanalyse*, 1956, no 1. 하이데거에 기초한 라캉의 번역은 다음과 같다. "너희는 내 말에 귀를 기울이지 말고 선택된 것이 놓인 로고스에 귀를 기울여라. 거기서 내려지는 명령은 다음과 같다. 모든 것을 통합하는 것으로서의 일자(Non de moi, mais du lais où se lit ce qui s'élit, en entente : cela même le mettre à place : et que ce qui est mandaté soit : l'Un en tant qu'unissant toutes choses)."

________, "……Ou pire" : compte-rendu du séminaire 1971-1972 pour l'Annuaire de l'École pratique des Hautes Études du séminaire 1971-1972 dans *Scilicet*, 1970, no 2/3, p. 36-369, ou dans *Autres écrits*, Seuil, Paris, 2001, p. 547-559.

________, "Radiophonie", dans *Autres écrits* : Réponses à 7 questions posées par M. Robert Georgin pour la radiodiffusion belge (1970), Seuil, Paris, 2001, p. 403-447.

________, "Texte : *Monsieur A*", du 18 mars 1980, dans *Ornicar ?*, no 20/21, 1980, p. 17.

________, "Texte du 24 janvier 1980" : le préambule de Lacan pour la publication dans *Le Monde* de ce jour (24/01/1980) de son séminaire du 15 janvier, consacré à la dissolution.

Lacoue-Labarthe, P., "De l'éthique : à propos d'Antigone", dans *Lacan avec les philosophes*, Albin Michel, Paris, 1991, p. 19.

Lénine, "La crise est mûre", dans *Œuvres complètes* (en français), éditions Paris-Moscou, tome XXVI, p. 68-79.

Mallarmé, S., "Un coup de dés", et "Igitur", dans *Poésies*, préface d'Yves Bonnefoy, éd. établie par B. Marchal, Gallimard, Paris, 1998.

Milner, J.-C., *L'Œuvre claire. Lacan, la science, la philosophie*, Seuil, Paris, 1995.

Nietzsche, F., *Le Crépuscule des idoles, Ecce homo, Zarathoustra*, dans *Œuvres philosophiques complètes*, tomes VIII et VI, trad. fr. J.-C. Hémery, Gallimard, Paris, 2010.

________, "De la volonté de puissance à l'Antéchrist", lettre du 12 février 1888 à Reinhart Seydlitz, dans *Dernières lettres*, trad. fr. C. Perret, Rivages-poche, Paris, 1989, p. 60-62.

Platon, Le *Ménon*, dans *Œuvres complètes*, sous la direction de Luc Brisson, trad. fr. M. Canto_Sperber, Flammarion, Paris, 2011, p. 1051.

________, *La République*, dans *Œuvres complètes*, sous la direction de Luc Brisson, trad. fr. G. Leroux, Paris, Flammarion, 2011, p. 1481.

Rousseau, J.-J., "La profession de foi du vicaire savoyard", dans livre IV de l'*Émile ou De l'éducation*, introd. et notes A. Charak, Flammarion, Paris, 2009, p. 382.

Valéry, P., "Ébauche d'un serpent" (1926), et "Le Cimetière marin" (1920), dans *Charmes*, nouvelle édition, Gallimard, Paris, 1966.

Wittgenstein, L., *Tractatus logico-philosophicus*, trad. fr., préambule et notes G.-G. Granger, introd. B. Russell, Gallimard, Paris, 2012.

옮긴이의 말

이 책은 알랭 바디우가 1994~1995년에 라캉 반철학에 관해 진행한 세미나를 한국어로 옮긴 것이다. 바디우에 따르면 서구 사유의 역사는 반철학과 철학의 끊임없는 대화로 이루어진다. 헤라클레이토스의 유동과 파르메니데스의 일자, 사도 바울의 부활의 미토스mythos와 그리스 철학자들의 로고스logos, 파스칼의 은총과 데카르트의 이성, 루소의 감정과 백과전서파의 판단, 키르케고르의 단독성과 헤겔의 절대 지식, 니체의 삶과 플라톤의 이데아, 비트겐슈타인의 메타언어의 부재와 러셀의 유형이론, 라캉과 알튀세르에 이르기까지 말이다. 그러나 "저는 철학에 대항합니다"라는 라캉의 선언은 알튀세르에게만 관련되는 것이 아니라 철학사 전체에 관련된다. 또 라캉은 그저 철학에 대항하는 것이 아니라 철학을 자신의 가르침에 통합시킨다. 우리는 다양한 철학적 테마(소크라테스의 아갈마, 아리스토텔레스의 양상논리, 데카르트의 코기토, 칸트의 윤리학, 헤겔의 주인과 노예 변증법, 키르케고르의 불안, 하이데거의 죽음을 향한 존재, 비트겐슈타인의 메타언어 비판, 퍼스의 기호론)가 라캉의 가르침 안으로 흡수되어 새로운 요소로 재구성된다는 사실을 알고 있다. 이런 점에서 라캉 정신분석은 바디우가 말하듯 최후의 반철학일 뿐만 아니라 가장 정교한 반철학이다. 그래서 세미나에서 바디우는 라캉 반철학을 그저 분석하는 데 그치지 않고 라캉의 관점에 대해 철학자로서의 자신의 입장을 내어놓기도 한다. 이제 각각의 수업이 다루는 내용을 순서대로 간략하게 살펴보자.

첫 번째 수업에서 바디우는 반철학의 개념을 소개한다. 반철학이라는 용어는 실제로 18세기에 사용되었고, 라캉은 이 용어를 부활시켰다. 바디우에 따르면 반철학자는 자기 고유의 행위를 통해 진리라는 철학적 범주를 해임한다. 니체의 광기, 비트겐슈타인의 신비, 라캉의 분석 행위에서 드러나듯 말이다. 반철학자는 진리를 정면에서 논박하기보다는 외부에서 그 권위를 실추시킨다. 라캉의 경우 진리는 실재(트라우마, 성, 죽음, 오르가즘, 악몽, 육체적 증상 등등)에 자리를 내주게 된다. 그리고 실재는 수학소를 통해서만 쓰이고 전달될 수 있다. 수학소란 형식화 가능한 것의 한계를 지칭하는 문자로서, 수학소의 사용으로 인해 라캉의 행위는 원과학적인 성격을 갖게 된다. 요컨대 라캉 반철학의 한 가지 쟁점은 진리 너머에 있는 실재가 어떻게 행위를 통해 드러나고 또 수학소를 통해 전달될 수 있는가에 있다.

두 번째 수업에서 바디우는 칸트와 하이데거가 물자체와 존재라는 새로운 범주를 제기할 때 반철학에 근접함을 지적한다. 그러나 그들은 기존 철학자들을 묵살하지 않고 그들의 논의를 바탕으로 자기 논의를 전개하기 때문에 반철학자가 아니다. 또 그들에게는 반철학적 행위와 같은 것이 존재하지 않는다. 여기서 바디우는 하이데거와 라캉을 대비시킨다. 하이데거적 의미의 형이상학이 일자에 의해 존재를 규정하는 반면, 라캉은 순수한 일자를 기각하고("일자 같은 것만 있다" 혹은 "여자는 일자를 연모하지 않습니다"라는 발언을 상기하자) 탈존재를 내세우면서 일자에 의한 실재의 종속을 비판한다. 수업의 말미에서 바디우는 라캉이 철학을 행위의 시험에 빠뜨린다는 점, 그리고 라캉이 철학사의 기원에 놓인 원초적인 이중성(철학자 파르메니데스와 반철학자 헤라클레이토스)을 간파하고 있었다는 점에 주목한다.

세 번째 수업에서 바디우는 반철학자가 특정 철학자를 비판의 대상으로 삼는다는 점을 지적한다. 파스칼은 데카르트를, 루소는 볼테르를, 키르케고르는 헤겔을 비판했다. 그러나 반철학자가 정작 말을 건네는 상대방은 철학자가 아니라 따로 있는데, 그는 반인물이라 불린다. 가령 파스칼은 리베르탱에게, 루소는 악인에게, 키르케고르는 여자에게 말을 건넨다. 그리고 라캉은 정신분석가에게 말을 건넨다. 그다음으로 바디우는 기존 반철학자들이 진리에 대한 의미의 우위를 주장한 반면, 라캉은 실재에 연관되는 탈-의미(의미와 무의미를 가로지르는 것)에 주목한다고 말한다. 라캉과 다른 반철학자들 간의 또 다른 차이점은 라캉이 행위가 실제로 일어났음을 확신하는 반철학자라는 사실이다. 여기서 행위란 프로이트에 의해 창시된 정신분석 임상 자체("분석이 일어났다")를 가리키며, 라캉은 끝없이 프로이트로의 복귀를 천명한 바 있다. 수업의 끝에서 바디우는 반철학이 철학을 시험에 빠뜨리는 지점을 다음과 같이 요약한다. 철학은 탈-

의미를 알지 못하고, 실재 안에서의 지식에 도달하지 못하며, 의미와 진리 간의 대립에 정체되어 있다.

네 번째 수업에서 바디우는 이전 수업에서부터 자신이 계속 거론해오던, 라캉 반철학의 세 가지 핵심 공식을 본격적으로 검토한다. 라캉에 따르면, 철학은 수학에 막혀 있으며, 정치의 구멍을 메우고, 사랑을 담론의 중심에 배치한다. 이번 수업의 초점은 첫 번째 공식에 놓여 있다. 니체와 비트겐슈타인이 수학을 공허한 논리학으로 격하한 반면, 라캉은 수학을 실재의 과학으로 간주한다. 수학은 의미가 비워진 한에서 실재에 대한 지식을 생산하는 핵심 담론으로 격상된다. 여기서 파생되는 한 가지 귀결은 사유가 세계의 의미를 파헤치는 것과 같은 해석학적 패러다임이 중단된다는 것이다. 이제 해석학적 패러다임은 말하기와 말해진 것, 즉 말하는 행위와 말해진 내용으로 이루어진 유사-수학적이고 정신분석적인 패러다임으로 대체된다. 수업의 끝에 바디우는 플라톤, 데카르트, 헤겔의 경우를 예로 들면서 철학이 수학에 막혀 있다는 라캉의 주장이 틀렸음을 주장한다.

다섯 번째 수업은 라캉 반철학이 철학에 대항하는 여타 두 가지 장소, 즉 정치와 사랑을 다룬다. 바디우는 철학이 정치의 구멍을 메운다는 라캉의 테제를 상상적 구멍, 상징적 구멍, 실재적 구멍으로 나누어 검토한다. 나아가 바디우는 라캉 자신은 정치의 구멍을 메우지 않고 오히려 자신의 학파를 해산하는 정치적 행위를 실행에 옮겼다는 사실에 주목한다. 이런 점에서 바디우가 보기에 라캉의 정치적 유산은 해방의 정치에 대한 조직적인 창안이라기보다는 '전제주의적 무정부주의'에 가깝다. 사랑에 관해 바디우는 지식에 대한 욕망과 같은 것은 없지만(오히려 우리는 무지에의 정념에 휩싸여 있다) 지식에 대한 사랑은 있다는 라캉의 테제를 소개한다. 여기서 라캉이 암시하는 점은 정신분석이 전이, 즉 지식을 보유하고 있다고 가정되는 분석가에 대한 사랑에 기반을 둔다는 사실이다. 이어서 바디우는 진리에 대한 사랑이란 거세에 대한 사랑, 즉 온갖 무능력함, 약함, 상실, 결핍에 대한 사랑이라는 라캉의 테제를 소개한다. 철학이 힘으로서의 진리를 사랑하는 반면, 라캉 반철학의 진리에 대한 사랑은 오직 약함에 대한 사랑임을 견지하는 것이다.

여섯 번째 수업에서 바디우는 철학에 대한 라캉의 비판이 라캉 정신분석의 특징에 긴밀하게 결부되어 있음을 지적한다. 먼저 바디우는 반철학 일반의 세 가지 특징을 소개한다. 첫째, 반철학은 철학의 권위를 실추시키고 진리 범주를 해임한다. 둘째, 반철학은 철학적 작용의 실체를 폭로하고 재구성한다. 셋째, 이렇게 드러난 철학적 작용에 대항해서 반철학은 자기 고유의 행위를 제시한다. 그다음에 바디우는 라캉 반철학에서 이러한 특징들이 어떻게 드러나는지에 대해 논의한다. 첫 번째 특징과 관련하여 라캉 반철학은 철학이 실재의 이론이 되는 데 실패하며, 주인 담론에 머물고, 비관계에 관계를 강제하고, 주이상스나 사물에 대해 아무것도 알고 싶어 하지 않으며, 사유의 장소에 관해 길을 잃는다고 비판한다. 두 번째 특징에 대해 바디우는 이전 수업에서의 논의를 상기시킨다. 즉, 라캉 반철학은 철학적 작용이 수학을 해임하고, 정치의 구멍을 메우고, 힘으로서의 진리에 대한 사랑을 주장하는 데 있음을 폭로한다. 세 번째 특징과 관련하여 라캉 반철학은 두 가지 면모를 보인다. 우선 철학적 작용이 만족이나 지복을 건네준다고 말하는 반면, 분석 행위는 분석자와 분석가에게 불편함과 불안을 유발한다. 나아가 철학적 작용이 진리에 대한 탐색이라면, 분석 행위는 실재에 대한 지식을 생산하는 데 그 목표가 있다. 또 바디우는 라캉 정신분석이 진리, 지식, 실재를 셋으로 이루어진 세트로 다루는 반면, 철학은 이 셋 중 둘을 짝짓기 해서 다룬다고 지적한다. 수업의 끝에서 바디우는 모든 반철학자가 우리를 속이지 않는 어떤 경험을 신뢰한다고 말한다. 파스칼의 회심이나 키르케고르의 결단처럼 말이다. 라캉의 경우에 우리를 속이지 않는 것은 불안이다. 그리고 바디우는 불안이 우리를 속이지 않는 것은 오직 불안이 올바로 상징화되는 한에서임을 첨언한다.

일곱 번째 수업에서 바디우는 라캉 사후에 그의 제자들 사이에서 이론적인 노선과 임상적인 노선 간의 갈등이 있었던 반면 라캉에게 있어서 이론과 실천은 분리 불가능함을 지적한다. 달리 말해, 분석 행위로서의 임상 실천과 수학소에 대한 이론적 욕망은 긴밀히 연관되어 있다. 또 라캉이 임상가들에게 행위와 마주할 기회를 제공하는 데 주의를 기울였다는 점에 주목하면서 바디우는 키르케고르가 말한 갈림길로 데려가는 것과 라캉이 말한 무능력함을 불가능성으로 격상시키는 것이 동등하다고 주장한다. 양자 모두 우리를 출구가 없는 어떤 불가능성의 지점과 마주할 것을 강제하기 때문이다. 끝으로 바디우는 분석적 치료 과정을 다섯 가지로 나누어 고찰한다. 이로부터 제기되는 한 가지 역설은 분석 행위란 형식화와 (형식화의 한계를 암시하는) 불안이 교차하는 지점에서 일어난다는 사실이다. 달리 말해, 분석 치료에서는 상호 간에 긴장 관계에 놓인 두 가지 절차가

적재적소에서 수행되어야 한다. 분석은 한편으로는 내담자의 무능력을 상징화하고 무능력을 불가능성의 지점까지 격상시키는 상징화 절차이며, 다른 한편으로 내담자의 주체적 실재를 움직일 수 있는 불안에 대한 처리 절차다.

여덟 번째 수업에서 바디우는 분석 치료에 상징화와 불안의 처리가 역설적으로 공존한다는 점을 재확인한다. 그러나 바디우는 라캉이 '무엇을 할 것인가?'에 대한 실질적인 지침을 제공하지 않았다고 주장한다. 라캉에게는 어떻게 정신분석을 실천할지에 대한, 어떻게 치료를 이끌지에 대한 구체적인 해명이 부재하다는 것이다(비록 라캉이 '치료를 이끌기'라는 제목의 글을 썼다 하더라도 말이다). 라캉이 제기한 분석가 담론 및 분석의 윤리 역시 임상적 지침에 대한 구체적인 해명을 제공하지는 못한다. 바디우가 보기에 이는 필연적인데, 왜냐하면 모든 반철학자는 자신의 행위가 일어나는 장소에 대한 이론적인 해명을 거부하기 때문이다. 라캉의 경우 분석 행위가 일어나는 장소는 이론적으로 설명하기에 불확실한 장소로 남아 있어야 한다. 만약 그 장소에 대한 이론적 설명이 가능하다면, 그것은 이미 철학이기 때문이다. 수업의 끝에서 이러한 자신의 비판에 대해 몇몇 청중이 반론을 제기함에도 불구하고 바디우는 자신의 입장을 고수한다.

마지막 수업인 아홉 번째 수업에서 바디우는 세미나에 초대된 특별 게스트 장 클로드 밀네르에게 발언권을 건넨다. 밀네르는 《명료한 작품》이라는 책에서 라캉을 다룬 바 있다. 밀네르에 따르면 프로이트를 구조적으로 혁신하는 데 있어서 라캉은 근대과학에 대한 쿠아레의 해석으로부터 영향을 받았다. 이 해석에 따르면 근대과학의 핵심은 경험주의적 관찰이 아니라 형식주의적 수학화에 있다. 이제 우주는 초월적이고 종교적인 의미가 박탈된 채 무의미한 문자의 논리적 구축 속에서 드러난다. 밀네르에 따르면 라캉에게 과학이란 무한성과 우연성이 만나는 지점이다. 마지막 수업은 "정신분석이 있다"라는 명제에 어떻게 접근할 수 있을 것인가에 대한 바디우와 밀네르의 대화와 더불어 종결된다.

찾아보기

알랭 바디우 세미나 목록

1983~1984	일자: 데카르트, 플라톤, 칸트
1984~1985	무한: 아리스토텔레스, 스피노자, 헤겔
1985	네 번째 학기 — 존재 1. 존재론적 형상: 파르메니데스
1986	첫 번째 학기 — 존재 2. 신학적 형상: 말브랑슈
1986~1987	존재 3. 물러남의 형상: 하이데거
1987~1988	진리와 주체
1988~1989	베케트와 말라르메
1989~1990	플라톤: 국가
1990~1991	악의 이론, 사랑의 이론
1991~1992	정치의 본질
1992~1993	반철학 1. 니체
1993~1994	반철학 2. 비트겐슈타인
1994~1995	반철학 3. 라캉
1995~1996	반철학 4. 성 바울

1996~1998 주체의 공리적 이론

1998~2001 20세기

2001~2002 현재의 이미지 : 삶이란 무엇인가?

2004~2007 사유를 향하기, 실존을 향하기

2007~2010 오늘날을 위해 : 플라톤을!

2010~2012 '세계를 변화시키기'란 무엇을 뜻하는가?

옮긴이 박영진

연세대학교에서 학부와 대학원을 마치고, 캐나다 토론토대학교에서 라캉과 바디우에 관한 연구로 박사학위를 받았다. 프로이트대의학파(École de la Cause freudienne) 소속 분석가와 교육분석을 했고, 정신분석가 브루스 핑크(Bruce Fink)와 수퍼비전을 진행했다. 한국예술종합학교에서 정신분석을 강의하고 있으며, '라캉정신분석연구소'에서 분석가로 활동하고 있다. 저서에 《여자는 존재하지 않는다》, 《라캉, 사랑, 바디우》가 있고, 역서에 《임상사례로 읽는 라캉의 정신분석》, 《라캉의 사랑》, 《비트겐슈타인의 반철학》(공역), 《메타정치론》(공역)이 있다.
cafe.naver.com/lacanseminaire

알랭 바디우 세미나

자크 라캉

1판 1쇄 발행 2023년 1월 10일

지은이	알랭 바디우	옮긴이	박영진
펴낸곳	(주)문예출판사	펴낸이	전준배
편집	박해민 백수미 이효미	디자인	최혜진
영업·마케팅	하지승	경영관리	강단아 김영순

출판등록 2004.02.12. 제 2013-000360호 (1966.12.2. 제 1-134호)
주소 04001 서울시 마포구 월드컵북로 21
전화 393-5681
팩스 393-5685
홈페이지 www.moonye.com
블로그 blog.naver.com/imoonye
페이스북 www.facebook.com/moonyepublishing
이메일 info@moonye.com
ISBN 978-89-310-2302-2 03160

잘못 만든 책은 구입하신 서점에서 바꿔드립니다.

문예출판사® 상표등록 제 40-0833187호, 제 41-0200044호